数据资产管理丛书

数据
经济学

数据资产管理和产业升级

郑洪涛 ◎ 编著

中国科学技术出版社
·北京·

图书在版编目（CIP）数据

数据经济学：数据资产管理和产业升级 / 郑洪涛编著 . -- 北京：中国科学技术出版社，2025.1.--（数据资产管理丛书）. -- ISBN 978-7-5236-1125-8

Ⅰ . F062.5

中国国家版本馆 CIP 数据核字第 2024LV6527 号

策划编辑	杜凡如　何英娇	责任编辑	杜凡如　高雪静
封面设计	潜龙大有	版式设计	蚂蚁设计
责任校对	张晓莉	责任印制	李晓霖

出　　版	中国科学技术出版社
发　　行	中国科学技术出版社有限公司
地　　址	北京市海淀区中关村南大街 16 号
邮　　编	100081
发行电话	010-62173865
传　　真	010-62173081
网　　址	http://www.cspbooks.com.cn

开　　本	710mm×1000mm　1/16
字　　数	326 千字
印　　张	23.5
版　　次	2025 年 1 月第 1 版
印　　次	2025 年 1 月第 1 次印刷
印　　刷	大厂回族自治县彩虹印刷有限公司
书　　号	ISBN 978-7-5236-1125-8/F・1323
定　　价	79.00 元

（凡购买本社图书，如有缺页、倒页、脱页者，本社销售中心负责调换）

数据资产管理丛书
编委会

主　　任：李开孟
副 主 任：陈发勇　郑洪涛
顾　　问：谢志华　张小军　陈　鹏
编　　委：张　颖　王国栋　李　楠　王　进　张晓妮　孙诗旸
　　　　　吕红伟　李倩玉　范梦娟　李荣蓉　王　宁　周茂林
　　　　　周忠璇　王景莹　蒋云菲
学术支持：中国技术经济学会数据资产管理专业委员会

丛书序

以大数据大模型为代表的数据智能技术，正在推动互联网和网络空间发生重大科技革命，实现从互联网到数联网、从网络空间到数据空间、从网络经济到数字经济的深层次产业变革。尤其是科学研究第四范式催生大数据、大模型、大算力的飞速发展，成为数字经济创新发展的重要动力源泉，使得数字经济成为继农业经济、工业经济之后的主要经济形态，呈现出以数据资源为关键要素，以现代信息网络为主要载体，以信息通信技术融合应用、全要素数字化转型为重要推动力量的新经济样态。数字经济发展速度之快、辐射范围之广、影响程度之深前所未有，正在推动生产方式、生活方式和治理方式发生深刻变革，成为重组全球要素资源、重塑全球经济结构、改变全球竞争格局的关键推动力量。

数据竞争是未来国家竞争的重要领域。习近平总书记高度重视数据要素和数字经济的高质量发展，指出："要加快建设数字中国，构建以数据为关键要素的数字经济，推动实体经济和数字经济融合发展。"积极培育和发展新质生产力，推动制造业高端化、智能化、绿色化发展，让传统产业焕发新的生机活力。党的二十届三中全会强调要"建设和运营国家数据基础设施，促进数据共享"。随着第四范式从科研领域扩展到经济社会生活众多层面，对数据互联（Interconnection of Data）、数据互通（Interexchange of Data）和数据互操作（Interoperation of Data）等关键领域不断提出新要求，需要围绕重要行业领域和典型应用场景，在统一基础设施底座的基础上，加快部署开展隐私计算、数据空间、区块链、数联网等多项技术路线发展，进一步完善数据基础制度体系，促进数据流通交易和开发利用，推动数据基础设施建设和数据领域核心技术攻关，强化数据安全治理，激活数据要素潜能，全面提升体系化的数据治理能力。对这些重大问题，亟待深入开展一系列技术经济重点热点和难点问题的专题研究。

中国技术经济学会是中国科学技术协会直属并经国家民政部注册备案管理的全国性科技社会团体，是由技术经济工作者自愿组成的全国性、学术性、非营利性社会组织，是促进我国技术经济科学事业健康发展的重要社会力量。学会的主要任务就是要团结和动员全国广大技术经济工作者，面向国家经济发展主战场和重大战略需求，探索科学技术转化为生产力的途径和方法，研究科技创新和经济发展的相互关系，研究资源优化配置和工程科学决策，为创新驱动发展服务，为提高全民科学素质服务，为技术经济领域的科技工作者服务，为党和政府科学决策服务，为促进我国技术经济事业繁荣创新发展服务。

中国技术经济学会高度重视数据要素和数字经济的专业研究和产业应用，决定依托有关专业力量，专门成立数据资产管理专业委员会，希望团结数据政策研究、数据技术创新与应用、数据要素管理与运营、数据资产估值与交易领域的技术经济工作者，开展相关理论研究、实践应用和国际交流，探索数据要素市场的运行机制和发展规律，促进数据资产管理人才专业化、职业化发展，凝聚各方力量，整合专业资源，为规范管理和政策制定提供智力支持，为激活数据要素潜能，做强做优做大数字经济，加快形成新质生产力，推动技术经济学科创新发展，构筑国家竞争新优势做出贡献。

中国科学技术出版社隆重出版的"数据资产管理丛书"，是中国技术经济学会数据资产管理专业委员会向广大读者呈现的针对数据资产价值创造和创新管理的系列专著。在丛书的编写过程中，作者充分发挥中国技术经济学会的组织优势整合相关领域专家和产业网络资源平台，汇聚各相关领域专家智慧，依托其深厚的学术功底和丰富的实践经验，跨越技术和经济双重维度，对数据资产价值创造和管理全链条相关内容进行全面深入剖析。在技术层面，丛书详细阐述了数据采集、处理、存储、分析、应用等各环节的最新进展，以及这些技术如何为数据资产的高效管理和价值挖掘提供强有力的专业支撑。在经济层面，重点研究数据作为新型生产要素的经济学特性，聚焦价值评估、市场交易、产权界定、风险防控等核心议题，为读者深入理解数据资产的经济特征及价值形成内在机理提供清晰而系统的分析框架。

尤为值得一提的是，丛书秉持技术经济学科的专业特色，没有孤立地看待技术和经济两大维度，而是将其深度融合，展现了二者在数据资产价值创造和创新管理中的互动与协同，并通过丰富的案例分析和实证研究，深刻揭示技术创新如何驱动数据资产价值形成倍增效应，以及经济规律如何引导数据资源的优化配置，为政府决策、企业实践和社会治理提供宝贵的参考和启示。

丛书不仅是对当前数据资产领域理论研究和实践经验的系统梳理，更是对未来数字经济发展趋势的前瞻性探索。丛书以深厚的学理剖析和丰富的案例展示，向读者诠释数据不是冰冷的数字堆砌，而是蕴含着无限潜力的新经济价值宝藏。通过专业化的资产管理，数据能够转化为推动产业升级、优化资源配置、提升社会治理效能的强大动力，成为引领经济高质量发展的新引擎。

技术经济学跨越经济学、管理学、自然科学、工程技术等多学科的界限，以"经济学"为母体，进行多学科延伸交叉，综合运用各学科的知识和方法，围绕形成现实生产力，为经济社会发展提供全面、系统的分析路径和解决方案，形成具有跨学科鲜明特色的技术经济学科知识体系。"数据资产管理丛书"是中国技术经济学会在数据资产管理领域的最新研究成果。在此，我衷心希望这套丛书能够成为广大读者深入理解数据资产要素、把握数字经济发展机遇的重要窗口，激发人们更多聚焦数据价值创造的思考和行动。同时，我们诚挚邀请和热烈欢迎全国技术经济相关领域的专家和企业加入中国技术经济学会大家庭，成为中国技术经济学会会员，利用好学会提供的极为丰富的平台网络资源，在数字经济的浩瀚海洋中，共同探索数据资产价值创造的无限可能，为构建更加繁荣、包容、可持续的数字世界贡献力量。

中国技术经济学会党委书记、理事长　李开孟

前　言

随着社会和企业的数字化和信息化不断深化和发展，数据已成为与土地、劳动力、资本、技术并列的关键生产要素之一。数据已快速融入生产、分配、流通、消费和社会服务管理等各环节，深刻改变着生产方式、生活方式和社会治理方式。数据在社会和经济活动中的运用，正在改变和催化社会治理和企业经营管理的新范式和逻辑。

如何正确理解和认识数据的特征特性，特别是数据在社会经济活动中的功能及其作用机理，是新时期社会资源管理和经济机制创新的基础。数据的非消耗性和共享性的典型特性会在生产经营管理以及资产管理的过程中，突破和颠覆传统管理的机制和管理逻辑。

因此对数据特性的研究是后续资产管理的基础和前提。

同时，数据的全过程认知和规范管控，对于生产要素在新时期的价值实现，以及要素之间的科学配置具有重要的现实意义。特别是在后续价值管理和流通管理中，具有系统性和前瞻性的基础作用。

数据作为新的生产要素，是推动数字经济发展的核心引擎，是赋能行业数字化转型和智能化升级的重要支撑，也是国家基础性战略资源。如何在产业运营及其管理数字化转型过程中发挥作用，需要根据不同的产业特性和实施场景进行分析，从而使得数据资产化能够实现具体落地和产业实现。

本书以数据生产要素的特性和功能为主线，对数据的起源和加工、数据的特性和功能、数据的价值进行了系统的分析；以数据的全生命周期为重点，对数据全过程的特性及其管控关键点进行了研究；在各行业数据应用及其管理数字化转型提出了路径和方法。

本书在对数据生产要素进行深度学术思考的同时，全面而系统地分析数据的特性及运行特征，对数据全生命周期进行了阐述和解析，为数据资产在社会活动、经济活动中的运营提出了各种建议和解决方案方向，具有一定的理论性和较强的实践性，适合广大企事业单位人员和高校师生作为了解数据及其经济属性应用的基础读物和专业参考资料。

目 录

第一章 CHAPTER 1 数据的相关概念

第一节　数、数字与数据 / 2
第二节　数据资源、数据产品、数据资产 / 10
第三节　数据要素 / 13
第四节　数据的两重性 / 20

第二章 CHAPTER 2 数据的特性

第一节　数据的规模性 / 28
第二节　数据的多样性 / 32
第三节　数据的动态性 / 34
第四节　数据的时效性 / 39
第五节　数据的协同性 / 41
第六节　数据的异质性 / 44
第七节　数据的非消耗性 / 47
第八节　数据的非竞争性 / 51
第九节　数据的非稀缺性 / 54
第十节　数据的边际收益的递增性和递减性 / 56

第三章 CHAPTER 3 数据的价值

第一节　数据价值的类型与特性 / 64

第二节　数据的经济价值 / 67

第三节　数据的社会价值 / 72

第四节　数据的科技价值 / 78

第五节　数据的生态价值 / 85

第六节　数据的决策价值 / 89

第七节　数据的个性化服务价值 / 94

第八节　数据未来的价值和挑战 / 99

第四章　数据的生产和加工
CHAPTER 4

第一节　数据的类型 / 106

第二节　数据的采集 / 110

第三节　数据的加工 / 118

第五章　数据在行业中的应用
CHAPTER 5

第一节　概述 / 130

第二节　工业制造的数据应用 / 136

第三节　科技创新的数据应用 / 142

第四节　金融服务的数据应用 / 146

第五节　交通运输的数据应用 / 151

第六节　商贸流通的数据应用 / 156

第七节　文化旅游的数据应用 / 163

第八节　医疗健康的数据应用 / 169

第九节　现代农业的数据应用 / 175

第十节　应急管理的数据应用 / 182

第十一节　气象服务的数据应用 / 188

第十二节　城市管理的数据应用 / 192

第十三节　社区服务的数据应用 / 195

第十四节　教育教学的数据应用 / 199
第十五节　绿色低碳的数据应用 / 203

第六章 CHAPTER 6　数据全生命周期管理

第一节　数据生命周期划分的依据和标准 / 210
第二节　数据全生命周期 1——数据采集管理 / 212
第三节　数据全生命周期 2——数据存储管理 / 222
第四节　数据全生命周期 3——数据整合管理 / 231
第五节　数据全生命周期 4——数据呈现与使用的管理 / 240
第六节　数据全生命周期 5——数据分析与应用的管理 / 246
第七节　数据全生命周期 6——数据挖掘的管理 / 253
第八节　数据全生命周期 7——数据流通管理 / 262
第九节　数据全生命周期 8——数据归档和销毁管理 / 275

第七章 CHAPTER 7　数据与产业数字化转型

第一节　数据与产业数字化转型 / 286
第二节　制造业数字化转型 / 292
第三节　金融行业数字化转型 / 294
第四节　零售行业数字化转型 / 298
第五节　医疗保健行业数字化转型 / 302
第六节　物流与运输行业数字化转型 / 305
第七节　政府服务行业数字化转型 / 310
第八节　教育行业数字化转型 / 313

第八章 CHAPTER 8　全球数据产业发展

第一节　全球数字化发展阶段划分依据 / 322
第二节　全球数字化发展演变之一：数字化阶段 / 322

第三节　全球数字化发展演变之二：网络化阶段 / 327

第四节　全球数字化发展演变之三：数据化阶段 / 330

第五节　全球数字化发展演变之四：智能化阶段 / 335

第九章　中国数据产业的发展
CHAPTER 9

第一节　中国数据产业发展的演变 / 342

第二节　中国数据产业发展的现状 / 348

第三节　中国数据产业的发展与挑战 / 351

第四节　数据应用典型案例：智慧审计贯通大监督体系 / 355

后记 / 361

第一章
数据的相关概念

▶▶▶

　　数、数字、数据、衍生的数据资源、数据信息，以及数字语言、数字化等，都是人类社会不断发展以及人类改造世界过程的产物和文明的结晶。上述概念赋予各自特别的意义和特征，也有着时代发展的烙印。本章将系统分析上述概念及其脉络。

第一节　数、数字与数据

一、数的概念与内涵

"数"有最初数学含义的"数",也有后来计算机科学发展后的"数"。

1. 数学含义的"数"

数学中的"数",是指用作计数、标记或用作量度的抽象概念。它是比较同质或同属性事物的等级的简单符号记录形式。数代表了一系列符号,包括数字、运算符号等,被统称为记数系统。数的定义延伸至包含如分数、负数、无理数、虚数及复数等抽象化的概念。

"整数"是数字的重要组成部分,包括正整数、零与负整数。如-2、-1、0、1、2。"自然数"表示的是数量或顺序。它们是非负整数,包括0、1、2、3……。"有理数"表示为两个整数之比的数,包括整数和分数。如1/2、3/4等。"无理数"指不能表示为两个整数之比的数,它们的小数部分是无限不循环的。如 π 和 $\sqrt{2}$。"实数"包括有理数和无理数,是当前人类认知能力所能理解的自然界中的数。实数可以被直观地看作有限小数与无限小数。"虚数"是与实数相对的概念,它们不是实数,但在数学中却有着重要的地位。虚数单位i的定义是$i^2=-1$。虚数在数轴上没有对应的点,但它们可以参与复数的运算。"复数"是由实数和虚数组成的数,形如$a+bi$(a、b为实数,i为虚数单位)。复数在数学、物理、工程等领域有着广泛的应用,如解决电路问题、波动问题、信号处理等。

数学中的数具有独特的特性和表示方法。数学中的数具有无限的精度和范围，可以表示任意大小的数和任意精度的数值。数学中的数还具有连续性和稠密性等特点。表现为其可以采用多种表示方法，包括十进制、二进制、十六进制等。在数学中，数的表示方法灵活且多样。

计算机科学中的"数"，指的是数字在计算机中的表示形式和处理方式。计算机科学中的数主要用于计算、存储和传输数据。它们是算法设计、数据结构、计算机网络和计算机安全等领域的基础元素。

2. 计算机学科中的数

计算机科学领域中，数包括整数、浮点数、定点数三种类型。

整数（Integer）是计算机科学领域中的一种数值类型，包括正整数、负整数和零。整数是没有小数部分的数字，它们在数轴上以 0 为中心，向左右两侧延伸。整数集是一个数环，包含正整数、零和负整数。整数不包括小数和分数。整数可以进行加、减、乘、除等基本运算，并遵循正负数相加减和相乘的规则。正整数：1、2、3……。零：0。负整数：–1、–2、–3……。

浮点数（Floating Point）在计算机中用以近似表示任意某个实数。浮点数由一个整数或定点数（尾数）乘以某个基数（通常是 2）的整数次幂得到，类似于基数为 10 的科学计数法，浮点数用于表示具有小数部分的数值。浮点数的表示和运算通常伴随着近似或舍入，因此可能不完全精确。浮点数在计算机中的表示包括尾数部分和阶码部分。浮点数示例：3.14、–0.001、1.23×10^{10}（即 12 300 000 000）。

定点数（Fixed Point）是一种在计算机中表示数字的方式，其中小数点的位置是固定的。小数点前、后的数字分别用二进制表示，并组合起来被存储在计算机中。纯整数表示为 100（小数点固定在最低位，忽略不写）。纯小数表示为 0.125（小数点固定在最高位）。整数 + 小数表示为 0.5（小数点位置固定，前几位表示整数部分，后几位表示小数部分）。

> 📝 **小贴士**

人类数的产生和发展

中国数学的开端可以追溯到 7000 多年前，当时已经出现了数的概念和简单的记数方法。大约在 7000 年前的河姆渡遗址和 6000 年前的西安半坡遗址中，出土的陶器上已经有了数的表示。例如，河姆渡遗址中的骨耜有两个孔，陶器上有三足，陶钵底上刻着四叶纹，这些都表明当时已经有了"二、三、四"等数的概念。半坡遗址中的陶器上也有各种几何图形，如圆、三角形、长方形、菱形等，这些几何图形的出现标志着数学在中国的早期发展。

在记数方法上，中国古人最初使用结绳记数和刻划记数。结绳记数是把长短不同、颜色有别的绳子打成结，结的大小和多少代表不同的数目。刻划记数则是在竹、木或骨片上刻出小口表示数目。这些原始的记数方法逐渐发展，形成了更复杂的记数系统。

进入奴隶社会后，商代出现了比较成熟的文字——甲骨文，甲骨文中已经有了完整的数字系统，包括 1 到 10 的每个整数以及更大的数目。西周时期，金文（刻在青铜器上的铭文）进一步发展了这种记数系统。春秋战国时期，算筹记数法被广泛使用，算筹是用小竹棍或竹棒来表示数字，通过不同的摆放方式来表示不同的数值。

秦汉时期，中国古代数学体系正式确立。这一时期出现了《九章算术》，标志着古代数学体系的成熟。《九章算术》包含了分数四则运算、开平方与开立方、线性方程组解法等内容，展示了当时数学的高度发展。

大约在 5000 年以前，埃及的祭司已在莎草纸上书写数的符号，而美索不达米亚的祭司则是写在松软的泥板上。公元前 1500 年，南美洲秘鲁印加人习惯于"结绳记数"。数的概念可能是抽象思维的开端，数的抽象概念的形成经历了漫长的时间，从具体的物体到抽象的数字属性，反映了人类对自然界的认知进步。

二、数字和数据

数字、数据这两个名词都起源于数学学科，在计算机科学中，两个概念又被赋予了新的内涵。

1. 数字和数据的概念

数字是计算机系统中的基本元素，通常指以二进制形式（0和1的组合）表示的数值。它是计算机进行数值计算的基础，是抽象的、离散的，并且具有精确的数值意义。数字主要用于进行数值计算、比较、排序等操作，是计算机科学中不可或缺的基础元素。

数据是信息的载体，是计算机系统中存储、处理和传输的各种信息的总称。它可以是数字、文本、图像、声音等多种形式的组合。数据是具体的、多样化的，并且具有广泛的应用场景。数据可以来自不同的来源，具有不同的格式和含义。数据在计算机科学中扮演着至关重要的角色，是信息系统、数据库、网络通信等领域的核心要素。通过数据的处理和分析，人们可以获取有用的信息，支持决策和业务发展。

2. 数字与数据的关系

数字是抽象的数值表示，而数据则是具体的、具有实际含义的信息载体。数字是数据的一种表现形式，但数据不仅仅包括数字；数字主要以二进制形式存在，而数据则可以是数字、文本、图像、声音等多种形式的组合。数据的多样性使得它能够承载更丰富的信息；数字主要用于数值计算和比较，而数据则被广泛应用于信息系统、数据库、网络通信等领域。数据是计算机科学中处理和分析的主要对象。数字在计算机科学中有特殊的功能和作用。

✏️ **小贴士**

第一个计算机语言：Fortran

Fortran I 诞生于1957年，由国际商业机器公司（IBM）设计，是世界上第一个真正的计算机语言。

Fortran Ⅰ运行于 IBM 704 计算机上。

Fortran Ⅰ支持变量（变量名最多 6 个字符）、If 和 do 语句、格式化 IO。不支持数据类型声明、单独编译子程序。

Fortran Ⅱ发布于 1958 年，主要对 Fortran Ⅰ的编译器做了优化，并支持单独编译的子程序。

Fortran Ⅳ发布于 1962 年，并在 1966 年被标准化为 Fortran 66，这也是第一个 Fortran 的标准化版本。

1978 年的 Fortran 77 是非重要的标准化版本，这时的 Fortran 语言已经大量引进了其他计算机语言的特点，例如字符串处理、逻辑判断、带 else 子句的 if 语句等。

Fortran 的最新标准化版本是 Fortran 2008。

Fortran 的设计思想基于冯·诺依曼体系结构，是命令式语言的鼻祖。

小贴士

什么叫数据？

"数据"一词源自拉丁语，其最初的含义为"给定的事物"，随着科学技术的不断发展以及人类认知的演进，数据的定义也发生了改变。下面梳理了不同的机构关于数据的内涵理解和概念界定。

国际标准化组织（ISO）给出的数据定义是：对事实、概念或指令的一种特殊表达形式。这种特殊的表达形式可以用人工的方式或者用自动化的装置进行通信、翻译转换或者进行加工处理。

联合国统计委员会（UNSC）、联合国欧洲经济委员会（UNECE）对数据的定义是：信息的物理表现形式。这一表现形式适用于人工或自动化手段交流、理解或处理。国际空间数据系统咨询委员会（CCSDS）对数据的定义是：以适合于交流、解释或加工的形式化方式进行的可重新解释的信息表示。序列、数值表、页面中的字符、录音等都是数据。国际数据管理协会（DAMA）对数据的定义是：以文本、数字、图形、图像、声音和视频等格式对事实进行表现的形式，是信息的原始材料。

在最新版的《牛津英语词典》中，数据（data）被定义为"被用于形成决策或者发现新知的事实或信息"。

《现代汉语词典》（第七版）对于数据的解释是进行各种统计、计算、科学研究或技术设计等所依赖的数值。

《中华人民共和国数据安全法》《深圳经济特区数据条例》《上海市数据条例》等法律法规所称的数据，是指任何以电子或者其他方式对信息的记录。

三、数据和数字的作用原理

1. 数字在计算机学科中的作用

数字在算法设计中扮演着至关重要的角色。算法是计算机科学的基本组成部分，定义了计算机如何执行特定的任务。数字在这些算法中起到了基础元素的作用，无论是排序、搜索还是更复杂的计算任务，都离不开数字的处理和运算；数字是构成数据结构的基本元素。例如，数组、链表、树和图等数据结构都是由数字或数字的组合构成的。这些数据结构使得计算机能够高效地存储和访问数据，从而提高计算效率。例如，IPv4 地址 192.168.1.1 由四个字节组成，每个字节都是一个十进制数（范围在 0~255 之间），它们共同表示了一个网络设备的唯一地址。

数字在计算机网络中通过传输数字信号来实现信息的远程通信。无论是局域网、城域网还是互联网，都依赖于数字信号的传输和处理。这些数字信号可以表示文本、图像、音频和视频等各种类型的信息，使得远程通信和资源共享成为可能。在数据通信中通过傅里叶级数，任何信

7

号都可视为由多种频率的正弦或余弦分量组成。这有助于定义信号的基频、周期、频谱、带宽等概念。在 IP 地址中，数字用于表示网络中的设备位置。另外，数字是密码学的基础，数字加密和数字签名等技术可以确保信息在传输和存储过程中的机密性、完整性和可验证性。

2. 数据在社会经济领域中的作用

数据就是在数字运动过程中形成的各项结果，在当今社会和经济领域也发挥着重大作用。

在医疗领域方面，电子病历就是医院通过电子病历系统记录的患者的个人信息、病史、诊断结果等数据，便于医生进行诊疗和科研分析。医学影像分析就是利用图像处理技术和机器学习算法，对医学影像数据（如 X 光片、CT 图像）进行自动分析和诊断，以提高医疗效率和准确性。

在教育领域方面，在线教育平台可以通过收集学生的学习数据（如观看视频时长、作业完成情况），为学生提供个性化的学习建议和辅导。教育评估就是利用数据挖掘和统计分析方法，对学生的学习成绩、行为表现等数据进行分析，为教育评估和改进提供依据。

在社交网络与搜索引擎方面，社交网络可以通过收集用户的行为数据（如点赞、评论、分享），分析用户的兴趣和偏好，为用户提供个性化的内容推荐。搜索引擎可以利用网页数据和搜索算法，对网页进行排名和索引，以提高搜索结果的准确性和相关性。

在零售与物流领域方面，零售商可以通过实时监控库存数据，及时调整进货计划和销售策略，避免库存积压和缺货现象。物流优化可以利用物流数据和优化算法，规划最佳的运输路线和配送方案，以提高物流效率和降低成本。

在金融领域方面，金融机构可以通过实时收集和分析股票交易数据，进行市场趋势预测和投资决策。这些数据包括股票价格、交易量、市场指数等。金融机构可以利用历史数据和统计分析方法，评估贷款、投资等业务的风险，从而制定有效的风险管理策略。

在人工智能与机器学习方面，人工智能和机器学习算法可以通过大量的数据来进行模型训练和验证，以提高算法的准确性和泛化能力。人们利用数据分析和机器学习算法，可以构建智能决策系统，为企业和个人提供智能化的决策支持。

亚马逊作为全球最大的电子商务平台之一，利用数字技术实现了商品的在线展示、交易和物流配送，为消费者提供了便捷的购物体验。

许多国家和地区正在推进"数字政府"建设，利用数字技术提高政府服务的效率和透明度，增强公民对政府的信任和支持。

> **小贴士**
>
> ### 人工智能的社会应用
>
> 特斯拉自动驾驶：特斯拉利用人工智能技术实现了自动驾驶功能，通过识别道路、车辆、行人等信息，自动控制车辆行驶。
>
> 谷歌 DeepMind 项目：利用人工智能技术，该项目可以对医疗影像进行快速、准确的诊断，已经能成功识别出皮肤癌、乳腺癌等疾病。
>
> 支付宝：支付宝是中国领先的第三方支付平台，利用数字技术实现了资金的快速转移和结算，为用户提供了安全、便捷的支付服务。
>
> 科大讯飞智能阅卷：科大讯飞利用人工智能技术实现了智能阅卷，系统能够自动识别学生的答案并进行评分。
>
> 华为智能交通信号灯系统：华为研发了智能交通信号灯系统，能够依照实时交通流量调整信号灯的时长，提升道路通行效率。
>
> 小爱同学：小米公司推出的智能语音助手，可以通过语音指令控制智能家居设备，提供天气预报、新闻资讯、音乐播放等服务。

第二节 数据资源、数据产品、数据资产

数据资源、数据产品和数据资产指向数据形成过程中的不同管理阶段，它们各自具有不同的侧重点和功能。

一、数据资源的概念与特性

1. 数据资源的概念

数据资源是指所有可能具有潜在价值的、未经处理或已处理的数据集合。它涵盖了企业或个人在运作中累积的各类数据记录，如客户记录、销售数据、人事信息、采购记录、财务报表及库存数据等。同时，数据资源也包括从数据生成、处理到传播、交换的整个生命周期中涉及的数据管理工具（如计算机硬件、软件、网络技术）及专业的数据管理人员。

2. 数据资源的特性

数据资源主要基于数据的生命周期管理，包括数据的收集、存储、处理、分析和应用。数据首先通过各种渠道被收集，然后存储在安全的数据库中。其次，数据工程师会使用各种数据处理和分析技术（如数据挖掘、机器学习等）对原始数据进行清洗、整合和分析，以提取有价值的信息和知识。最后，这些数据资源被应用于各种业务决策、科学研究或创新活动中，以支持组织的运营和发展。

二、数据产品的概念与特性

1. 数据产品的概念

数据产品是指将数据原始资源转化为能对内产生经济价值或对外形成经济利益流入的产品。它基于大数据、云计算等技术平台构建，能够将海量数据进行结构化处理、挖掘分析和可视化呈现，从而帮助用户快速洞察市场趋势、把握商业机会。数据产品可以是基于软件产品和服务

的服务性产品，也可以是将软件产品、服务与数据资产的权益打包后形成的权益性产品。

2. 数据产品的特性

数据产品化的原理在于通过收集、处理、分析和呈现数据，为用户提供有价值的信息和见解。其形成过程通常包括以下几个步骤：数据采集——从各种数据源收集数据，包括内部系统和外部公开数据——数据清洗与预处理——去除噪声和异常值，确保数据的准确性和一致性；数据分析与挖掘——运用各种数据分析算法和机器学习技术，从数据中提取有价值的信息和模式。数据资源、数据产品、数据资产三者之间存在着紧密的时间相互关系，这种关系贯穿于数据从产生到应用再到产生价值的整个生命周期中。

三、数据资产的概念与特性

1. 数据资产的概念

数据资产是指由个人或企业拥有或控制的、能够为企业带来未来经济利益的、以物理或电子方式记录的数据资源。它包括但不限于数字信息、文字信息、图像信息、语言信息、数据库等。数据资产是企业的重要资产之一，其价值在于其所承载的信息内容和潜在的商业利用潜力。

2. 数据资产的特性

数据资产化的原理在于将原始数据通过采集、清洗、整合、分析与应用等流程转化为具有特定价值的产品或服务，从而为企业带来经济利益。这一过程涉及数据治理、数据质量管理、数据安全保护和数据隐私合规等方面。通过有效的数据治理，企业能够提升数据资产的质量、确保数据资产的可持续利用，并将其转化为实际的商业价值。

四、数据资源、数据产品和数据资产的关系

数据资源、数据产品、数据资产三者之间存在着紧密的时间相互关系。数据资源是数据生命周期的起点，经过处理和分析后转化为数据产

品，再通过市场交易和应用成为数据资产。数据资产的管理与增值则是一个持续的过程，旨在不断提升其经济价值。

1. 数据资源的产生与积累

数据资源是在企业或组织的日常运营中产生的，可能来自内部业务系统、外部合作伙伴、公开数据集或物联网设备等。这一阶段是数据生命周期的起点，数据资源开始被收集和存储。

随着时间的推移，数据资源不断积累，形成庞大的数据集。这些数据集包含了大量的原始信息和潜在价值，但尚未被充分利用。

2. 数据资源被转化为数据产品

在数据资源积累到一定规模后，企业开始对其进行处理和分析。这一过程可能涉及数据的清洗、整合、转换和挖掘等操作，旨在提取有价值的信息和洞察。

经过处理和分析的数据资源被转化为数据产品。数据产品可以是针对特定用户需求或应用场景的解决方案，如数据分析报告、数据可视化工具、数据 API 等。

数据资源转化为数据产品的时间点通常是在企业识别到数据资源的潜在价值，并决定将其转化为可交付的产品或服务时。

3. 数据产品成为数据资产

数据产品通过市场交易和应用，实现其经济价值。当数据产品被用户购买或使用，并为企业带来实际收益时，它就转化为了数据资产。

数据资产的价值体现在其能够为企业带来经济利益、优化业务流程、提升决策效率等方面。数据资产是企业数字化转型中的核心资产之一，对于企业的长期发展具有重要意义。数据产品成为数据资产的时间点通常是在其被市场接受并开始为企业带来经济回报时。

4. 数据资产的管理与增值

数据资产需要通过有效的数据治理和管理来确保其质量和安全。这包括制定数据标准、建立数据质量管理体系、加强数据安全防护等措施。

数据资产的价值并非一成不变，而是可以通过持续的数据处理、分析和创新应用来得到不断提升。例如，企业可以通过对数据资产的深度挖掘和跨界融合，发现新的商业机会和增长点。

数据资产的管理与增值是一个持续的过程，贯穿于数据资产的生命周期中。随着技术的进步和业务的发展，数据资产的价值将不断得到提升。

第三节　数据要素

人类社会在科学技术的支持下，生活方式和生产方式发生了巨大的变化。特别是信息化的不断发展、数字技术的突飞猛进，不断改变着生产方式和生活的原有的传统模式。数据已经成为人类现阶段的重要生产要素。

一、生产要素

生产要素是指在生产过程中所需要的各种资源和要素，它们共同参与生产过程，是维系国民经济运行及市场主体生产经营过程中所必须具备的基本因素。

生产要素通常包括劳动力、资本、土地、技术、数据等。这些要素在生产过程中发挥着各自的作用，如劳动力通过运用技能、知识和经验将其他生产要素转化为最终产品，资本则提供了生产所需的物质财富，土地作为自然资源对生产的效益和环境保护有重要影响，而技术则能推动生产效率的提升和产业的发展。

生产要素具有基础性、稀缺性、多样性、动态性、关联性的特点。

生产要素是生产过程中最基础的元素，没有它们，生产过程就无法进行。例如，劳动力是生产的人力资源，土地是生产的自然资源，资本是生产的物质财富，技术则是提高生产效率的关键。

生产要素的稀缺性是指生产要素是稀缺的，它们的供给量是有限的。因此，人们在生产过程中需要合理配置和利用生产要素，以提高生产效率和经济效益。

生产要素的多样性是指生产要素包括多种类型，如劳动力、资本、土地、技术、数据等。这些要素在生产过程中各自发挥着不同的作用，共同推动生产的进行。

生产要素的动态性是指随着科技的发展和社会的进步，生产要素的种类和作用也在不断变化。例如，在知识经济时代，技术、数据和知识的价值日益凸显，成为重要的生产要素。

生产要素的相互关联性是指生产要素之间是相互关联的，它们在生产过程中相互作用、相互影响。例如，劳动力的质量和数量会影响资本的使用效率，而技术的进步又会提高土地和资本的生产力。

二、经济时代的变迁与生产要素

随着人类经历的社会经济活动的变化，生产力发展经历了多次重大的变革，这些变革往往伴随着生产要素的重大变化。以下是几次主要的生产要素变化。

1. 农业经济时代及其生产要素

农业经济时代是以农业生产为主要社会经济活动并以此获取主要的社会财富的时代，包括从新石器时代到 18 世纪产业革命这一漫长的历史时期。在农业经济时代，生产活动主要指劳动者借助简单的劳动工具和土地从事农业生产活动。

这个时代的主要生产要素是劳动、土地和简单劳动工具。首先，在农业经济时代，劳动是此阶段最基础且不可或缺的生产要素。劳动者的数量和质量直接决定了农业生产的效率和规模。在农业经济时代，由于生产工具相对简单，劳动者的体力和技能成为农业生产的关键因素。其次，农业经济时代的土地是农业生产的核心资源，是农作物生长的基础。在农业经济时代，土地的数量和质量对农业生产有着至关重要的影响。肥沃的土地能够产出更多的农作物，从而提高农业生产的经济效益。最后，农业时代的劳动工具相对简单，主要包括锄头、镰刀、犁等农具。这些工具虽然简单，但对于提高农业生产效率、减轻劳动者负担具有重要作用。与后来的工业时代相比，这些工具的技术含量和生产效率相对较低。

2. 工业经济时代及其生产要素

工业经济时代是机器生产逐渐取代手工生产、生产力水平显著提高的阶段。这个阶段从 18 世纪 60 年代英国工业革命开始，一直延续到 20 世纪末。这个时代的主要生产要素是劳动力、资本（包括货币资本和实物资本）、土地与自然资源、技术、机器设备与基础设施等。

工业经济时代的主要生产要素除了劳动和土地外，资本和技术开始发挥重要作用。劳动力方面，工人在工厂中操作机器，进行生产加工，是工业生产的主要力量。资本方面，企业家投入货币资本购买原材料、机器设备等，以扩大生产规模。土地与自然资源方面，工厂需要占用土地，并消耗自然资源（如煤炭、石油等）进行生产。技术方面，蒸汽机、电动机等技术的发明和应用，极大地提高了工业生产效率。机器设备与基础设施方面，生产线上的机器设备和交通、通信等基础设施的完善，为工业生产提供了必要的物质条件。

3. 知识经济时代及其生产要素

知识经济是建立在知识和信息的生产、分配和使用之上的经济，也被称为"新经济"，是与农业经济、工业经济相对应的一个概念，是人类社会进入计算机信息时代后出现的一种新型的、富有生命力的经济形态。

这个阶段的主要特点是知识成为核心、信息化与网络化是重要社会经济形态和社会活动、创新与创造力是其源泉。

在知识经济时代，创新成为推动经济发展的主要动力，技术、信息和知识的价值日益凸显。这些要素在生产过程中的作用越来越重要，对经济增长的贡献也越来越大。知识方面，科研机构和企业研发部门不断积累和应用新知识，推动技术创新和产业升级，如新药研发需要深厚的医学知识和科研能力。信息方面，企业通过信息收集和分析，了解市场需求和竞争对手情况，制定有效的市场策略，如互联网公司利用大数据分析用户行为，优化产品推荐算法。技术方面，互联网、人工智能等技术的广泛应用，为知识经济的繁荣提供了有力支撑，如在线教育平台利用互联网技术，提供便捷的学习资源和教学方式。创新方面，企业不断创新产品和服务，以满足消费者不断变化的需求，如智能手机厂商不断推出新功能、新设计的产品，引领市场潮流。

4. 数字经济时代及其生产要素

数字经济是指以数字化技术为基础，通过信息技术和通信技术的融合与创新，实现信息的数字化、网络化、智能化，从而推动经济社会的全面转型和发展。

数字经济时代生产要素主要包括数据、技术、数据基础设施等。

数据在数字经济中被视为一种新的生产要素，是数字经济的基石与核心。通过收集、存储、处理和分析数据，企业可以获取有价值的信息，优化决策，提高效率，创新产品和服务。数据的应用贯穿于数字经济的各个环节，对数字经济的发展起着至关重要的作用。技术是推动数字经济发展的关键要素，包括互联网、大数据、人工智能、区块链等。这些技术能够改变生产和交换的方式，提高生产效率，降低交易成本，创造新的商业模式。技术的不断创新和应用，为数字经济的发展提供了强大的动力。数字基础设施包括网络基础设施、数据中心、智能终端等，是数字经济得以正常运转所必需的物质保障。数字基础设施的完善与否直接影响着数字经济的效率和规模。

三、数据要素的概念及其属性

数据要素是数字经济时代发展的产物，既是数字经济时代的生产手段，也是数字经济时代的重要生产对象，有着其他生产要素不同的特殊性。

1. 数据要素的概念与功能

数据要素是指参与到社会生产经营活动中，为所有者或使用者带来经济效益的数据资源。

它是根据特定生产需求汇聚、整理、加工而成的计算机数据及其衍生形态，投入于生产的原始数据集、标准化数据集、各类数据产品及以数据为基础产生的系统、信息和知识。

数据要素不仅代表了数据本身，更强调了数据在促进生产价值中的作用。

2. 数据要素的特性

与其他传统生产要素相比，数据要素具有规模性、多样性、动态性、时效性、协同性、异质性、非消耗性、非竞争性、非稀缺性、数据边际收益递增性和递减性等特点。

数据规模性指数据量的巨大及增长速度的超常增长，不仅体现在数量上，还包括复杂度和多样性。大数据分析依赖于海量数据，从中提取有价值的信息和规律，为决策提供支持。

数据多样性指数据在类型、来源、形式、内容以及格式和形态上的广泛差异性和丰富性，这一特性使得数据能够更全面、多角度地反映现实世界的真实面貌。

数据动态性指数据在时间和空间上的变化特性，包括数据生成、传输和使用的实时性和连续性。技术发展，如 5G 和医疗技术的进步，进一步增加了数据的动态性。

数据时效性强调数据在特定时间范围内对决策的重要性，过时的数据可能导致错误的决策。数据的时效性影响信息的准确性和可靠性，特别是在金融市场等快速变化的环境中。

数据协同性指将不同来源、类型和结构的数据进行整合、交互和共享，以实现数据价值的最大化利用。数据协同性促进了信息的流通和知识的传播，提高了数据的利用效率。

数据异质性指数据在结构、格式、来源和质量上的多样性，这种多样性使得数据处理和分析变得更加复杂，但也为多维度的数据分析提供了丰富的信息来源。

数据的非消耗性意味着数据在被使用过程中不会被消耗，可以被无限次地复制和使用，降低了数据交易和共享的成本和风险，促进了数据经济的发展。

数据的非竞争性意味着同一数据能够被多个主体同时使用，而不会降低数据的质量或效用。数据的非消耗性和可复制性是其非竞争性的基础，促进了数据的广泛共享和应用。

数据的非稀缺性指数据作为一种资源，其供给量理论上不受限制，可以在不消耗自身的情况下被无限复制和重复使用，打破传统经济学中资源稀缺的基本假设。但高质量的、独特的数据仍可能具有稀缺性。

数据边际收益递增性和递减性指随着数据量的增加，数据资产的处理成本上升，当处理成本的增长速度超过数据收益的增长速度时，会出现边际收益递减的现象。反之，则会出现边际收益递增的现象。

小贴士

中共中央 国务院
关于构建更加完善的要素市场化配置体制机制的意见
（2020 年 3 月 30 日）

完善要素市场化配置是建设统一开放、竞争有序市场体系的内在要求，是坚持和完善社会主义基本经济制度、加快完善社会主义市场经济体制的重要内容。为深化要素市场化配置改革，促进要素自主有序流动，提高要素配置效率，进一步激发全社会创造力和市场活力，推动经济发展质量变革、效率变革、动力变革，现就构建更加完善的要素市场化配置体制机制提出如下意见。

一、总体要求

（一）指导思想。以习近平新时代中国特色社会主义思想为指导，全面贯彻党的十九大和十九届二中、三中、四中全会精神，坚持稳中求进工作总基调，坚持以供给侧结构性改革为主线，坚持新发展理念，坚持深化市场化改革、扩大高水平开放，破除阻碍要素自由流动的体制机制障碍，扩大要素市场化配置范围，健全要素市场体系，推进要素市场制度建设，实现要素价格市场决定、流动自主有序、配置高效公平，为建设高标准市场体系、推动高质量发展、建设现代化经济体系打下坚实制度基础。

（二）基本原则。一是市场决定，有序流动。充分发挥市场配置资源的决定性作用，畅通要素流动渠道，保障不同市场主体平等获取生产要素，推动要素配置依据市场规则、市场价格、市场竞争实现效益最大化和效率最优化。二是健全制度，创新监管。更好发挥政府作用，健全要素市场运行机制，完善政府调节与监管，做到放活与管好有机结合，提升监管和服务能力，引导各类要素协同向先进生产力集聚。三是问题导向，分类施策。针对市场决定要素配置范围有限、要素流动存在体制机制障碍等问题，根据不同要素属性、市场化程度差异和经济社会发展需要，分类完善要素市场化配置体制机制。四是稳中求进，循序渐进。坚持安全可控，从实际出发，尊重客观规律，培育发展新型要素形态，逐步提高要素质量，因地制宜稳步推进要素市场化配置改革。

……

六、加快培育数据要素市场

（二十）推进政府数据开放共享。优化经济治理基础数据库，加快推动各地区各部门间数据共享交换，制定出台新一批数据共享责任清单。研究建立促进企业登记、交通运输、气象等公共数据开放和数据资源有效流动的制度规范。

（二十一）提升社会数据资源价值。培育数字经济新产业、新业态和新模式，支持构建农业、工业、交通、教育、安防、城市管理、公共资源交易等领域规范化数据开发利用的场景。发挥行业协会商会作用，推动人工智能、可穿戴设备、车联网、物联网等领域数据采集标准化。

> （二十二）加强数据资源整合和安全保护。探索建立统一规范的数据管理制度，提高数据质量和规范性，丰富数据产品。研究根据数据性质完善产权性质。制定数据隐私保护制度和安全审查制度。推动完善适用于大数据环境下的数据分类分级安全保护制度，加强对政务数据、企业商业秘密和个人数据的保护。
> …………

第四节　数据的两重性

数据已成为推动各行各业进步的重要资产。它不仅是决策与战略制定的基础，更是社会进步和创新的重要驱动力。数据的技术性与社会性相互交织，产生了复杂而深远的影响。理解数据的技术特征有助于我们更高效地利用数据推动社会进步，而关注数据的社会影响则能引导技术的发展方向和应用伦理。两者相辅相成，唯有在二者之间找到平衡，才能真正发挥数据的潜力。

一、数据的技术性

数据获取是数据科学的基础，涉及多种技术和方法。随着信息技术的飞速发展，数据采集技术也日益丰富，主要包括以下几种方式。

1. 数据采集技术

数据采集技术是现代信息系统中不可或缺的一部分。接下来，我们以传感器和网络爬虫为例讲述该技术。传感器是实时数据采集的核心设备，被广泛应用于环境监测、智能家居、医疗健康等多个领域。比如，气象传感器可以实时收集气温、湿度、风速等信息，为天气预报和气候研究提供重要支持。传感器通过物理和化学反应将物理量转化为电信号，使得数据的采集更加准确和高效。网络爬虫是一种自动访问互联网并提取信息的程序，能够在短时间内从大量网页中获取结构化数据。网络爬虫在市场调研、竞争分析等领域得到了广泛应用。例如，电商平台使用爬虫技术监测竞争对手的价格变化和产品信息，从而制定相应的市场策略。这种技术不仅提高了数据收集的效率，还为决策提供了更为精确的依据。

2. 数据存储技术

数据存储技术在现代信息管理中扮演着至关重要的角色，主要包括数据库和云计算两种形式。数据库是存储和管理数据的重要工具，能够支持高效的数据存取。关系数据库（如 MySQL、PostgreSQL）以表格形式存储数据，特别适合结构化数据的管理，便于进行复杂的查询和数据操作；而非关系数据库（如 MongoDB、Cassandra）则更适合处理大规模的非结构化数据，灵活应对多变的数据格式与结构。另外，云计算提供了灵活的存储和计算资源，使企业能够根据实际需求动态调整资源配置。通过云平台［如亚马逊云科技（Amazon Web Services）、谷歌云（Google Cloud）］，用户可以方便地存储、处理和分析海量数据，而无须投入大量的基础设施成本。这种技术的结合，使得数据存储更加高效、灵活和可扩展，为企业的数字化转型提供了坚实的基础。

3. 数据分析与挖掘技术

数据分析与挖掘技术在信息处理和决策制定中发挥着重要作用，其中机器学习和人工智能是两大核心领域。机器学习是一种使计算机能够从数据中自动学习并进行预测的技术，被广泛应用于推荐系统、图像识别、自然语言处理等场景。例如，电商平台通过机器学习算法分析用户行为，能够精准推荐用户可能感兴趣的商品，从而提高销售转化率。而人工智能则是一个更为广泛的概念，涵盖了机器学习、深度学习等多个领域。AI 技术正在逐步改变各行各业，通过智能化的数据分析，显著提升决策的效率和准确性，帮助企业更好地应对市场变化与挑战。这些技术的结合，使得数据分析与挖掘不仅更加高效，而且为业务创新提供了新的动力和方向。

二、数据的社会性

数据在现代社会中扮演着越来越重要的角色，影响着我们的生活、工作和决策。

1. 数据驱动决策

数据驱动决策是指通过数据分析和挖掘，决策者可以做出更为科学合理的判断。例如，政府部门在制定社会经济政策时，可以通过分析历史数据和社会趋势，预测政策的影响，优化政策设计。

2. 数据在商业与经济中的应用

在商业领域，数据分析被广泛应用于市场调研、消费者行为分析、产品推荐等方面。通过对用户数据的深入挖掘，企业能够更精准地定位目标客户，提高市场竞争力。此外，数据在经济预测、资源分配等方面的应用，也为经济决策提供了科学依据。

3. 数据与社会变革

数据的广泛使用不仅推动了商业的发展，也在社会变革中发挥了重要作用。通过分析社交媒体上的数据，组织者能够了解公众情绪、动员更多支持者。

4. 促进透明度与问责制度的完善

数据的透明化有助于提升政府和企业的问责制。通过公开关键数据，公众能够对政府政策和企业行为进行监督，促进社会公平与正义。例如，许多政府部门开始公开预算数据，使公民能够了解资金的使用情况，推动财政透明化。

5. 数据的伦理与隐私

尽管数据在社会中发挥着积极作用，但其收集和使用过程中也伴随着伦理与隐私问题。企业在使用用户数据进行分析时，需考虑数据的合法性和用户的知情权，确保数据的使用符合伦理规范。随着数据泄露事件的频发，个人隐私保护和数据安全问题愈发受到关注。各国政府纷纷出台相关法律法规，以保护个人数据安全，如欧盟的《通用数据保护条例》（GDPR）。企业在数据处理过程中，需加强数据安全管理，确保用户数据不被滥用或泄露。

三、数据的技术性与社会性的关系

在当今数字化时代，数据不仅是信息技术发展的核心资产，更是影响社会结构、经济模式与人际互动的重要因素。数据技术的发展与社会需求之间形成了一种复杂的相互作用关系。

1. 数据技术会对社会产生重大影响

数据技术改变了社会结构与互动方式，数据技术的迅猛发展使得社会互动方式发生了深刻的变化。社交媒体平台的崛起使得人们可以更快速、更便捷地与他人交流。例如，脸书（Facebook）、X［前称推特（Twitter）］和微信等平台让信息传播的速度大大加快，用户可以即时分享生活中的点滴。与此同时，数据技术也使得社会关系的网络化更加明显，人与人之间的联系不再局限于地理位置，虚拟社区的形成促进了不同背景、文化的人之间的互动。

数据技术重塑了传统行业与职业的结构，随着人工智能与大数据分析的普及，许多传统职业正在被自动化和智能化所取代，而新的职业，如数据分析师、人工智能工程师等则应运而生。这一变化不仅影响了就业市场的供需关系，也引发了对技能提升与职业教育的广泛关注。

数据驱动的商业模式正在重塑经济活动的各个层面。例如，亚马逊通过数据分析优化了库存管理与客户体验，从而在零售行业中占据了领先地位。通过分析消费者行为数据，企业能够更精准地进行市场定位与产品推荐，提高销售效率。这种商业模式不仅推动了经济增长，也改变了消费者的购买习惯与消费体验。

数据技术也促进了共享经济的兴起，优步（Uber）、爱彼迎（Airbnb）等平台通过数据技术连接了供需双方，使得闲置资源得以高效利用。这不仅推动了新兴经济形态的发展，还在一定程度上缓解了城市交通与住房问题。然而，这也引发了人们对于传统行业与劳动者权益的讨论。

2. 社会需求能推动数据技术的发展

社会的需求和变化在很大程度上推动了数据技术的发展。例如，随着电子商务的迅猛发展，消费者对个性化服务的需求日益增强。这一需求促使企业加大对数据分析技术的投入，以提升客户体验和满意度。许多企业开始利用大数据和人工智能进行用户画像分析，提供更加精准的产品推荐与服务。

与此同时，社会对数据隐私与安全的关注也促使数据技术的进步。公众对数据泄露、滥用等事件的愤怒，使得政府与企业不得不重视数据保护与隐私政策。近年来，许多国家出台了严格的数据保护法规，如欧盟的《通用数据保护条例》（GDPR），以保障公民的隐私权。

随着数据技术的广泛应用，数据治理与社会规范的建立变得尤为重要。有效的数据治理不仅能够保护用户的隐私与安全，还能够促进数据的合理利用与共享。例如，许多组织与企业开始设立数据伦理委员会，制定数据使用的伦理标准与指导方针。

此外，公众对于数据的理解与认知也影响着数据技术的应用与发展。通过提升社会对数据技术的教育与培训，公众能够更好地理解数据的价值与风险，从而形成合理的使用习惯与期望。

✎ 小贴士

数据隐私保护案例解析

1. 欧盟《通用数据保护条例》（GDPR）

GDPR 于 2018 年 5 月正式生效，是目前全球最严格的隐私保护法规之一。它要求企业必须获得用户明确同意才能收集个人数据，并赋予用户"被遗忘权"等多项权利。

主要内容：

（1）适用范围。适用于处理欧盟居民个人数据的所有组织，无论其位置在哪里。

（2）同意要求。收集个人数据需获得明确同意。

（3）数据主体权利。包括访问权、更正权、删除权（被遗忘权）、数据可携带权等。

（4）数据泄露通知。发生数据泄露时，企业需在72小时内通知监管机构。

（5）数据保护官。某些组织必须任命数据保护官。

罚款案例：

（1）2019年，法国数据保护监管机构CNIL对谷歌处以5000万欧元罚款，原因是谷歌未能充分告知用户其数据收集和使用方式。

（2）2023年，元宇宙平台公司（meta）因向美国传送用户数据，被罚款13亿美元。

（3）2021年，亚马逊对个人数据的处理不符合欧盟通用数据保护条例，因此被罚款7.46亿欧元。

2.《中华人民共和国个人信息保护法》（PIPL）

PIPL于2021年11月1日正式实施，是中国首部系统性规范个人信息处理活动的法规。该法规对个人信息的收集、使用、处理、共享等方面做出了明确规定。

主要内容：

（1）域外效力。适用于中国境内外处理中国居民个人信息的活动。

（2）收集原则。遵循最小必要原则，要明确告知收集目的和方式。

（3）敏感信息保护。对敏感个人信息的特殊保护要求。

（4）跨境数据传输。规定了个人信息出境的条件和程序。

罚款案例：

（5）2022年7月，滴滴出行因违反《中华人民共和国网络安全法》《中华人民共和国数据安全法》和《中华人民共和国个人信息保护法》被处以80.26亿元人民币罚款。

（6）2021年，美团因违规收集和使用用户个人信息以及未经用户同意向第三方共享用户信息，被罚款34.42亿元人民币。

（7）2022年，阿里巴巴因未依法申报违法实施经营者集中，被罚款182.28亿元人民币。

（8）2022年，豆瓣因未经用户同意收集个人信息以及强制要求用户提供非必要的个人信息，被罚款100万元人民币。

第二章
数据的特性

作为一种新型生产要素,数据与传统的生产要素之间存在巨大的差异。通过分析数据的特点,数据的生产者、使用者等主体可以更好地制定适应自身需求的数据处理流程,从而充分发挥数据作为关键生产要素的作用,推动业务创新与发展。

第一节　数据的规模性

一、数据规模性的概念和内涵

数据规模性，作为信息时代的重要标志，指的是数据量在体量上的巨大以及数据生成和累积速度的超常增长。在互联网、物联网、大数据等技术的推动下，全球数据量呈现出爆炸性增长的态势。据权威预测，到2025年，全球将创建和复制的数据量将达到前所未有的163ZB（泽字节），这一数字相较于2016年增长了十倍之多，充分展示了数据规模性的震撼力量。

数据规模性的内涵丰富，这种庞大性不仅体现在数据的数量上，还体现在数据的复杂度和多样性上。当数据量达到一定的规模后，通过数据挖掘和分析技术，我们可以从中提取出有价值的信息和规律，为决策提供支持，推动各行各业的发展。

二、数据规模性的原理

数据规模性的原理体现在数据积累与量变到质变、规模效应与成本降低、技术创新与算法优化三个方面。

1. 数据积累与量变到质变

在数据量较小的情况下，数据之间的关联和规律可能不明显，难以产生有意义的洞察。然而，当数据量积累到一定程度时，这些关联和规律就会逐渐显现出来。这是因为大数据具有"全量数据"的特点，能够包含更多的信息和细节，从而揭示出数据背后的真相。随着数据量的增加，数据挖掘和分析技术变得尤为重要。这些技术能够帮助我们从海量数据中提取出有价值的信息，为决策提供支持。例如，通过关联分析、聚类分析等方法，我们可以发现数据之间的隐藏关系、预测未来趋势等。

2. 规模效应与成本降低

在数据存储、处理和分析的过程中，随着数据量的增加，单位数据的处理成本会逐渐降低。这是因为当数据量达到一定规模时，我们可以采用更高效的存储和处理方式，如分布式存储、并行处理等，从而提高处理效率并降低成本。成本降低使更多的企业和组织能够承担得起大数据的处理和分析工作。这进一步推动了数据规模性的增长，形成了良性循环。同时，这也促进了大数据行业的繁荣发展，为各行各业提供了更多的数据支持和服务。

3. 技术创新与算法优化

为了处理海量的数据，研究人员和工程师们不断研发新的技术和工具。这些新技术和工具不仅提高了数据处理的效率和准确性，还为我们提供了更多的数据分析方法和手段。例如，分布式计算框架、流处理技术等都是大数据处理领域的重要创新。另外，在数据挖掘和分析过程中，算法的优化也是至关重要的。通过改进算法，我们可以提高数据处理的速度和准确性，从而更好地发现数据之间的关联和规律。例如，机器学习算法、深度学习算法等都在大数据处理中发挥了重要作用。

三、数据规模性的特性

1. 海量性

数据规模性的海量性特点，体现在数据量的巨大和增长速度的迅猛上。在互联网、物联网等技术的推动下，全球数据量正以惊人的速度增长。这种增长不仅体现为数据总量的增加，还体现为单个数据集规模的扩大。海量数据为各行各业提供了丰富的信息资源，但同时也对数据存储、处理和分析能力提出了更高的要求。为了应对这一挑战，我们需要不断研发新的数据存储技术和处理方法，以提高数据处理的效率和准确性。

2. 高速性

数据生成和累积的速度超乎以往，是数据规模性高速性特点的具体表现。在信息时代，数据的产生和积累几乎是在实时进行的，这要求我们必须具备高效的数据处理和分析能力。为了满足这一需求，我们需要采用先进的数据处理技术和算法，以提高数据处理的速度和准确性。同时，我们还需要不断优化数据处理流程，减少数据处理的时间延迟，确保数据的及时性和有效性。

3. 价值性

数据规模性的价值性特点体现在数据量达到一定规模后，人们可以通过数据挖掘和分析技术提取出有价值的信息和规律。这些信息可以为决策提供支持，帮助企业制定更科学的商业策略，提高其运营效率和竞争力。同时，数据还可以用于科学研究、社会调查等领域，推动知识的进步和社会的发展。为了充分利用数据的价值，我们需要不断提高数据挖掘和分析技术的水平，探索更多的数据应用场景。

四、数据规模性的应用场景

1. 大数据分析

大数据分析是指利用先进的统计方法和计算技术对大量数据进行挖掘和分析，以发现数据中的模式、趋势和关联。没有规模性，大数据分析将无从谈起。大数据分析依赖于海量的数据样本，只有数据量足够大，才能揭示出隐藏在数据背后的深层次规律和趋势。例如，在金融领域，通过对数百万甚至数十亿条交易记录的分析，我们可以发现欺诈行为、市场异常波动等关键信息。

2. 机器学习模型训练

机器学习模型训练是指利用算法和大量数据来训练模型，使其能够自动学习和改进。

在机器学习模型训练过程中，数据的规模性对于模型的准确性和泛化能力至关重要。只有使用足够多的数据来训练模型，才能确保模型能够学习到数据的真实分布，并在新数据上表现出良好的性能。例如，在图像识别领域，使用数百万张图片来训练模型，可以显著提高模型的识别准确率。

根据斯坦福大学人工智能实验室的研究，大规模数据集对于提高机器学习模型的性能至关重要。它们指出，随着数据量的增加，模型的性能通常会得到显著提升。

3. 智慧城市与物联网

智慧城市是指利用信息技术和物联网技术来优化城市管理和服务，提高城市居民的生活质量。

在智慧城市中，物联网设备会产生海量的数据，如交通流量、环境监测、公共安全等。这些数据具有规模性，只有对这些大规模数据进行实时处理和分析，才能实现智慧城市的智能化管理和服务。例如，通过对城市交通流量的实时监控和分析，可以优化交通信号灯控制，缓解交通拥堵问题。

根据麦肯锡全球研究院的报告，智慧城市的建设离不开大规模数据的支持。它们指出，随着物联网技术的普及和数据量的增长，智慧城市将能够提供更加精准、高效的服务。

4. 公共卫生监测与疾病防控

公共卫生监测与疾病防控是指利用大数据技术对公共卫生事件进行实时监测和预警，以预防和控制疾病的传播。

在公共卫生监测与疾病防控中，数据的规模性对于及时发现疫情、追踪传播路径和制定防控措施至关重要。只有收集和分析大规模的健康数据、社交数据和行为数据，才能快速准确地识别疫情风险区域和高风险人群。例如，在新冠疫情期间，许多国家利用大数据技术对疫情进行了实时监测和预警，为疫情防控提供了有力支持。

根据世界卫生组织（WHO）的公开资料，大数据技术在公共卫生监测与疾病防控中发挥着越来越重要的作用。它们指出，随着数据量的增加和数据质量的提高，大数据技术将能够更好地支持公共卫生决策和疫情防控工作。

第二节　数据的多样性

一、数据多样性的概念和内涵

数据的多样性是指数据在类型、来源、形式、内容以及格式和形态上的广泛差异性和丰富性。这一特性不仅凸显了数据所承载信息的多样性和差异性，还深刻揭示了数据本身在结构、维度、格式等方面的复杂性。数据的多样性是数据世界的一个基本特征，它使数据能够更全面地、多角度地反映现实世界的真实面貌。

二、数据多样性的原理

1. 现实世界的复杂性

现实世界是一个充满多样性和复杂性的系统。在这个系统中，各种事物和现象相互交织，形成了错综复杂的联系和关系。这种复杂性不仅体现在事物的种类和数量上，还体现在事物的属性和特征上。在自然界中，存在着各种各样的生物种类，它们各自具有独特的形态、结构和功能；在社会领域中，人们的行为、观念和价值观也呈现出多样性和复杂性。这些多样性和复杂性直接导致了数据的多样性。因为为了描述和理解现实世界中的事物和现象，我们需要收集和处理各种各样的数据和信息。

2. 技术进步带来的数据收集形式多样化

随着信息技术的飞速发展，数据的收集、存储和处理方式变得越来越多样化。传统的纸质记录逐渐被电子数据所取代，单一的文本数据也逐渐被多媒体数据所丰富。这种技术的进步为数据的多样性提供了可能。例如，现在我们可以利用传感器、摄像头等设备收集各种物理量（如温度、湿度、压力等）的数据；利用互联网和社交媒体平台收集人们的言论、行为和情感数据；利用图像识别和语音识别技术处理图像和语音数据等。这些多样化的数据收集方式不仅提高了数据的丰富性和准确性，还为我们更全面地了解现实世界提供了可能。

3. 人类认知的多元性

人类对于事物的认知是多元、多角度的。不同的人对于同一事物可能会有不同的看法和理解。这种认知的多元性也推动了数据的多样化发展。为了更全面地了解事物，我们需要从不同的角度、不同的形式去收集和分析数据。这种多元化的数据收集和分析方式有助于我们更全面地了解事物，做出更准确的决策。

三、数据多样性的特性

1. 数据来源的多样性

大数据可以来自各种不同的源头，包括但不限于传感器、社交媒体、日志文件、交易记录、物联网设备、移动设备、传统数据库等。这种来源的多样性确保了数据的全面性和丰富性，使得分析人员能够从多个角度和维度来审视和理解问题。

2. 数据类型的多样性

大数据包含了结构化数据、半结构化数据和非结构化数据等多种类型。结构化数据通常指那些可以用关系型数据库表示的数据，如表格、记录等。半结构化数据则具有一定的结构但又不完全符合关系型数据库模型，如 XML 文件、JSON 数据等。非结构化数据则包括文本、图像、音频、视频等无法用传统数据库模型表示的数据。这种类型的多样性要求处理和分析大数据时必须采用多种不同的技术和工具。

3. 数据格式的多样性

大数据可以采用各种不同的标准和格式进行存储和传输，如 CSV、JSON、XML、Avro、ORC 等。每种格式都有其独特的优点和适用场景，如 CSV 格式适合存储和传输简单的表格数据，而 JSON 格式则更适合表示复杂的嵌套数据结构。处理和分析大数据时，我们需要根据数据的格式选择合适的工具和方法。

4. 数据内容的多样性

大数据可以包含各种类型的信息，如文本、数字、图像、音频等，甚至包括无形的事物，如声音、情感、意见等。这种内容的多样性使得大数据在各个领域都有广泛的应用前景，如自然语言处理、图像识别、情感分析等。

四、数据多样性的应用场景

市场营销活动依赖于对消费者行为和市场趋势的深入理解，这要求企业收集和分析多种类型的数据：人口统计学数据可以反映消费者年龄、性别、收入等基本特征；购买历史数据可以反映消费者偏好和购买习惯；社交媒体数据能洞察消费者情感、兴趣和社交行为；网络搜索数据能揭示消费者的需求和兴趣点，预测市场趋势；线下门店销售数据能反映实体店销售情况，辅助库存管理和促销策略。在市场营销中，单一数据源难以全面捕捉消费者行为和市场动态，例如，仅依赖购买历史数据，企业可能无法及时发现新兴的市场需求或消费者偏好的变化；缺乏社交媒体数据，则难以把握消费者的情感倾向和社交影响力，从而影响其营销策略的有效性。

第三节　数据的动态性

一、数据动态性的概念与内涵

数据的动态性指的是数据随时间、环境或情境变化而持续更新的特性。这一性质体现了数据与现实世界活动的紧密关联，强调了数据不是静止不变的，而是处于不断的流动和演变之中。数据的动态性是现代数据处理和分析中的核心概念，它要求我们在处理数据时，必须考虑时间因素和数据的变化趋势。

二、数据动态性的原理

分析数据动态性的原理，需要从两个方面进行：一是现实世界的变化性，二是数据收集和处理技术的实时性。

1. 现实世界的变化性

在现实世界中，无论是自然现象还是社会活动，都在不断地发生着变化。这些变化包括时间的变化、空间的变化以及事物本身状态的变化。例如，气温会随着季节和时间的变化而变化，交通流量会随着路段和时间的不同而有所不同，股票价格会随着市场的供求关系而波动。这些变化都是现实世界动态性的体现，而数据则是记录这些变化的重要手段。

2. 数据收集和处理技术的实时性

随着科技的进步，现代数据收集和处理技术已经具备了实时性的能力。例如，传感器技术可以实时地监测和记录各种物理量，如温度、湿度、压力等；网络技术可以实时地传输和接收数据，使得数据的收集和处理不再受到时间和空间的限制；大数据技术可以实时地处理和分析海量的数据，提取出有用的信息和知识。这些技术的实时性使得我们能够及时地获取和处理数据，从而反映出现实世界的动态性。

将这两个方面结合起来，我们可以看到数据动态性的原理是基于现实世界的变化性和数据收集、处理技术的实时性的。现实世界的变化性提供了数据源，而数据收集和处理技术的实时性则使得我们能够及时地获取和处理这些数据，从而形成动态的数据流。这种动态的数据流不仅可以帮助我们更好地理解和把握现实世界的动态性，还可以为我们提供决策支持和预测未来的趋势。

三、数据动态性的特性

数据的动态性往往体现为随时间变化、不确定性、与外部因素的关联性三个特点。

1. 随时间变化

数据的动态性指随着时间的推移数据会呈现出趋势性和周期性的特点。

在经济领域，股票价格数据会随着时间不断波动，可能在一段时间内呈现上涨趋势，这反映了市场对该股票的积极预期、公司业绩的增长或者宏观经济环境的利好等因素。以某公司股票为例，随着其不断推出新的产品和技术创新，公司的营收和利润增长，股票价格在长期来看呈现出总体上升的趋势。股票趋势不是简单的直线上升，而是包含了短期的波动，但从较长时间段观察，可以发现明显的向上走势。这一趋势是众多投资者、分析师关注的重点，他们通过分析这种动态数据的趋势来做出投资决策，如买入、卖出或者持有股票等操作。在气候科学领域，全球气温数据也表现出趋势性。多年来，由于温室气体排放等因素的影响，全球气温整体呈上升趋势。科学家通过对大量气象站收集到的气温数据进行长期监测和分析，发现这种上升趋势是较为明显的。这种趋势性的数据动态性对于研究气候变化、预测极端气候事件以及制定应对气候变化的政策具有至关重要的意义。

很多数据具有周期性的动态特点。在商业领域，销售数据常常表现出周期性。例如零售业，每年的节假日期间，如圣诞节、春节等，销售额通常会显著上升。这是因为在这些节日期间，消费者的消费需求增加，商家也会开展各种促销活动。以美国的黑色星期五为例，这是每年感恩节之后的第一天，是美国传统的购物旺季。商家会提供大量的折扣商品，消费者则会在这个时候集中购买各类商品，从电子产品到服装等。从历年的销售数据来看，在黑色星期五前后的销售额会形成一个明显的高峰，呈现出周期性的动态特征。在生物学领域，某些生物种群数量的变化也具有周期性。例如，在一些草原生态系统中，野兔的种群数量会周期性地增减。野兔的繁殖能力很强，但当野兔数量过多时，食物资源相对匮乏，同时野兔的天敌（如狼、狐狸等）数量也会因为食物充足而增加，从而导致野兔数量下降。当野兔数量减少到一定程度时，食物资源相对丰富，天敌数量也会因食物减少而减少，野兔数量又会开始增加，如此循环，形成了种群数量的周期性动态变化。

2. 不确定性

不确定性主要由来源的多样性和数据变化速度带来。

数据动态性的不确定性首先源于其来源的多样性。在当今大数据时代，数据来源极为广泛，包括传感器网络、社交媒体、企业运营系统等。以物联网环境下的传感器数据为例，传感器可能会因为环境干扰、设备故障等原因产生不准确的数据。例如，在一个工业生产环境中，用于监测温度的传感器可能会受到附近大型电机产生的电磁场干扰，导致采集到的温度数据存在偏差。这种偏差使得数据具有不确定性，因为人们无法确切知道采集到的数据是否准确反映了真实的温度情况。

社交媒体数据也充满不确定性。用户在社交媒体平台上发布的信息可能存在虚假内容或者因个人情绪而产生的片面观点。例如，在某一产品的用户评价数据中，有些用户可能因为与品牌的个人恩怨而故意给出差评，或者一些商家可能会雇佣水军发布虚假的好评。这些因素使得从社交媒体获取的数据在反映产品真实质量或用户满意度方面存在很大的不确定性。

数据动态性中的不确定性还体现在数据变化的速度上。在金融市场中，新闻事件、政策变化等因素会迅速影响股票价格、汇率等金融数据。例如，当一个国家突然宣布调整货币政策，如加息或者降息，汇率数据会在短时间内发生剧烈变化。这种快速变化使得数据难以准确预测，因为在极短的时间内，众多因素相互作用，导致数据的走向充满不确定性。

在新兴的技术领域，如人工智能和区块链技术的发展过程中，相关技术数据的变化速度也非常快。新的算法不断涌现，区块链的交易模式和应用场景也在不断拓展。这种快速的发展和变化使得关于这些技术的数据在其价值、应用潜力等方面具有很大的不确定性。例如，对于一种新的人工智能算法，在其刚刚推出时，我们很难准确评估它在不同应用场景下的性能和效率。数据的这种不确定性为技术的进一步发展和应用带来了挑战。

3. 与外部因素的关联性

动态性也表现为与外部因素的关联性。

数据的动态性与社会因素密切相关。在社会舆论方面，公众对某一事件的关注度会影响相关数据的动态变化。例如，在选举期间，民意调查数据会随着竞选活动的开展、候选人的表现以及媒体报道等社会因素而不断变化。如果一位候选人在竞选期间提出了受欢迎的政策主张，或者发生了与候选人相关的正面新闻事件，那么民意调查中支持该候选人的比例可能会上升。相反，如果出现负面新闻事件，其支持率可能会下降。这种民意调查数据的动态变化是社会因素作用的结果，反映了社会公众的态度和倾向。

在文化领域，文化产品的消费数据也受社会因素影响。例如，一部电影的票房数据不仅取决于电影本身的质量，还与社会文化氛围、观众的文化背景以及当时的社会流行趋势等因素有关。如果一部电影的主题与当时社会所倡导的价值观相契合，或者符合当下的文化流行趋势，那么它可能会吸引更多的观众，票房数据就会比较可观。反之，如果电影的内容与社会文化氛围相悖，票房就可能会受到影响。

技术的发展对数据动态性有着深刻的影响。在通信技术领域，随着5G技术的普及，数据传输速度大幅提高，这使得移动互联网应用的数据流量呈现出动态增长的趋势。例如，视频流媒体服务的用户数据流量增长迅速。由于5G网络能够提供高速、低延迟的传输服务，用户可以更流畅地观看高清甚至超高清视频，这促使更多的用户使用视频流媒体应用，从而导致应用的数据流量不断增加。

在医疗技术领域，新的医疗检测设备和技术不断出现，使得医疗数据的种类和数量都在发生着动态变化。例如，基因检测技术的发展使得关于人类基因序列的数据量急剧增加。这种技术的进步改变了医疗数据的格局，从传统的生理指标数据扩展到基因层面的数据，为疾病的诊断、治疗和预防提供了新的依据，同时也使得医疗数据的动态性更加复杂，因为新的数据类型和数据量的增加需要新的分析方法和管理手段。

四、数据动态性的应用场景

在风险管理方面，动态数据的作用尤为突出。通过对关键指标的实时监控和分析，企业能够及时发现潜在的风险和问题，从而采取相应的措施进行预防和应对。这种基于动态数据的风险管理不仅提高了风险识别的准确性和及时性，还使企业能够更加科学地评估风险的影响和可能性，从而制定出更加有效的风险应对策略。同时，动态数据还有助于企业建立更加稳健的风险管理体系，提升应对突发事件的能力和水平。在高度不确定和复杂的市场环境中，这种基于动态数据的风险管理机制对于企业的稳定发展和持续成功至关重要。

第四节　数据的时效性

一、数据时效性的概念和内涵

数据的时效性是指数据在特定时间范围内对决策、运营及业务活动所具有的价值和有效性。它强调了数据在时间维度上的重要性，即数据必须在需要时可用，且能够反映当前或近期的实际情况，以确保基于这些数据所做的决策和行动是准确和有效的。

二、数据时效性的原理

信息的价值并非静态且永恒的，而是一个动态变化的过程，这一变化的核心驱动力便是时间。

1. 环境变化影响时效性

信息的产生是一个持续不断且近乎无限的过程，每一刻都有新的信息被创造、记录和传播。这些新信息往往蕴含着对当前环境、状态及趋势的最新描述与解读，因而具有较高的时效性。然而，随着时间的推移，这些信息可能会因外部环境的变化、新知识的涌现或技术进步的推动而变得过时或不再准确。此时，旧信息的价值便会逐渐降低，甚至在某些情况下可能完全失去其原有的参考意义。

2. 时效性影响准确性和可靠性

数据的时效性之所以重要，原因在于它直接关系到信息的准确性和可靠性。在决策制定、科学研究、商业分析等众多领域中，决策者或研究者需要依赖准确、及时的信息来做出判断或预测。如果所使用的信息时效性不足，那么基于这些信息所得出的结论或决策很可能存在偏差，甚至导致严重的后果。

数据的时效性还影响着信息的利用效率和价值。在信息爆炸的时代，如何从海量的数据中筛选出最具时效性、最有价值的信息，成为一个亟待解决的问题。只有那些能够及时获取并处理最新信息的人或组织，才能在激烈的市场竞争中占据优势地位，更好地适应和应对不断变化的环境。

三、数据时效性的特性

1. 时间敏感性

时间敏感性是信息时效性的首要特征。它要求数据必须在特定的时间范围内被采集、处理和使用，以确保信息的准确性和有效性。这一特点源于信息价值随时间流逝而逐渐降低的普遍规律。在快速变化的环境中，如金融市场、天气预报或紧急事件响应，信息的时效性尤为重要。过时的数据可能导致错误的决策，甚至带来灾难性的后果。因此，时间敏感性要求我们在信息处理过程中必须严格遵守时间约束，确保数据在最有价值的时间窗口内被利用。

2. 相对性

相对性是信息时效性的一个复杂而微妙的特征。它指的是数据的时效性相对于具体的决策或业务需求而言，不同的场景对数据的时效性要求不同。在某些情况下，如实时交易系统或紧急事件响应，对信息的时效性要求极高，需要几乎即时的数据更新和处理。而在其他情况下，如长期趋势分析或历史研究，对信息的时效性要求可能相对较低，可以容忍一定的数据延迟或过时。因此，在处理信息时，我们必须根据具体的决策或业务需求来确定数据的时效性标准，以确保信息的准确性和有效性。

四、数据时效性的应用场景

金融市场的数据，如股票价格、汇率和利率，都是瞬息万变的。投资者需要实时跟踪这些数据，以便快速响应市场变化。例如，当某只股票的价格突然上涨或下跌时，投资者需要立即分析原因，并决定是否买入、卖出或持有。这种实时决策能力对于投资者来说至关重要。

如果数据缺乏时效性，投资者将无法及时获取最新的市场信息。这可能导致他们做出错误的投资决策，如错过买入或卖出的最佳时机，或者基于过时的信息进行交易。长期来看，这可能导致其投资损失和市场份额的下降。

第五节　数据的协同性

一、数据协同性的概念和内涵

数据的协同性是指将来自不同来源、类型、结构的数据进行整合、交互与共享，以实现数据价值的最大化利用。这一过程强调数据的多元性、互补性和整合性，旨在通过数据的协同处理和分析，挖掘出数据背后的深层信息和规律，为决策制定、业务优化和创新发展提供有力支持。

数据协同性首先体现在对多元性数据的整合上。这包括不同来源的数据（如企业内部数据、外部市场数据、社交媒体数据等），不同类型的数据（如结构化数据、非结构化数据、半结构化数据等），以及不同结构的数据（如关系型数据库、NoSQL 数据库、图数据库等）。通过将这些多元性数据整合在一起，我们可以获得更全面、更丰富的数据集，为深入分析提供基础。

数据协同性还强调数据之间的交互与共享。这包括数据在不同系统、不同部门、不同企业之间的流动和共享，以及数据在不同应用场景下的交互和融合。数据的交互与共享可以促进信息的流通和知识的传播，提高数据的利用效率和价值。

二、数据协同性的原理

1. 数据的内在联系是数据协同性存在的客观基础

在现实世界中，数据并不是孤立存在的，它们之间往往存在着某种内在联系或互补性。这种联系可能表现为数据之间的相关性、因果关系或共同特征等。当我们将这些数据融合在一起时，它们之间的内在联系会得以显现，从而揭示出更深层次的信息和规律。这种融合不仅提高了数据的价值，还为我们提供了更全面的视角来理解和分析问题。

2. 需求的驱动是数据协同性发展的重要推动力

在实际应用中，人们往往需要综合考虑多个因素、多个方面的数据来做出决策。例如，在企业管理中，决策者需要同时考虑市场趋势、竞争对手、客户需求等多个方面的数据来制订战略计划。这种需求推动了数据的协同和整合，使得我们能够更全面地了解问题的各个方面，从而做出更准确的决策。

3. 系统效率的提升是数据协同性的重要目标

在复杂系统中，各子系统间的数据协同是确保整体高效运作的关键。通过实时数据交换与协同处理，我们可以优化资源配置，减少信息孤岛，提高系统的响应速度和决策效率。数据的共享和复用避免了数据的重复采集和处理，降低了成本，提高了效率。这种协同性使得整个系统能够更加高效地完成任务，实现资源的优化配置和整体效益的最大化。

4. 多元视角的融合是数据协同性带来的重要益处

不同领域、类型的数据承载着独特的视角和信息模式，具有天然的互补性。当我们将这些数据融合在一起时，它们之间的互补性会得以显现，从而为我们提供更全面、更准确的描述和解释。这种融合不仅拓宽了我们的认知边界，还促进了我们对复杂问题的深入理解。通过多元视角的融合，我们可以更全面地了解问题的各个方面和细节，从而做出更准确的判断和决策。

5. 知识创新的激发是数据协同性的另一个重要益处

数据的碰撞与融合是知识创新的重要源泉之一。当不同领域、类型的数据相遇时，它们之间的差异和矛盾会激发新的思考角度和解决方案。这种碰撞和融合不仅可以推动理论层面的新发现和新理论的形成，还能促进实践中的新方法、新技术或新产品的诞生。数据之间的关联性使得它们在融合后能够产生新的知识和价值，为科学研究、技术创新和业务发展提供源源不断的动力和支持。

三、数据协同性的特性

1. 动态适应性

协同性系统能够灵活地适应数据变化和新的数据源的加入。随着技术的进步和业务的发展，新的数据类型和来源不断涌现，协同性系统需要具备动态调整和优化自身结构的能力，以确保数据整合和分析的持续有效。

2. 标准化与互操作性

协同性强调在数据整合和共享过程中遵循统一的标准和规范，以确保不同系统、不同部门之间的数据能够顺畅地交互和共享。标准化可以降低数据整合的难度和成本，提高数据协同的效率和准确性。

3. 促进创新与协作

数据的协同性特点鼓励不同领域、不同行业之间的数据合作。通过共享数据，各方可以共同挖掘数据的潜在价值，推动新技术、新产品和新服务的研发与应用。

四、数据协同性的应用场景

企业内部往往存在大量的分散数据，这些数据可能来源于不同的部门、系统和业务流程。通过数据的协同性，企业可以将这些数据整合到一个统一的平台上，进行集中管理和分析。这有助于企业更全面地了解自身运营状况，发现潜在的问题和机会，为决策制定提供有力的数据支持。

数据协同性还可以帮助企业优化业务流程。通过对业务流程中产生的数据进行实时监控和分析，企业可以发现流程中的瓶颈和低效环节，从而进行有针对性的改进和优化。这不仅可以提高其业务流程的效率和质量，还可以降低其运营成本。

第六节　数据的异质性

一、数据异质性的概念和内涵

数据的异质性是指相同数据对于不同使用者或在不同应用场景下展现出的价值差异，强调了数据作为信息资源的独特性与复杂性。与资本这类均质资源截然不同，数据无法被简单地量化或标准化来衡量其全部价值。数据的价值是深深植根于使用者的特定需求、背景知识、应用环境等多重因素之中的，这使得每一份数据都成为高度个性化的信息资源。

二、数据异质性的特点

数据异质性的特点可以归结为以下几点：

1. 使用者需求的多元化

不同的使用者，基于各自独特的业务目标、职责范围及知识背景，对数据的需求呈现出显著的多元化特征。这种多元化不仅体现在对数据类型的选择上，还体现在对数据深度、广度和时效性的不同要求上。

2. 应用场景的多样性

数据的应用场景千差万别，每个场景都有其特定的特点和要求。这些特点和要求决定了使用者在处理、分析和应用数据的过程中需要采取不同的方法和策略，从而导致了数据的异质性。

3. 决策背景的差异性

使用者的决策背景，包括行业知识、经验水平、风险偏好等，对数据的解读和利用方式会产生深远影响。面对相同的数据，在不同的决策背景下，使用者可能会得出截然不同的结论和决策。

数据的异质性要求使用者采用灵活多样的分析方法和工具来处理数据。不同的数据类型和特征可能需要不同的分析技术和算法，以揭示数据中的规律和关联关系。由于数据价值的主观性和多元性，数据交易变得复杂而难以定价。同一种数据，对于不同的买家来说，可能具有完全不同的价格和意义，需要双方进行深入的协商和谈判。

三、数据异质性的特点

数据异质性的特点主要体现在高度个性化、难以量化以及动态变化三个方面。

1. 高度个性化

数据的异质性意味着每一份数据都是独一无二的，这源于数据的来源、格式、内容以及背后的情境和意图的多样性。这种个性化特点使得数据在价值上完全取决于使用者的特定需求和背景。对于不同的使用者来说，同一份数据可能具有截然不同的价值和意义。例如，一份关于消费者采购途径的数据对于市场营销人员来说可能极具价值，而对于产品研发人员来说可能意义不大。因此，在使用数据时，人们需要充分考虑使用者的需求和背景，以确保数据的有效利用。

2. 难以量化

与资本等均质资源不同，数据的价值难以用统一的度量标准来衡量。这主要是因为数据的价值往往体现在其能够提供的信息量、对决策的支持程度以及带来的实际效益等方面，而这些方面又受到多种因素的影响，如数据的质量、使用者的能力、应用场景的需求等。因此，在数据交易和管理过程中，使用者很难像对待均质资源那样，通过简单的量化指标来确定数据的价值。这增加了数据交易和管理的复杂性，人们需要建立更加灵活和全面的评估体系来评估数据的价值。

3. 动态变化

数据的价值并不是固定不变的，而是会随着使用者需求、应用场景以及时间的变化而发生变化。这要求使用者具备敏锐的数据洞察力和灵活的应变能力，以适应数据价值的变化。例如，随着市场环境的变化，消费者行为数据可能对于市场营销人员来说变得更加重要；而随着技术的发展，某些曾经被认为无价值的数据可能因为新的分析方法的出现而变得有价值。因此，在使用数据时，人们需要保持对数据价值的持续关注和评估，以确保数据的持续有效利用。

四、数据异质性的应用场景

数据异质性的一个体现是，即使对于同一主体，数据的价值也会随着应用场景的变化而发生显著变化。以农业气象数据为例，如气温、降水、光照时间等，这些数据在农业生产中扮演着至关重要的角色，但对于不同行业和使用者，其价值却大相径庭。

对于农民和农业企业而言，农业气象数据是指导农业生产的重要依据。农民可以根据这些数据精准安排农作物的种植时间，确保作物在最佳的生长季节内播种，从而提高作物的产量和质量。同时，气象数据还能帮助农民制订灌溉计划，合理利用水资源，避免浪费。在病虫害防治方面，气象数据也发挥着重要作用，农民可以根据气象条件预测病虫害的发生趋势，及时采取措施进行防治，减少损失。

然而，对于软件开发公司来说，农业气象数据并不具备直接的价值。软件开发公司的主营业务是开发软件产品，与农业生产无直接关联，因此这些数据在常规情况下并不会被其视为重要资源。

但是，如果软件开发公司要开发一款服务于农业生产的软件，情况就会发生根本性的变化。此时，农业气象数据对于软件公司来说就变得至关重要。如果软件公司要开发一款智能农业管理系统，该系统需要根据气象数据来优化农作物的生长环境，提高农作物的产量和质量。在这种情况下，农业气象数据就可以帮助软件公司优化算法，提升软件的实用性和准确性。通过引入气象数据，软件公司可以为用户提供更加精准的农业生产建议，从而提高软件的竞争力和市场占有率。

综上所述，农业气象数据在不同应用场景下展现出了截然不同的价值。这充分说明了数据异质性的存在以及其在不同应用场景下的价值变化。因此，在使用和管理数据时，我们需要充分考虑数据的异质性和应用场景的需求，以确保数据的有效利用和价值的最大化。

第七节　数据的非消耗性

一、数据非消耗性的概念与内涵

数据的非消耗性是指数据在使用过程中不会被消耗或磨损，可以无限次地被重复使用而不会减少其原有价值。这一特性使得数据成为一种独特的生产要素，与传统生产要素（如土地、劳动力、资本等）在使用过程中会被逐渐消耗的特点形成鲜明对比。

数据的非消耗性包含可重复使用性和价值累积性两个方面：可重复使用性是指数据可以被多次重复使用，且每次使用都不会减少其原有价值。这一特性使得数据成为一种极具潜力的资源，可以被广泛应用于各个领域。价值累积性是指随着数据的使用和共享，其价值不仅不会减少，反而可能因为新的处理方法和应用场景的出现而增加。这种价值累积性为数据经济的发展提供了强大的动力。

二、数据非消耗性的原理

数据的非消耗性，主要体现在虚拟性与非物理形态、数字化与复制成本、存储与传输的高效性、价值保持与递增四个方面。

1. 虚拟性与非物理形态

虚拟性是指数据是以电子形式存在的，没有物理形态。这一特性使得数据能够超越物理空间的限制，在计算机系统中进行高效的存储、传输和处理。非物理形态的优势是指由于数据没有物理形态，它不会像传统生产要素（如土地、劳动力、资本等）那样在使用过程中因为物理磨损而减少或消失。这种非物理形态的特性为数据的重复使用提供了可能。

2. 数字化与复制成本

数字化特性是指数据是以数字化的形式存在的，这意味着它可以通过计算机系统进行精确的复制和传输。复制成本极低是指与传统生产要素相比，数据的复制成本几乎为零。在计算机系统中，数据可以轻松地被复制成千上万次，而不需要增加任何额外的成本。这种低复制成本使得数据可以被无限次地重复使用，而不会导致价值的减少。

3. 存储与传输的高效性

存储成本低是指由于数据没有物理形态，所以它可以在计算机硬盘、云存储等介质上进行高效的存储。与传统的物理存储方式相比，数据存储的成本相对较低，且容量更大。传输速度快是指数据在计算机系统中的传输速度非常快，可以在短时间内实现大量数据的传输。这种高效的传输特性使得数据可以在不同的地点和设备之间进行快速的共享和使用。

4. 价值保持与递增

价值保持是指由于数据具有非消耗性特点，它在使用过程中不会因为物理磨损而减少其价值。相反，数据可以通过不断地使用和分析来挖掘出更多的信息和洞见，从而保持其原有价值甚至增加新的价值。价值递增是指随着数据技术的不断发展和应用场景的不断拓展，数据的价值可能会不断增加。例如，通过大数据分析和人工智能等技术手段，企业可以从数据中发现新的规律和趋势，为其决策和创新提供有力支持。

三、数据非消耗性的特点

数据的非消耗性主要指的是数据的高效性、可持续性、价值多样性特性，具体分析如下。

1. 高效性

高效性包括以下三个方面：一是可以被无限次重复使用。数据可以被无限次地重复使用，这是其非消耗性的直接体现。由于数据没有物理形态，它不会在使用过程中因为磨损或消耗而减少或消失。因此，数据可以在不同的场景和应用中被高效地利用，无须担心资源的枯竭或浪费。二是可以提高使用效率。数据的非消耗性使得数据可以在多个领域和部门之间共享和交换，从而提高了数据的使用效率。例如，在政府部门之间共享数据可以促进政策的协同制定和执行；在企业之间共享数据可以促进产业链的整合和优化。三是可以降低使用成本。由于数据可以被无限次地重复使用，因此可以降低数据的使用成本。企业无须为获取相同的数据而重复投入资源，只需在首次获取后进行妥善保存和管理即可。

2. 可持续性

可持续性包含以下三个方面：一是其符合可持续发展理念。数据的非消耗性符合可持续发展的理念。可持续发展强调在满足当前需求的同时，不损害未来世代满足其需求的能力。数据作为一种非消耗性资源，不会因为使用而减少或消失，因此可以被长期保存和使用，为经济社会的持续发展提供了有力支持。二是其可以被长期保存和使用。由于数据具有非消耗性特点，因此可以被长期保存和使用。这为历史数据的挖掘和分析提供了可能，有助于人们更好地了解过去、把握现在和预测未来。三是其能促进数字化转型。随着数字化技术的不断发展和普及，数据已经成为推动经济社会发展的重要力量。数据的非消耗性使得数据可以在数字化转型过程中发挥更大的作用，为经济社会的可持续发展注入新的动力。

3. 价值多样性

价值多样性包括三个方面：一是其原始价值。数据的价值首先体现在其原始形态上。原始数据包含了大量的信息和知识，可以为企业的决策和创新提供有力支持。例如，市场调研数据可以帮助企业了解市场需求和竞争态势；用户行为数据可以帮助企业优化产品设计和服务流程。二是可以创造新价值。数据经过处理和分析后，可以产生新的价值。例如，通过大数据分析技术可以从海量数据中挖掘出隐藏的规律和趋势；通过人工智能技术可以对数据进行智能化处理和应用。这些新价值的创造为企业的发展提供了新的机遇和空间。三是其拥有广阔的应用前景。由于数据具有非消耗性和价值多样性特点，因此它在不同领域和应用场景中都具有广阔的应用前景。例如，在智能制造领域，数据可以驱动生产过程的智能化和自动化；在智慧城市领域，数据可以支撑城市管理和服务的精细化和智能化。

四、数据非消耗性的应用场景

在数据交易和共享领域，数据的非消耗性为数据的最大化利用和价值创造提供了可能。数据提供商可以将同一数据集多次出售给不同的买家，而无须担心数据的消耗或减少。这为数据提供商带来了更多的收益机会，并促进了数据的流通和交易。

数据的非消耗性使得数据可以在不同的合作伙伴之间共享，以促进合作和创新。通过共享数据，合作伙伴可以共同挖掘数据的价值，并开发出新的产品和服务。在数据交易和共享过程中，数据的非消耗性使得多个数据集可以被整合和分析，以得到更全面和深入的结果。这有助于企业和组织更好地了解市场、用户和产品，并做出更明智的决策。

数据的非消耗性降低了数据交易和共享的成本和风险，促进了数据经济的发展。更多的数据被交易和共享，将推动数据的创新和应用，为经济社会的发展注入新的动力。

第八节　数据的非竞争性

一、数据非竞争性的概念和内涵

非竞争性是指某一资源或产品被某个主体使用时，不会减少或影响其他主体对该资源或产品的使用。在数据领域，非竞争性意味着同一数据能够被多个主体同时使用，且这种使用不会降低数据的质量或效用。数据的非竞争性鼓励了对数据的深度挖掘和广泛应用，从而进一步放大了数据的价值。

二、数据非竞争性的原理

1. 数据的非消耗性是其非竞争性的基石

数据的存在形态超越了物理世界的限制，以电子和数字化形式栖息于计算机系统中，这一虚拟性与非物理形态确保了数据在被访问、处理或传输时，不会经历如传统资源那样的物理损耗。因此，同一数据集能够同时支撑多个用户或应用的需求，而不会因单个用户的使用而削弱其他用户的可用性，这是数据非竞争性的根本所在。

2. 数据的可复制性与极低的复制成本强化了非竞争性

数字化特性允许数据被精确无误地复制，且这一过程在计算机系统中几乎不产生额外成本。这种近乎零成本的复制能力，使得数据能够无限次地被分发和重用，而不会因复制次数的增加而导致价值的稀释，确保了数据在广泛传播中的非竞争性。

3. 数据的共享潜力是其非竞争性的重要支撑

得益于存储技术的高效性与传输速度的提升，数据能够跨越地理和时间的界限，在各类平台和设备间实现即时共享。这种高效的存储与传输机制，不仅降低了数据获取和使用的门槛，还促进了数据在多个主体间的无缝流通，增强了数据的公共属性和非竞争性特征。

4. 侵权问题

传统的数据流通方式通常为明文数据的直接复制与传播。由于这种方式的复制成本几乎为零，在数据流通的过程中常常伴随着极高的泄露风险，这也使得数据持有者产生了对可能受到侵权的担忧。传统上通过对物品进行排他性占有来调控其流向和使用的策略，在明文数据流通的情况下难以发挥作用。

三、数据非竞争性的特点

数据非竞争性的特点主要表现在无限可用性、同时性、价值的递增性和公共性四个方面，以下进行详细分析。

1. 数据的无限可用性

无限可用性指的是数据可以被无限次地使用，而不会减少其效用或价值。这是数据非竞争性特性的核心体现，意味着数据的使用并不受次数限制。

无限可用性使得数据能够持续地为多个用户提供信息和价值，推动了知识的广泛传播和共享。它打破了传统资源使用的局限性，为数据的广泛应用和深度挖掘提供了可能。

2. 数据的同时性

数据同时性是指数据可以同时被多个用户或系统访问和使用，而不会相互干扰或降低数据的使用效果。这是数据非竞争性特性的又一重要表现。

数据同时性提升了数据的利用效率和响应速度，支持了多用户并发操作和数据共享。它有助于加快决策过程，促进多方协作。

3. 数据价值的递增性

价值递增性指的是随着数据使用次数的增加，其潜在价值往往不是减少而是递增。这是因为对数据的深入分析和挖掘能够发现更多的信息和知识。

价值递增性使得数据成为一种具有长期投资价值的资源，激励了企业和个人对数据进行持续的收集、存储和分析。它推动了数据驱动的创新和经济发展。

4. 数据的公共性

在经济学中，非竞争性和非排他性通常被视为公共产品的特征。虽然数据在某些情况下可能具有排他性（如通过技术或法律手段限制访问），但总体上，数据的非竞争性使其更倾向于具有公共产品的属性，这意味着数据可以被视为一种公共资源，为整个社会带来福利和效益。

四、数据非竞争性特点的应用场景

在科研活动中，实验数据是验证理论、发现新现象的重要依据，而实验数据一旦被收集并存储，就可以被无限次地复制和分发，而不会影响原始数据的质量和完整性。通过数据共享平台，研究人员可以轻松地访问和下载其他实验室或研究机构产生的实验数据，这种非竞争性特点使得实验数据能够在科研界广泛传播和共享，加速了科研进程和创新。

数据非竞争性特点使得科研合作成为可能，即使在不同地理位置的研究机构之间也能实现高效的数据交换和共享。这有助于打破学科壁垒，促进交叉学科的发展和创新。

近年来，开放科学运动在全球范围内兴起，倡导科研数据的开放共享。许多科研机构和期刊要求作者在发表论文时同时公开相关数据，以便其他研究人员能够验证和扩展研究成果。开放科学运动体现了数据的非竞争性特点，即科研数据应该是公开的、可访问的，并且不会因为被多次使用而降低其价值。这种理念推动了科研透明度和可重复性的提升，促进了科学知识的传播和积累。

第九节 数据的非稀缺性

一、数据非稀缺性的概念和内涵

数据的非稀缺性，是指数据作为一种资源，其供给量在理论上是不受限制的。这与传统的自然资源和劳动人口等生产要素不同，后者往往因无法满足人类社会不断扩大的需求而呈现出稀缺状态。然而，数据却可以在不消耗自身的情况下被无限复制和重复使用，从而打破了传统经济学中"资源稀缺"的基本假设。这种特性使得数据资产成为一种独特的资源，与传统意义上的稀缺资源（如石油、矿产等）形成鲜明对比。但非稀缺性并不表明数据在任何情况下都不会稀缺，高质量的、独特的数据，依旧可能具有相当的稀缺性。

二、数据非稀缺性的原理

非稀缺性原理主要指的是数据资源或要素在供给上具备不受限制或理论上可以无限获取的特性。

1. 强大的供给能力

尽管存储数据的物理设施受资源总量约束，但技术进步和存储成本的降低正在逐渐打破这一限制。同时，数据可以被快速且低成本地复制，并在多次使用过程中保持其价值不变，使得数据在供给上几乎不受限制。

2. 可实现在传播中增长

数据在传播过程中可以实现指数级增长，随着传播链条的延长，数据量会迅速累积。而数据的生产和消费过程不仅不会消耗数据本身，反而可能促进数据量的进一步增加。此外，数据在使用过程中不会因使用而减少其价值，反而能通过数据分析和挖掘发现更多有价值的信息和知识。数据还可以被多次使用和整合，形成新的数据集或产品，从而创造更多的价值。

3. 确权和定价问题

数据的非稀缺性也带来了确权与定价的复杂问题，以及数据隐私和安全问题的日益凸显。因此，我们需要建立完善的数据管理制度和法规体系来保障数据的合法权益和交易秩序，同时加强数据隐私保护和安全监管力度，确保数据的合法合规使用。

三、数据非稀缺性的特点

数据的非稀缺性的特点体现在以下三个方面。

1. 普遍性

数据的普遍性体现在其无处不在、无时不在的特性上。在数字化时代，无论是个人、企业还是政府，都在不断地产生和利用数据。个人在使用智能设备、进行网络购物、社交媒体互动等过程中产生大量数据；企业在运营过程中，如生产、销售、客户服务等环节，也会积累大量数据；政府则在公共服务、城市管理、政策制定等方面收集和处理数据。这些数据的产生和利用，使得数据成为现代社会中最为普遍的资源之一。

2. 价值递增

数据的价值递增性体现在其使用过程中不仅不会被消耗，反而可能通过分析和挖掘产生更多的价值和洞见。这是因为数据具有累积效应，随着数据量的不断增加，我们可以从中发现更多的规律、趋势和关联。这些发现可以为企业带来商业机会，为政府提供决策支持，为社会创造更多价值。同时，数据的价值还体现在其能够与其他资源相结合，产生协同效应，进一步放大数据的价值。

3. 经济学视角下的数据非稀缺性

从经济学的稀缺性角度来看，传统资源如土地、劳动力、资本等都具有稀缺性，即其供给量是有限的。然而，数据作为一种新型资源，其供给量几乎是无限的。这是因为数据的产生和利用不受物理空间的限制，且数据的价值并不随着其使用次数的增加而减少。相反，随着数据的不断积累和分析技术的不断进步，我们可以从数据中挖掘出更多的价值和洞见。因此，在经济学视角下，数据具有非稀缺性。

四、数据非稀缺性的应用场景

社交媒体平台如微信、QQ、脸书、X 和照片墙（Instagram）等，它们依赖于用户生成的内容来维持其生态系统。用户发布的信息、照片和视频等数据可以被其他用户查看、分享和评论，这种数据的共享和再利用使得平台上的内容不断丰富和更新。即使单个用户的数据量有限，但成千上万的用户共同构成了一个庞大的数据池，这个数据池是近乎持续无限增长的。

第十节 数据的边际收益的递增性和递减性

一、数据边际收益递增性和递减性的概念和内涵

土地、资本和劳动力等传统生产要素随着使用量的增加，使用效用会越来越小，这就是边际递减效应。

数据作为新型生产要素，有部分类型的数据随着使用量、使用次数、使用人数的增加，规模会越来越大、种类会越来越多、使用收益越来越大，具有显著的边际收益递增效应。

数据的边际收益递减性是指数据量增加时，每增加一单位数据所

带来的额外收益逐渐减少的现象。特定种类的数据（如质量较差、可模仿、易被替代的数据）在不具有规模经济、正外部性或受到场景依赖性影响等条件下，更容易受到边际收益递减效应的影响。

二、数据边际收益递增性和递减性的原理

1. 递增原理

数据资产边际递增原理指的是，在数字化和互联网时代，随着数据量的增加和种类的丰富，数据所能产生的价值或效益会呈现递增的趋势。这一原理突破了传统经济学中的收益递减规律，即边际收益随着投入的增加而逐渐减少的现象。数据资产的特性使得其在积累过程中能够持续释放出更大的价值。

边际收益递增意味着数据资产的增加能够为企业创造更多的价值，通过数据分析，企业可以洞察市场趋势，优化供应链管理，降低运营成本，提升运营效率，做出更明智的决策。

2. 递减原理

数据资产边际递减原理指的是，在数据投入增加到一定程度后，每增加一单位数据投入所带来的额外收益或效用会逐渐减少。这一原理反映了数据资源的有限性和数据利用过程中的效率变化，与经济学中的边际效益递减规律相似。

随着数据量的不断增加，收集、存储和处理数据的成本也会上升。边际递减原理揭示了数据资源并非无限可利用，而是受到技术和经济成本的限制。

通过认识边际递减原理，企业可以更加理性地评估数据投入的效益，避免盲目追求数据量的增加，而是注重提高数据质量和利用效率。

在数据资源有限的情况下，边际递减原理促使企业将数据资源分配到最能产生价值的领域，实现数据资源的优化配置。

三、数据边际收益递增性和递减性的特点

1. 递增特性

数据资产的边际收益递增性首先体现在其规模经济效应上。随着数据规模的扩大，数据资产的价值和应用效果会显著提升。这是因为大数据本身具有规模经济性，数据规模越大、种类越多，越能通过数据分析挖掘出更多有价值的信息和知识。

数据资产还具有显著的网络效应，即数据资产的价值随着使用人数的增加而递增。这是因为数据资产可以被多个用户或系统共同使用和访问，通过数据共享和交流，企业可以进一步促进数据的整合和应用，提高数据的价值和应用效果。

数据资产的边际收益递增性还体现在知识累积与技术创新方面。通过对大量数据的分析和挖掘，企业可以发现新的规律和模式，推动技术创新和业务模式的变革。这种知识累积和技术创新的过程是不断循环和加速的，从而带来边际收益的递增。

2. 递减特性

随着数据量的增加，数据中可能包含更多的冗余信息和噪声。这些信息对数据分析的准确性和有效性产生干扰，从而降低数据的边际收益。因此，在数据资产的管理和应用过程中，企业需要注重数据的质量和准确性，避免数据冗余和噪声的影响。

随着数据量的增加，数据资产的处理成本随之上升，包括数据存储、处理、分析和挖掘等方面的成本都会随着数据量的增加而增加。当处理成本的增长速度超过数据收益的增长速度时，就会出现边际收益递减的现象。

随着数据量的增加和数据共享范围的扩大，数据隐私泄露和安全风险也会相应增加。这些风险可能导致数据资产的价值受损甚至丧失，从而降低数据的边际收益。因此，在数据资产的管理和应用过程中，企业需要注重数据隐私保护和加强安全风险管理。

四、数据边际收益递增性和递减性的应用场景

1. 递增场景

电商平台通过收集和分析用户的浏览、购买、评价等数据,构建了精细化的用户画像,并实现了个性化的推荐和营销。随着数据规模的扩大和数据种类的增多,电商平台能够更准确地预测用户的购买行为,提高转化率和销售额。同时,电商平台还利用这些数据资产进行产品开发、市场预测等,进一步挖掘数据资产的价值。电商平台通过大数据技术的应用,显著提升了营销效果和用户满意度,实现了数据资产边际收益递增的效果。

2. 递减场景

企业为了顺应数字化转型的趋势,决定加大在数据方面的投资。初期,企业通过引入先进的数据管理系统和分析工具,成功提升了数据处理的效率和准确性,为企业的决策制定提供了有力的支持。这一阶段,企业从数据资产中获得的边际收益非常显著,数据投资与业务增长之间呈正相关关系。

然而,随着数据投资规模的持续增加,企业从这些数据资产中获得的边际收益开始递减。具体来说,尽管企业继续加大在数据收集、存储、处理和分析方面的投入,但新增投入所带来的业务增长和效益提升却逐渐减少。例如,企业可能花费大量资金购买更高级的数据分析工具或雇佣更多的数据分析师,但发现这些新增投入对业务增长的推动作用并不如预期。

> **小贴士**
>
> **小数据大影响——亚马逊违反 GDPR 案例**
>
> 2020 年 11 月 10 日,欧盟委员会(以下简称"欧委会")向亚马逊通报了历时一年多的反垄断调查初步结果。调查表明,亚马逊

通过利用平台上第三方卖家的数据为自营的产品销售获利。欧委会同时宣布将对亚马逊开展第二轮反垄断调查，针对它的黄金购物车（Buy Box）和亚马逊金牌会员（Amazon Prime）功能。

2019年7月，欧委会正式对亚马逊发起反垄断调查。经过一年多，11月10日欧委会正式对亚马逊发出一份"异议声明"称已经得出初步结论：亚马逊非法滥用在德国和法国的市场主导地位，使用第三方卖家非公开的销售数据，为自己的零售业务获利，而亚马逊和这些第三方卖家在零售业务上是竞争关系。

2021年7月16日，卢森堡国家数据保护委员会（CNPD）裁定亚马逊对其用户数据保护不力，违反了欧盟《通用数据保护条例》（GDPR），判罚7.46亿欧元（约合人民币57.2亿元）。除判罚7.46亿欧元，监管备案文件显示，卢森堡国家数据保护委员会还要求亚马逊进行"整改"，但未披露更多详情。对此，亚马逊声明其没有泄露数据，也没有将客户数据提供给任何第三方。关于如何向用户投放相关广告这一点，CNPD仅仅是依靠对于欧洲隐私法的主观臆断对其做出判决，而且即使判决成立，罚款金额也远远高出正常水平，亚马逊坚决不同意CNPD的裁决。

此次的亚马逊案源起于法国隐私权利组织La Quadrature du Net于2018年对亚马逊进行的投诉。同年5月，GDPR正式生效，该条例也被业内视为"世界最严监管条例"。其规定，如果保护用户数据不力，轻者可被罚一千万欧元或前一年全球营业收入的2%，重者可被罚两千万欧元或前一年全球营业收入的4%（罚款额均为"两值中取大者"）。

GDPR是欧盟在数据安全领域的全面改革措施，旨在深度规范个人数据保护。根据GDPR的规定，不论是设在欧盟的机构还是欧盟以外的机构，只要在经营、生产或服务过程中处理了欧盟境内个体的数据，都需遵守GDPR。

GDPR第二章第五条明确规定了六项基本原则，基本原则可以作为行政处罚的直接依据，若属于严重违法行为，企业会面临高额罚金。

以下是六项基本原则。

GDPR 第 5 条（a）规定，对涉及数据主体的个人数据，应当以合法的、合理的和透明的方式来进行处理。

GDPR 第 5 条（b）规定，个人数据的收集应当具有具体的、清晰的和正当的目的，对个人数据的处理不应当违反初始目的。

GDPR 第 5 条（c）规定，个人数据的处理应当是为了实现数据处理目的且是适当的、相关的和必要的。

GDPR 第 5 条（d）规定，个人数据应当是准确的，如有必要，必须及时更新；必须采取合理措施确保不准确的个人数据，即违反初始目的的个人数据，及时得到擦除或更正。

GDPR 第 5 条（e）规定，对于能够识别数据主体的个人数据，其储存时间不得超过实现其处理目的所必需的时间。

GDPR 第 5 条（f）规定，处理过程中应确保个人数据的安全，采取合理的技术手段、组织措施，避免数据未经授权即被处理或遭到非法处理，避免数据发生意外毁损或灭失。

为何美国企业在欧洲市场上总是因为隐私监管中招？一个很大的原因是数据隐私安全监管在各国之间的差异十分明显，一旦去往拥有 GDPR 的欧盟，就很容易因为违反 GDPR 规定而接到罚单，对于已经占领欧洲市场的美国企业来说更是如此。

第三章
数据的价值

▶▶▶

　　在数据驱动的时代,数据的价值不仅体现在经济层面,更在社会、科技、生态等多个领域展现出深远的影响。本章将探讨数据价值的类型与特性,全面解析数据如何在不同维度创造价值,详细介绍数据的经济价值、社会价值、科技价值、生态价值、决策价值、个性化服务价值及数据未来价值和挑战,帮助读者理解数据在现代社会中的多重角色和重要性。通过本章,读者将能够更好地把握数据价值的实质。

第一节　数据价值的类型与特性

一、数据价值的分类

数据价值非常丰富，其分类也比较复杂，按照分类的基本原则和标准进行分类。

1. 产品分类的原则

分类的原则一般有层次性原则、综合性原则、可扩展性原则三个方面。

层次性原则是分类级别应该具备层次性，能够将数据按照不同的层次进行分类。这有助于更好地组织和管理数据。

综合性原则是分类级别应该综合考虑数据的多个特征因素，如数据的类型、用途、来源等。这有助于更全面地反映数据的特征和价值。

可扩展性原则是分类级别应该具备可扩展性，能够根据实际需求和数据变化进行扩展和调整，有助于适应不断变化的数据环境和业务需求。

MECE（Mutually Exclusive Collectively Exhaustive）原则即"相互独立，完全穷尽"，是要求分类之间不允许重复和交叉，同一级次分类的维度要统一，颗粒度要一致，并且要涵盖所有数据。这有助于确保分类的完整性和准确性。

2. 数据价值分类的标准

数据价值的分类一般有一致性原则、科学性原则、适用性原则、灵活性原则等，分析介绍如下。

第一是一致性原则，是数据分类的基础，它确保了相同类型的数据在不同的环境下都能被准确地识别和归类，有助于消除数据分类中的歧义和混乱，使得不同用户和系统能够基于相同的数据分类体系进行交流和合作。这提高了数据的可比性和可分析性，使得企业能够更准确地评估数据的价值和潜力。

在金融领域，不同银行和金融机构可能采用不同的数据分类体系。如果这些数据分类体系不一致，在进行跨机构的数据交换和分析时就会遇到很大的困难。因此，制定统一的数据分类标准对于提高金融数据的可比性和一致性至关重要。

第二是科学性原则，科学性原则要求数据分类必须基于数据的多维度特征和逻辑关联进行科学系统化的分类。这确保了分类规则的准确性和合理性，使得数据分类结果能够真实反映数据的本质和特征，并提高了数据分类的稳定性和可持续性，避免了因分类规则频繁变更而导致的混乱和不便。

比如在医疗领域，患者的病历数据需要按照科学的分类体系进行归档和管理。如果分类体系不科学，那么医生在查找和分析病历数据时就会遇到很大的困难。因此，制定科学的病历数据分类体系对于提高医疗数据的管理效率和使用效果至关重要。

第三是适用性原则，即要求数据分类结果必须符合普遍认知，不应设置无意义的类目或级别。这确保了数据分类的实用性和可操作性，使得用户能够轻松地理解和使用分类结果，促进了数据分类的广泛应用和推广，提高了数据分类的实用价值和社会效益。

比如在教育领域，学生的成绩数据需要按照适用的分类体系进行归档和分析。如果分类体系过于复杂或不符合普遍认知，那么教师和管理人员在查看和分析成绩数据时就会感到困惑和不便。因此，制定适用的成绩数据分类体系对于提高教育数据的管理效率和使用效果具有重要意义。

第四是灵活性原则，要求数据分类体系能够支持各部门在归集和共享数据前，按照业务所需完成数据分类。这确保了数据分类的灵活性和可扩展性，使得企业能够根据自身的业务需求和实际情况进行定制化的数据分类，还促进了数据分类的创新和发展，鼓励企业不断探索和尝试新的数据分类方法和技术。

比如在零售领域，不同商品的销售数据需要按照不同的分类体系进行归档和分析。如果数据分类体系过于僵化或无法满足业务需求，那么企业就无法准确地了解商品的销售情况和市场需求。因此，制定灵活的数据分类体系对于提高零售数据的管理效率和使用效果至关重要。同时，随着业务的不断发展和变化，企业还需要不断地调整和优化数据分类体系，以适应新的业务需求和市场需求。

二、数据价值的类型

数据的价值体系是一个复杂而多维的概念，它涵盖了数据在各个领域和方面所发挥的作用和意义。根据数据功能特性和社会活动意义，将数据的价值分类如下。

1. 数据的经济价值

基于数据已经成为现代经济活动的核心要素之一，它为企业提供了宝贵的市场洞察和决策支持。通过对数据的分析和挖掘，企业可以优化生产流程、提高运营效率、降低成本，从而实现更高的经济效益。

2. 数据的社会价值

数据在社会治理、公共服务、教育医疗等领域发挥着重要作用。数据的公开透明和共享有助于提高社会治理的效率和公正性，推动社会进步和发展。数据还可以帮助解决社会问题，如交通拥堵、环境污染等问题，提升公众的生活质量。

3. 数据的科技价值

数据是人工智能、机器学习等前沿科技的基础和驱动力。通过对数据的处理和分析，可以推动科技创新和发展，为人类社会带来更多的便利和可能性。数据还促进了云计算、大数据等新兴技术的兴起和发展。

4. 数据的生态价值

数据在生态环境保护、资源管理等方面发挥着重要作用。通过对环境数据的监测和分析，可以及时了解生态环境状况，为环境保护和可持续发展提供科学依据。

5. 数据的决策价值

数据为政府、企业和个人提供了宝贵的决策支持。通过对数据的分析和挖掘，可以揭示出隐藏在数据背后的规律和趋势，为决策提供依据和参考。数据还可以帮助决策者评估政策效果、预测未来趋势等。

6. 数据的个性化服务价值

数据使得个性化服务成为可能。通过对用户数据的分析和挖掘，可以了解用户的需求和偏好，为用户提供定制化的产品和服务。个性化服务不仅提高了用户的满意度和忠诚度，也为企业带来了更多的商业机会和收益。

第二节　数据的经济价值

一、数据经济价值的概述

1. 数据的经济价值的概念

数据的经济价值是指数据作为一种关键的生产要素，在经济社会活动中所表现出的能够创造经济效益和社会效益的潜在价值。这种价值并非数据本身所固有，而是需要通过收集、处理、分析和应用等环节，将数据转化为有用的信息和知识，进而支持决策、优化运营、推动创新，最终实现经济价值的增值。

2. 数据的经济价值的外延

数据已成为与土地、劳动力、资本、技术等并列的生产要素之一，是数字经济时代的重要资源。数据在经济活动中起着至关重要的作用，能够支持企业做出更明智的决策，提高运营效率。通过数据挖掘和分析，可以从数据中提炼出新的知识，为企业带来竞争优势。数据是创新的重要源泉，能够推动新技术、新产品和新服务的产生。

二、数据经济价值的原理及其场景分析

1. 数据的边际效用递增

边际效用递增是指，与传统资产（如土地、劳动力、资本等）相比，数据资产的边际效用（增加一单位数据所带来的额外价值）可以是递增的。这一特性源于数据的非消耗性和可复用性，使得数据在不断地被使用和分析过程中，能够持续产生新的价值。

数据的边际效用递增体现在非消耗性、可复用性和价值创造方面。

非消耗性是指数据在被使用后不会减少或消失，而是可以继续被其他用户或应用场景所使用。这种非消耗性使得数据的边际效用不会因使用而降低。

可复用性是指数据可以被多次使用，且每次使用都可能产生新的价值。随着数据的不断积累和应用，人们可以发现更多的数据关联和规律，从而挖掘出更多的价值。

价值创造是指数据的价值不仅在于其本身的信息内容，更在于通过分析和挖掘所得到的新知识和洞见。这些新知识和洞见可以为企业带来竞争优势，提高运营效率，降低成本，从而增加数据的经济价值。

场景应用上，比如在金融行业，金融机构可以利用大数据技术进行信用评估、风险管理、投资决策等。随着数据的不断积累和分析，金融机构可以更准确地评估客户的信用风险，制定更合理的贷款利率和还款期限，从而降低坏账率，提高赢利能力。这种数据的应用就体现了边际效用递增的原理。

2. 数据的规模经济效应

规模经济效应是指，数据量越大，能够挖掘出的信息和知识就越

多，产生的经济价值也就越大。这一原理反映了数据量与数据价值之间呈正相关关系。

数据的规模经济效应主要体现在数据量与信息量、数据挖掘与知识发现、经济价值提升等方面。

数据量与信息量方面，数据量越大，包含的信息量就越多。这些信息可能包括用户的偏好、行为模式、市场趋势等，都是企业制定决策和优化运营的重要依据。

数据挖掘与知识发现方面，大数据技术的发展使得人们能够从海量数据中挖掘出有价值的信息和知识。这些知识和信息可以帮助企业更好地理解市场、客户和竞争对手，从而制定更有效的策略。

经济价值提升方面，通过数据挖掘和分析所得到的知识和信息，可以为企业带来直接的经济效益。例如，企业可以通过分析用户数据来优化产品设计、提高营销效率、降低运营成本等，从而增加利润。

场景应用中，比如电商行业电商平台可以通过分析用户的浏览、购买、评价等数据，来了解用户的偏好和需求。随着数据量的增加，电商平台可以更准确地推荐商品给用户，提高用户的购买意愿和满意度。这种数据的应用就体现了规模经济效应的原理。

3. 数据的范围经济效应

范围经济效应是指，不同来源的数据可以相互补充，产生更多的信息和知识，从而提高数据的经济价值。数据多样性和互补性体现了数据价值的特性。

数据多样性指不同来源的数据可能包含不同的信息和知识。将这些数据整合在一起，可以得到更全面、更准确的信息，从而提高数据的价值。

数据互补性指有些数据可能单独使用时价值有限，但与其他数据结合使用后，可以产生新的价值和洞见。这种互补性使得数据的价值得到进一步提升。

价值创造指通过整合和分析不同来源的数据，企业可以发现新的市场机会、优化运营流程、提高产品质量等，从而增加数据的经济价值。

在场景应用中，智能制造领域企业可以通过整合生产数据、设备数据、市场数据等不同来源的数据，来优化生产流程、提高产品质量、降低能耗等。例如，通过分析生产数据和设备数据，企业可以发现生产过程中的瓶颈和问题，并及时进行调整和优化；通过分析市场数据，企业可以了解用户的需求和偏好，从而制定更合理的营销策略。

三、数据经济价值的特点及其场景分析

数据经济价值的特点包括非竞争性（共享性和非排他性）、时效性（时间敏感性和价值衰减）、可复用性（多次使用和价值增值），以及价值密度低（单个数据价值有限但大量数据积累和分析可产生巨大价值）。这些特点共同构成了数据经济价值的独特性和优势。

1. 数据的非竞争性

数据具有共享性，数据作为一种特殊的资源，不同于传统的物质资源，它可以被多个主体同时共享和使用，而不会因为一个主体的使用而减少其他主体的使用机会或效果。

这种共享性促进了数据的广泛传播和应用，提高了数据的利用效率和价值。

数据也有非排他性，数据的非排他性意味着一个主体在使用数据时，不会排除其他主体对同一数据的使用。

这些特性使得数据能够成为公共资源，为多个主体提供同时服务，进一步推动了数据的经济价值。

在场景应用中，比如在金融领域，多家金融机构可以共享同一客户的信用数据，用于评估客户的信贷风险，而不会影响彼此的使用效果。在医疗领域，不同医院和科研机构可以共享患者的病历数据，用于疾病研究和治疗方案的制订，提高了医疗资源的利用效率。

2. 数据的时效性

数据具有时间敏感性，数据的经济价值往往与时间密切相关，数据的时效性决定了其价值的高低。新鲜、及时的数据往往具有更高的经济

价值，因为它们能够反映最新的市场动态和消费者需求。

随着时间的推移，数据的价值可能会逐渐衰减，因为市场环境和消费者需求可能会发生变化。及时获取和处理数据对于保持数据的经济价值和竞争优势至关重要。

在场景应用中，比如在电商领域，实时销售数据可以帮助商家及时了解市场动态和消费者需求，从而调整库存和营销策略，提高销售效率。在交通领域，实时路况数据可以帮助驾驶员规划最佳行驶路线，避免拥堵和延误，提高出行效率。

3. 数据的可复用性

数据的可复用性，是指数据可以被多次使用，而不会因为使用次数的增加而减少其价值。

这种可复用性使得数据成为一种高效、可持续的资源，为多个领域和场景提供了广泛的应用空间。

每次使用数据都可能产生新的价值，因为不同的主体和场景可能会从数据中挖掘出不同的信息和洞察。这种价值增值效应使得数据的经济价值得到了进一步的提升和拓展。

在场景应用中，比如在市场营销领域，企业可以对历史销售数据进行多次分析，挖掘出不同的消费者群体和购买偏好，从而制定更精准的营销策略。

在科研领域，科研人员可以对同一数据集进行多次实验和分析，验证不同的假设和理论，推动科学研究的进步。

4. 数据的价值密度低

单个数据的价值往往较低，因为它们可能只能反映某一方面的信息或情况。单独使用单个数据可能无法产生显著的经济价值。

当大量数据被积累和分析时，它们可以揭示出隐藏在数据背后的规律和趋势，从而产生巨大的经济价值。通过数据挖掘、机器学习等技术手段，可以从大量数据中提取出有价值的信息和洞察，为企业的决策和运营提供有力支持。

在场景应用中，在零售行业，单个销售记录的价值可能很低，但当大量销售记录被积累和分析时，可以揭示消费者的购买习惯和需求趋势，为企业制定更精准的库存和营销策略提供依据。在智慧城市领域，各种传感器和设备收集的大量数据可以揭示城市的交通流量、环境质量、能源消耗等情况，为城市管理和规划提供有力支持。

第三节　数据的社会价值

一、数据社会价值的概述

1. 数据社会价值的概念

数据的社会价值，是指数据在促进社会发展、提升公共服务水平、增强社会治理能力等方面所展现出的价值。它超越了数据本身的经济属性，强调了数据在推动社会进步、改善民众生活、促进公平正义等方面的重要作用。数据的社会价值是数据价值体系中的重要组成部分，与数据的经济价值相辅相成，共同构成了数据价值的完整框架。

2. 数据社会价值的内涵

促进社会发展：数据通过揭示社会现象、反映社会问题、预测社会趋势，为政府决策、社会规划提供了科学依据。例如，通过大数据分析，可以了解人口流动、教育资源分布、医疗资源配置等情况，从而制定更加合理有效的社会政策。

提升公共服务水平：数据在公共服务领域的应用，如智能交通、智慧医疗、在线教育等，极大地提升了公共服务的便捷性、高效性和个性化程度。通过数据分析，可以优化服务流程、提高服务质量、降低服务成本，让民众享受到更加优质、便捷的公共服务。

增强社会治理能力：数据在社会治理中的应用，如智慧城市、平安社区等，有助于提升社会治理的精准度和效率。通过数据分析，可以及时发现社会风险，有效应对和处置突发事件，维护社会稳定和安全。

促进公平正义：数据在促进公平正义方面发挥着重要作用。通过数据分析，可以揭示社会不平等现象，如收入差距、教育不公等，为政府制定更加公平合理的政策提供依据。同时，数据还可以用于监督政府行为，防止权力滥用和腐败现象的发生。

3. 数据社会价值的外延

跨领域融合：数据的社会价值不仅体现在单一领域，更在于其跨领域的融合应用。例如，将医疗数据与社保数据相结合，可以实现更加精准的医疗保障和救助；将交通数据与城市规划相结合，可以优化城市交通布局和基础设施建设。

公众参与和民主决策：数据的社会价值还体现在公众参与和民主决策方面。通过公开透明地发布数据，可以让民众更加了解政府工作和社会情况，增强民众的参与感和信任度。同时，数据还可以为民众提供表达意见和诉求的渠道，提高民主决策的科学性和合理性。

国际合作与交流：数据的社会价值还体现在具有国际合作与交流的意义。在全球化的背景下，各国之间的数据共享和交流日益频繁，这有助于增进各国之间的了解和合作，共同应对全球性挑战和问题。

二、数据社会价值的原理及其场景分析

数据社会价值的信息透明与对称性原理、决策支持与优化原理、预测与预警原理、创新与驱动原理四大核心原理。

1. 信息透明与对称性原理

信息透明与对称性原理是数据社会价值的重要基石。这一原理强调，信息的全面、准确、及时公开是减少信息不对称、提升社会效率的关键。在信息时代，数据的透明与对称不仅关乎公平竞争，更是推动社会进步和发展的重要动力。

信息技术的飞速发展为信息透明与对称性提供了强有力的技术支

撑。云计算、大数据、物联网等技术使得数据的收集、存储、处理和分析变得更加高效和便捷。

建立完善的制度体系来保障信息的透明与对称。这包括数据公开制度、信息披露制度、数据保护制度等，以确保数据的合法合规使用。

信息透明与对称性还需要社会的广泛认同和积极参与。通过培育开放、共享、合作的数据文化，可以推动社会各界更加积极地参与数据公开和共享。

信息透明与对称性原理的实施，可以显著提升社会效率，减少因信息不对称导致的资源浪费和决策失误。同时，它还有助于增强公众的信任感和参与度，推动社会的民主化和法治化进程。

信息透明与对称性原理应用场景，例如，一是政府公开数据，政府应建立统一的数据开放平台，定期发布财政预算、政策决策、公共资源配置等关键数据，并提供数据下载、API 等服务，方便公众和企业获取和利用。同时，政府还应建立数据质量评估体系，确保公开数据的准确性和完整性。二是消费者保护，在消费市场，应建立产品信息查询系统，提供产品的详细参数、用户评价、质量检测报告等信息，让消费者能够全面了解产品的真实情况。此外，还可以利用大数据技术进行消费者行为分析，预测消费者需求，为消费者提供更加个性化的服务。

2. 决策支持与优化原理

决策支持与优化原理强调数据在决策过程中的核心作用。通过数据分析和挖掘，可以从海量数据中提取有价值的信息和规律，为决策者提供科学、精准的决策依据。

利用数据分析技术（如数据挖掘、机器学习等），可以对数据进行深入的分析和挖掘，发现数据中的隐藏规律和趋势。

建立决策支持系统（如数据仓库、数据挖掘系统等），可以将分散在各个业务系统中的数据整合起来，形成统一的数据视图，为决策者提供全面的决策支持。

利用优化算法（如线性规划、整数规划等），可以对决策问题进行数学建模和求解，找到最优的决策方案。

决策支持与优化原理的实施，可以显著提升决策的科学性和准确性，减少因决策失误导致的社会损失。同时，它还有助于优化资源配置，提高社会效益和经济效益。

在场景应用中，一是城市规划，利用地理信息系统（GIS）、大数据分析等技术手段，对人口流动、交通拥堵、环境污染等数据进行实时监测和分析，为城市规划提供科学依据。同时，还可以建立城市规划模拟系统，对不同的规划方案进行模拟和评估，以选择最优方案。二是企业运营，企业应建立数据仓库和数据挖掘系统，对销售数据、客户反馈、市场趋势等信息进行深入分析，以发现潜在的市场机会和客户需求。同时，还可以利用大数据技术进行客户画像和精准营销，提高产品销量和客户满意度。

3. 预测与预警原理

预测与预警原理强调数据在预测未来趋势和预警潜在风险方面的独特作用。通过构建预测模型、设置预警阈值等方式，可以实现对未来事件的准确预测和及时预警。

利用统计学、机器学习等技术构建预测模型，可以对未来趋势进行准确的预测。这包括时间序列分析、回归分析、分类算法等。

建立预警系统，可以设置预警阈值，当实际数据超过或低于阈值时，系统自动触发预警机制，及时提醒相关人员采取应对措施。

通过实时数据采集和监控技术，可以获取最新的数据，并进行实时分析和预测。这有助于及时发现潜在的风险和问题，采取相应的措施进行干预和调整。

预测与预警原理的实施，可以显著提升社会对未来事件的应对能力，减少因突发事件导致的社会损失。同时，它还有助于提高社会的稳定性和安全性。

在场景应用中，一是气象预报，利用气象卫星、地面观测站等数据源，结合机器学习、深度学习等算法，对气象数据进行实时分析和预测。同时，还可以建立气象灾害预警系统，及时发布预警信息，减轻自然灾害的影响。二是金融风控，金融机构应建立风险评估模型，对客户的信用数据、交易记录等信息进行实时分析和评估。通过设置风险预警阈值，及时发现潜在的风险事件，并采取相应的风控措施。

4. 创新与驱动原理

创新与驱动原理强调数据在推动社会创新和发展中的关键作用。数据作为新的生产要素，可以催生出新的商业模式、服务方式和治理手段，推动传统产业的转型升级和新兴产业的发展壮大。

通过利用大数据、人工智能等先进技术，可以开发出各种创新的应用和服务。这包括智能推荐、个性化服务、智能决策等。

数据可以推动传统产业的转型升级，提高生产效率和产品质量。例如，在制造业中，通过利用工业大数据和智能制造技术，可以实现生产过程的自动化和智能化。

数据还可以催生出新的产业和业态，如数字经济、智慧医疗、智慧城市等。这些新兴产业的发展将为社会带来更多的机遇和挑战。

创新与驱动原理的实施，可以显著提升社会的创新能力和竞争力，推动经济的持续增长和社会的全面进步。同时，它还有助于解决一些社会难题，如环境污染、交通拥堵等，提高人民的生活质量和幸福感。

在场景应用中，如在医疗领域，通过利用大数据和人工智能技术，可以实现疾病的精准诊断和治疗方案的个性化定制。例如，利用基因测序数据、医学影像数据等生物信息学数据，结合机器学习算法，可以实现对疾病的早期诊断和精准治疗。同时，还可以利用大数据技术对医疗资源进行优化配置，提高医疗服务的效率和质量。

三、数据社会价值的特点及其场景分析

数据社会价值的特性包括普遍性、动态性、可复用性、增值性和风险性，这些特性具体分析如下。

1. 数据社会价值的普遍性

数据社会价值的普遍性就是数据已经渗透到社会的各个角落，无论是经济活动、社会治理、科学研究还是日常生活，都离不开数据的支撑。数据的普遍性使得它成为现代社会不可或缺的一部分。

数据的普遍性为各行各业提供了丰富的信息资源，促进了信息的流通和共享，提高了社会整体的效率和效益。

数据价值普遍性场景应用，如：在电商领域，数据被用于分析用户行为，优化产品推荐；在医疗领域，数据被用于疾病预测和诊断；在城市管理中，数据被用于交通流量监测和城市规划等。

2. 数据社会价值的动态性

数据社会价值的动态性就是数据的价值是随着时间和情境的变化而变化的。新的数据不断产生，旧的数据可能逐渐失去价值，因此，数据的价值需要动态地评估和利用。

数据的动态性使得人们能够及时捕捉到新的信息和趋势，为决策提供更为准确和及时的依据。

数据社会价值动态性场景应用，如：在金融市场，数据被用于实时监测股票价格和交易情况，帮助投资者做出决策；在物流行业，数据被用于追踪货物位置和运输状态，提高物流效率。

3. 数据社会价值的可复用性

数据社会价值的可复用性是指数据不同于传统的物质资源，它可以被多次使用而不会损耗。这意味着数据的价值可以被多个主体共享和复用。

数据的可复用性降低了信息获取的成本，促进了知识的传播和创新，提高了社会的整体知识水平。

数据社会价值的可复用性场景应用，如：在科研领域，数据被多次用于不同的研究项目，推动了科学研究的进步；在教育领域，教学资源被重复使用，提高了教育资源的利用效率。

4. 数据社会价值的增值性

数据社会价值的增值性就是数据在分析和处理过程中，往往能够产生新的信息和知识，这些新的信息和知识又具有新的价值。

数据的增值性使得人们能够通过挖掘和分析数据，发现隐藏在数据背后的规律和趋势，为决策提供更加全面和深入的支持。

数据社会价值的增值性场景应用，如：在市场营销中，通过对用户数据的挖掘和分析，可以发现用户的潜在需求和偏好，制定更加精准的营销策略；在制造业中，通过对生产数据的分析，可以优化生产流程，提高生产效率。

5. 数据社会价值的风险性

数据社会价值的风险性是指在数据的收集、存储、处理和使用过程中，可能涉及个人隐私、商业机密等敏感信息，如果处理不当，可能引发数据泄露、数据滥用等风险。

认识到数据的风险性有助于人们加强数据保护意识，采取有效的安全措施，确保数据的安全和合规使用。

数据社会价值的风险性场景应用，如：在金融行业，需要严格遵守数据保护法规，确保客户数据的安全；在医疗领域，需要保护患者的隐私信息，防止数据泄露。

第四节　数据的科技价值

一、数据科技价值的概述

数据的科技价值是数据资产核心价值，同时会为数据带来深刻长远的影响，现将数据资产的科技价值分析如下。

1. 数据科技价值的概念解析

数据的科技价值主要是指数据在科学技术发展和创新过程中所起到的关键作用。随着数字化、信息化和智能化时代的到来，数据已经成为科学技术进步的重要驱动力，为科研实验、算法训练、模型优化等提供了丰富的素材和依据。数据的科技价值体现在其能够促进科技创新、加速科技成果转化以及提升科技应用效果等多个方面。

2. 数据科技价值的内涵剖析

数据驱动的科研方法已经成为当前科学研究的重要范式。通过对海量数据的收集、整理和分析，科研人员能够发现新的科学规律、提出新的科学假设，从而推动科研工作的深入开展。

在人工智能、机器学习等领域，数据是技术迭代升级的关键要素。通过不断喂给算法模型以新的数据，可以使其学习能力增强，进而提高技术的性能和准确率。

数据可以为科技决策提供有力支撑。通过对科技项目、科技成果等数据的综合分析，决策者能够更加科学地制定科技政策、分配科技资源，从而提高科技活动的整体效益。

3. 数据科技价值的外延拓展

数据的科技价值不仅局限于某一特定领域，而是通过跨界融合创新，推动多个领域的共同发展。例如，生物医学数据与计算机科学数据的融合，可以催生出新的医疗技术和健康管理模式。

数据的科技价值在推动产业变革方面也具有重要作用。随着大数据、云计算、物联网等技术的普及，数据已经成为引领产业发展的新动力。通过对产业数据的深入挖掘和分析，可以发现新的市场机会、优化产业链条、提高产业效率，从而推动整个产业转型升级。

数据的科技价值还体现在推动社会治理现代化方面。通过对社会运行数据的实时监测和分析，政府可以更加精准地了解社会动态、预测社会风险，进而制定更加科学有效的社会治理策略。这不仅有助于提高政府的管理效率和决策水平，还能增强社会的稳定性。

二、数据科技价值的原理及场景

数据通过数据核心功能、价值功能、全样本特性、关注效率、关注相关性等科技性能的运行过程,在社会活动和经济活动中产生价值。

1. 数据核心原理及场景

数据核心原理是指在数据科技不断演进的过程中,数据的角色已经从边缘的辅助性工具转变为企业或组织运营的中心。这一转变意味着,数据不再仅仅是支持业务流程的附属品,而是成为推动战略决策、创新活动以及整体发展的关键资源。在此背景下,传统的以"流程"为核心的计算模式正在被以"数据"为核心的新模式所取代。

数据核心功能实现体现在以下方面。

一是构建以数据为中心的基础架构,在分布式存储系统方面,利用分布式技术构建可扩展、高可用的数据存储解决方案,以支持海量数据的存储需求。采用分布式计算框架,如 Apache Hadoop、Spark 等,以实现对大数据的高效处理和分析。构建集中式的数据存储环境,整合不同来源的数据,为分析提供统一的数据视图。

二是采用数据驱动的设计和开发方法,在产品和服务的设计阶段,首先考虑数据的收集、存储和处理需求,确保数据能够有效支持业务功能。基于数据的反馈不断调整和优化产品,形成快速响应市场变化的能力。通过深入分析用户数据,理解用户需求和行为模式,以数据为依据进行产品迭代和功能增强。

三是数据治理和数据质量管理,建立明确的数据所有权、使用权限和管理责任体系,确保数据的合规使用和安全性。定义数据质量评估指标,如准确性、完整性、一致性等,并监控数据质量水平。通过数据预处理技术,清洗错误数据、去除重复项,并进行数据校验,以确保数据质量满足分析要求。

数据核心原理功能如下。

一是全面的业务视角,通过整合和分析来自不同业务单元的数据,提供全局性的业务洞察，帮助决策者全面了解企业运营状况。实时数据监控能够及时发现业务异常和机会，支持快速响应和决策调整。

二是精准的决策支持，基于数据的深入分析，为战略规划和战术执行提供量化依据，减少决策过程中的不确定性和主观性。利用预测性分析和机器学习模型，预测市场趋势和客户需求，指导产品开发和市场策略。

三是加速创新周期，数据驱动的开发流程能够更快地验证产品假设和市场接受度，缩短从创意到市场的时间周期。通过分析用户反馈和使用数据，不断优化产品功能和服务体验，提升市场竞争力。

四是优化资源分配，根据数据分析结果，精确评估各项业务的盈利能力和增长潜力，从而优化资源投入和配置。通过数据监控和预测，实现库存、供应链和人力资源等关键要素的高效管理，降低成本。

2. 数据价值原理及场景

数据价值原理强调，在数字化时代，数据的价值已经超越了其作为辅助工具或附属品的角色，而是成为一种可以独立评估和具有交易价值的资产。这种转变意味着数据不再仅仅是为其他产品或服务提供支持的元素，而是能够直接用来挖掘新的见解、发现商业机会，并作为关键输入驱动业务决策。数据价值表现以下三个方面。

一是数据本身具有独立于其他产品和服务的价值，数据已经成为一种独立的商品，其价值不依赖于任何其他产品或服务。这种价值的独立性体现在数据可以直接被用来分析、挖掘进而产生新的知识或见解。数据的这种独立价值使得企业和组织更加重视数据的收集、存储和管理，因为这些数据本身就是一种宝贵的资产。

二是数据可用于发现新的商业机会和制定策略，通过对数据的深入分析，企业可以发现新的市场需求、消费者行为模式、竞争态势等关键信息，从而识别出新的商业机会。数据还可以帮助企业制定更加精准和有效的市场策略、产品策略、营销策略等。这些策略的制定都是基于数据的洞察和分析，而不是仅凭直觉或经验。

三是数据成为一种重要的资源，可以进行交易和共享，在数字经济中，数据已经成为一种可以交易的商品。企业可以通过出售或共享其数据资源来获得经济收益。数据的交易和共享也促进了数据的流动和利用效率，使得更多的企业和组织能够受益于数据的价值。这种交易和共享可能涉及原始数据的交换，也可能是经过处理和分析后的数据洞察或报告。

3. 全样本原理及场景

在数据科技的快速发展背景下，全样本原理的崛起是自然而然的。过去，由于技术限制和成本考虑，人们往往只能依赖抽样数据进行分析。然而，抽样数据带来的问题是其无法全面反映整体情况，存在偏差和误差风险。

全样本分析能够覆盖所有数据点，从而提供更全面、无偏差的见解。这对于企业决策至关重要，因为它确保了决策是基于最完整的信息集做出的。

揭示隐藏模式：通过全样本分析，企业有可能发现那些在抽样数据中难以察觉的模式和趋势。这些隐藏的模式可能代表着新的商业机会或潜在风险。

大数据技术的进步使得全样本分析成为可能。从数据存储到处理速度，再到分析工具的智能化，每一个环节都在不断进化，以适应全样本分析的需求。

4. 关注效率原理及场景

在快节奏的商业环境中，时间就是金钱。数据分析不再仅仅追求精确度，而是在保持一定精确度的同时，更加注重效率。

市场变化迅速，竞争对手可能随时采取行动。企业需要快速获取数据见解以做出响应。关注效率原理确保了数据分析过程不会成为决策的瓶颈。高效的数据分析不仅节省了时间，还降低了计算资源和人力成本。这对于任何规模的企业来说都是重要的考量因素。

云计算、并行处理、机器学习等技术的运用大大提高了数据分析的效率。这些技术使得处理和分析海量数据成为可能，并且时间成本大大降低。

5. 关注相关性原理及场景

在复杂多变的商业环境中，理解变量之间的关系变得尤为重要。关注相关性原理强调在数据分析中更多地关注变量之间的相关性，而非传统的因果关系。

预测与洞察：通过挖掘数据中的相关性，企业能够更准确地预测市场趋势和客户行为。这种预测能力对于制定具有前瞻性的商业策略至关重要。

相关性使得数据的灵活性的提升，相比于寻找确切的因果关系，关注相关性使得企业能够更灵活地应对变化。当某个变量发生变化时，企业可以迅速识别出与之相关的其他变量，并做出相应调整。

相关性与因果关系的互补，虽然关注相关性原理强调了相关性的重要性，但这并不意味着因果关系被完全忽视。实际上，在深入理解相关性的基础上，企业可以更有针对性地探索潜在的因果关系，从而形成更全面的分析视角。

三、科技价值的特点及场景

数据的科技价值主要是数据驱动科技创新、加速科技成果转化、提升科技应用效果来实现价值的。

1. 驱动科技创新及场景

数据作为科学研究的基础，为科研实验、算法训练、模型优化等提供了不可或缺的素材和依据。在大数据技术的支持下，科研人员能够从海量、复杂的数据中挖掘出隐藏的模式、规律和关联，从而推动科学理论的突破和技术创新。这种数据驱动的研究方法，不仅提高了科研效率，还拓宽了科研视野，使得科研创新更加精准和高效。

在生物医学领域，科研人员利用基因测序数据、临床数据等，通过大数据分析技术，发现新的基因变异、疾病标志物等，为疾病诊断和治疗提供新的思路和方法。

在人工智能领域，科研人员利用大规模标注数据集，训练深度学习模型，提高模型的识别、分类、预测等能力，推动人工智能技术的创新和应用。

2. 加速科技成果转化及场景

数据通过提供实证基础和优化方向，有助于科研成果更快地转化为实际应用。数据分析结果可以为产品开发、工艺改进等提供科学指导，帮助科研人员和企业更准确地把握市场需求和技术趋势，从而缩短研发周期，提高转化效率。

在智能硬件领域，企业利用用户行为数据、产品使用数据等，通过数据分析了解用户需求和使用习惯，为产品设计和功能优化提供依据，加速产品的迭代和升级。

在制造业领域，企业利用生产数据、设备数据等，通过数据分析发现生产过程中的瓶颈和问题，提出改进方案和优化措施，提高生产效率和产品质量。

3. 提升科技应用效果及场景

数据在科技应用过程中起到反馈和优化的作用。通过实时监测和分析应用效果，科技人员可以及时了解技术性能、用户反馈等信息，从而及时调整策略和优化技术，提高科技应用的准确性和效率。此外，数据还可以帮助科技人员了解用户需求和市场变化，为科技产品的迭代升级提供有力支持。

在电商平台中，智能推荐系统利用用户行为数据、购买历史等数据，通过实时分析和挖掘用户兴趣和需求，为用户提供个性化的商品推荐服务，提高用户满意度和购买转化率。

在城市交通管理中，智能交通系统利用交通流量数据、车辆位置数据等，通过实时分析和预测交通状况，为交通管理和规划提供科学依据，提高道路通行效率和交通管理水平。

第五节　数据的生态价值

一、数据生态价值概述

1. 数据生态价值的概念

数据的生态价值，是指在数字化时代，数据作为一种核心生产要素，通过其在产生、采集、传输、存储、处理和应用等环节中的流动与交互，对整个社会经济生态系统所产生的积极影响和潜在价值。数据在促进数字经济发展、推动社会进步和提升治理能力方面起着重要作用。

2. 数据生态价值的内涵

数据的生态价值内涵丰富，主要包括以下几个方面。

数据作为新型生产要素，通过与其他生产要素的结合，能够催生出新的商业模式、产品和服务，从而推动产业创新和经济增长。例如，在电子商务领域，商家利用用户浏览、收藏、购买等数据进行精准营销，提高了销售效率和用户体验。

数据的生态价值还体现在其能够促进数据资源的共享与协同利用。通过建立统一的数据标准和规范，实现数据的高效流通和整合，可以打破信息孤岛，提升整个生态系统的运行效率。

数据为决策提供了科学依据和有力支撑。通过对海量数据的挖掘、分析和应用，可以帮助企业和政府更加精准地把握市场趋势、预测未来走向，从而制订出更加科学合理的解决方案。

3. 数据生态价值的外延

数据的生态价值外延广泛涉及社会经济生活的方方面面，主要包括以下几个方面。

数据在社会治理中发挥着越来越重要的作用。通过大数据、人工智能等技术的应用，可以实现社会治理的精准化、智能化和高效化，提升社会治理水平。

数据在环境保护领域也具有重要价值。通过对生态环境数据的实时监测和分析，可以及时发现环境问题并采取有效措施进行治理，促进生态环境的可持续发展。

数据还深刻影响着个人生活。通过智能设备、移动应用等工具收集和分析个人数据，可以提供更加个性化、便捷的服务体验，提高生活质量。

二、数据生态价值的原理及其场景分析

通过对数据进行运行整合，创新了社会资源运行的模式，提高了运行效率，对环境生态也有直接支持，具体过程如下。

1. 资源整合与优化配置及场景

数据通过深度分析，能够实现资源的精准分配，避免不必要的消耗，从而促进资源的可持续利用。以某智慧城市为例，该城市通过安装智能电表和传感器，实时收集电力消耗数据。这些数据被传输到数据中心，利用大数据技术进行深度分析，识别能源浪费的领域和时段。基于这些分析结果，城市能源管理部门制定了针对性的能源优化策略，如调整峰谷电价、推广节能设备等。通过这些措施，该城市成功降低了碳排放，实现了能源的可持续利用。

2. 环境监测与保护及场景

数据通过整合来自多源传感器的信息，实现环境指标的实时监测，有助于及早发现并解决环境问题。

在环境监测与保护方面，数据通过整合来自多源传感器的信息，实现环境指标的实时监测，有助于及早发现并解决环境问题。以森林生态系统保护为例，通过高清遥感影像和地面监测设备，可以数字化采集与分析森林环境要素，如植被覆盖、土壤湿度、气候条件等。这些数据被用于建立森林生态系统模型，评估森林碳汇能力，并预测未来变化趋势。基于这些分析结果，林业管理部门可以制定针对性的保护措施，如植树造林、森林抚育等，以提升森林生态系统的质量与稳定性，助力森林碳汇提升。

3. 科学决策推动可持续及场景

数据分析能够揭示资源利用、环境状况以及市场需求等方面的趋势和模式，为决策者提供有力支持。政府、企业和公众可以通过数据平台了解环境数据，参与资源节约和环境保护，共同推动社会意识和行动朝着可持续的方向发展。

数据分析能够揭示资源利用、环境状况以及市场需求等方面的趋势和模式，为决策者提供有力支持。以政府制定环保政策为例，政府可以通过数据平台收集和分析环境质量、污染物排放、能源消耗等方面的数据。这些数据反映了当前环境状况和存在的问题，为政府制定环保政策提供了科学依据。基于这些数据分析结果，政府可以出台更加精准的环保政策，如限制高污染产业、推广清洁能源等。

三、数据生态价值的特点及其场景分析

数据实现其生态价值，主要基于数据的运行中的全局性与系统性、动态性与实时性、可量化与可评估性的特点形成，具体分析如下。

1. 全局性与系统性及场景

全局性与系统性是数据生态价值的重要特点，它体现在数据对整个绿色生态系统的全面、深入影响。数据不仅关注单一环节或局部问题，而是从整体上把握生态系统的运行规律，揭示各要素之间的内在联系。通过整合和分析海量数据，可以全面了解资源分布、环境状况、生态变化等，为制定全局性的优化策略提供科学依据。

以智慧城市建设为例，数据生态价值的全局性与系统性得到充分体现。通过收集城市各领域的数据，如交通流量、能源消耗、环境质量等，可以构建城市运行的综合监测体系。利用大数据分析技术，可以实时掌握城市的运行状态，发现潜在问题，如交通拥堵、环境污染等。进而，政府可以制定全局性的优化策略，如调整交通规划、推广节能减排措施等，以提升城市的整体效能和可持续性。

2. 动态性与实时性及场景

动态性与实时性是数据生态价值的另一重要特点。数据是不断产生和更新的，因此数据生态价值也随之不断变化。实时数据监测和分析能够及时发现绿色生态系统中的问题和挑战，为快速响应和决策提供有力支持。这种动态性和实时性使得数据生态价值在应对突发事件、优化资源配置等方面具有显著优势。

在环境监测领域，数据生态价值的动态性与实时性发挥着重要作用。通过布置传感器和监测设备，可以实时收集环境质量数据，如空气质量、水质等。这些数据被传输到数据中心进行分析和处理，一旦发现异常情况，如污染物浓度超标，监测系统可以立即发出警报，提醒相关部门采取应对措施。这种实时监测和预警机制有助于及时发现并解决环境问题，保护生态系统的稳定性。

3. 可量化与可评估性及场景

可量化与可评估性是数据生态价值的重要特征之一。通过量化指标，如资源利用效率、环境监测准确度、决策科学性等，可以对数据生态价值进行客观评估。这种可量化性有助于明确数据在绿色生态系统中的具体贡献和价值，为优化资源配置、提升决策效率提供有力支持。

在能源管理领域，数据生态价值的可量化与可评估性得到广泛应用。通过安装智能电表和传感器，可以实时收集电力消耗数据，并进行量化分析。基于这些数据，可以评估能源利用效率、识别浪费领域，进而制定针对性的节能措施。同时，通过对节能效果的量化评估，可以验证措施的有效性，为持续优化提供依据。

4. 创新性与驱动性及场景

创新性与驱动性是数据生态价值的核心特点。数据生态价值不仅体现在对现有问题的优化和解决上，更在于推动绿色生态系统的技术创新和模式创新。数据驱动的智能化、自动化等技术应用，提升了绿色生态系统的整体效能和可持续性，为绿色发展注入了新的活力。

在智能制造领域，数据生态价值的创新性与驱动性得到充分体现。通过收集生产过程中的数据，如设备状态、生产效率、产品质量等，可以利用大数据技术进行深度分析和挖掘。基于这些数据，可以优化生产流程、提高生产效率、降低能耗和排放。同时，数据驱动的创新模式还可以推动新产品、新服务的研发和推广，为制造业的绿色发展提供有力支持。

第六节　数据的决策价值

一、数据决策价值概述

1. 数据决策价值的概念

数据的决策价值是指数据在支持、优化和驱动决策过程中所发挥的关键作用。在现代社会，数据已成为企业和组织进行决策的重要依据，通过收集、分析和挖掘数据，可以揭示出潜在的趋势、模式和关联，为决策者提供准确、全面、可靠的参考依据，从而帮助其做出更加明智、科学的决策。

2. 数据决策价值的内涵

数据决策价值具体体现在以下五个方面。

一是提供决策依据，数据通过量化指标和可视化展示，为决策者提供了直观、清晰的决策依据。这些依据基于实际的市场、业务、运营等数据，使得决策更加有据可依，减少了主观臆断和盲目决策的可能性。

二是揭示潜在趋势，数据分析能够揭示出市场、业务等领域的潜在趋势和模式，帮助决策者提前洞察未来变化，从而制定更加有前瞻性的战略和计划。

三是优化资源配置，通过数据分析，可以更加精准地了解资源的使用情况和效率，从而优化资源配置，提高资源利用效率，降低运营成本。

四是降低决策风险，数据决策基于大量的历史数据和实时数据，通过科学的方法和模型进行分析和预测，可以降低决策过程中的不确定性和风险。

五是支持实时决策，在数字化时代，数据的实时性使得决策者能够迅速获取最新信息，及时做出调整和优化，以适应快速变化的市场环境。

3. 数据决策价值的外延

数据决策价值体现在决策本身之外的一些方面，具体如下。

一是跨领域应用，数据的决策价值不仅局限于某一特定领域，而是广泛应用于经济、社会、政治、文化等多个领域。例如，在经济管理领域，数据决策支持企业制定市场策略、优化供应链管理；在社会治理领域，数据决策帮助政府制定公共政策、提高公共服务效率。

二是推动数字化转型，数据的决策价值是推动企业和组织数字化转型的重要动力。通过构建数据驱动的决策体系，企业和组织能够更加灵活地应对市场变化，提高竞争力和创新能力。

三是促进智能化发展，随着人工智能、机器学习等技术的不断发展，数据的决策价值将进一步得到挖掘和释放。这些技术能够自动处理和分析海量数据，为决策者提供更加精准、智能的决策支持。

四是增强决策的科学性和民主性，数据决策强调基于事实和证据的决策过程，有助于减少主观偏见和盲目决策。同时，通过公开透明的数据展示和决策过程，可以增强决策的民主性和公信力。

五是构建数据生态系统，数据的决策价值还体现在构建数据生态系统方面。通过整合和共享数据资源，可以促进不同领域、不同行业之间的协同创新和共同发展。

二、数据决策价值的原理及其场景分析

1. 信息论基础及其场景

根据信息论，信息是用来减少不确定性的。数据作为信息的载体，蕴含着丰富的趋势、模式和关联。通过收集、分析和挖掘数据，决策者可以获取减少不确定性的信息，从而做出更加明智的决策。

在医疗领域，医生通过收集患者的病历数据、检查结果等，利用数据分析技术，可以更加准确地诊断疾病，制订个性化的治疗方案。例如，基于大数据的癌症筛查系统，能够通过分析患者的基因数据、影像数据等，提高癌症的早期发现率，为患者提供更好的治疗机会。

2. 量化分析及其场景

数据决策强调量化分析，通过数学模型和统计方法，将复杂的问题转化为可量化的指标。这种量化分析的方法使得决策过程更加客观、准确，有助于避免主观臆断和盲目决策。

在金融领域，银行和金融机构利用量化分析方法，对客户的信用风险、市场风险等进行评估。例如，通过构建信用评分模型，银行可以根据客户的还款历史、收入状况等数据，量化客户的信用风险，从而制定更加精准的信贷政策。

3 预测与模拟其场景

基于历史数据和实时数据，数据决策可以利用机器学习、人工智能等技术进行预测和模拟。这有助于决策者提前洞察未来变化，制定具有前瞻性的战略和计划。

在零售领域，企业利用预测分析技术，根据历史销售数据、市场趋势等数据，预测未来一段时间内的销售情况。例如，亚马逊的推荐系统就是基于用户的购买历史、浏览行为等数据，利用机器学习算法进行预测，为用户推荐个性化的商品。

4. 优化与迭代其场景

数据决策是一个持续优化和迭代的过程。通过不断收集反馈数据，对决策效果进行评估和调整，可以使得决策更加精准、高效。

在制造业领域，企业利用数据分析技术对生产流程进行优化。例如，通过收集生产过程中的数据，分析生产线的效率、设备的运行状态等，企业可以发现生产过程中的瓶颈和问题，提出改进方案和优化措施，从而提高生产效率和产品质量。

三、数据决策价值的特点及其场景分析

数据决策在现代组织运营中发挥着至关重要的作用，其特点可以细化为全面性、准确性、实时性、预测性和可优化性，这些特点可产生巨大的价值，具体分析如下。

1. 数据全面性的决策价值及场景

数据决策能够涵盖企业运营的各个领域和环节，包括市场、财务、生产、供应链、人力资源等。通过整合和分析各类数据，如销售数据、财务数据、生产数据、供应链数据、员工数据等，决策者可以获得关于企业运营状况的全面信息，从而降低片面决策带来的风险。

企业可以通过分析市场数据，如消费者需求、竞争对手情况、市场趋势等，制定全面的市场策略。例如，某零售企业通过分析销售数据和消费者行为数据，发现某类产品在特定地区的销量持续增长，于是决定加大在该地区的营销力度，提高市场占有率。

企业可以通过分析财务数据，如资产负债表、利润表、现金流量表等，识别潜在的财务风险点，并制定相应的风险防范措施。例如，某企业通过财务分析发现应收账款周转率下降，于是决定加强应收账款管理，降低坏账风险。

2. 数据准确性的决策价值及场景

数据决策基于客观、量化的数据，通过先进的数学模型和统计方法进行深入分析，能够得出更加准确的结论。这种准确性有助于决策者做出更加明智的决策，提高决策的成功率。

企业可以通过分析历史销售数据、成本数据以及市场竞争情况，制定更加准确的产品定价策略。例如，某电商企业通过分析历史销售数据和竞争对手价格，发现某款产品的价格弹性较高，于是决定提高该产品的价格，以增加利润。

企业可以通过分析市场数据、行业数据以及企业内部数据，制定更加准确的投资决策。例如，某企业通过分析行业发展趋势、市场需求以

及自身技术实力，决定投资研发一款新产品，以拓展市场份额。

3. 数据实时性的决策价值及场景

在数字化时代，数据的实时性使得决策者能够迅速获取最新信息，及时做出调整和优化。这种实时性有助于企业快速响应市场变化，抓住机遇，避免损失。

企业可以通过实时监控库存数据，及时了解库存状况，避免库存积压和缺货现象的发生。例如，某零售企业通过建立实时库存管理系统，能够随时掌握各门店的库存情况，及时调拨库存，确保产品供应。

企业可以通过实时分析客户数据，及时了解客户需求和反馈，提供个性化的客户服务。例如，某电商企业通过分析客户浏览记录和购买历史，能够实时推荐符合客户兴趣的产品，提高客户满意度。

4. 数据预测性的决策价值及场景

数据决策不仅能够分析历史数据，还能够基于机器学习、人工智能等技术进行预测和模拟，帮助决策者提前洞察未来变化，制定具有前瞻性的战略和计划。

企业可以通过分析历史销售数据和市场趋势，预测未来市场需求的变化，提前调整产品结构和市场布局。例如，某制造企业通过分析历史销售数据和行业趋势，预测未来某类产品的市场需求将大幅增长，于是决定扩大该类产品的生产规模。

企业可以通过分析财务数据和市场数据，建立财务风险预警模型，提前识别潜在的财务风险点，并采取相应的防范措施。例如，某金融企业通过分析客户的信用记录和交易行为，能够预测客户的违约风险，提前采取风险控制措施。

5. 数据可优化性的决策价值及场景

数据决策是一个持续优化和迭代的过程。通过不断收集反馈数据，对决策效果进行评估和调整，可以使得决策更加精准、高效。这种可优化性有助于企业不断提高决策水平，实现可持续发展。

企业可以通过分析生产数据，识别生产过程中的瓶颈和问题，提出改进方案和优化措施，提高生产效率和产品质量。例如，某制造企业通过分析生产数据和设备运行状态，发现某生产线的效率较低，于是决定对生产线进行改造和升级。

企业可以通过分析营销数据和客户反馈，及时调整营销策略和推广方式，提高营销效果和客户满意度。例如，某电商企业通过分析营销数据和客户反馈，发现某款产品的推广效果不佳，于是决定调整推广策略，加大在其他渠道的宣传力度。

第七节　数据的个性化服务价值

一、数据个性化服务价值的概述

数据个性化服务价值是数据应用的重要内容，数据在提供定制化、专属化服务方面的巨大发展潜力和功能。

1. 数据个性化服务价值的概念

数据个性化服务价值，是指企业或个人通过收集、分析和利用用户的数据，为用户提供符合其个性化需求和偏好的服务，从而提升用户体验、增强用户忠诚度，并最终实现商业价值的过程。这种价值主要体现在对用户需求的精准把握和满足上，是数据驱动的服务创新的重要体现。

2. 数据个性化服务价值的内涵

数据个性化服务价值体现在以下四个方面，具体分析如下。

一是用户需求洞察，通过数据分析，企业可以深入了解用户的个性化需求和偏好，包括消费习惯、兴趣爱好、价值观等。这种洞察是提供个性化服务的基础，有助于企业制定更加精准的营销策略和服务方案。

二是定制化服务提供，基于用户需求洞察，企业可以为用户提供定制化的产品和服务，满足用户的个性化需求。这种定制化服务可以体现在产品的功能、设计、价格等多个方面，从而提升用户的满意度和忠诚度。

三是用户体验优化，个性化服务能够显著提升用户体验，使用户感受到更加贴心、便捷的服务。通过不断优化个性化服务，企业可以吸引更多用户，提高市场竞争力。

四是商业价值实现，个性化服务不仅能够提升用户体验，还能够为企业带来显著的商业价值。通过提高用户满意度和忠诚度，企业可以增加销售额、提高市场份额，从而实现盈利增长。

3. 数据个性化服务价值的外延

数据个性化服务能够在更大的空间和社会中发挥作用，具体如下。

一是跨行业应用，个性化服务已经渗透到各个行业和领域，如电商、旅游、教育、医疗等。在不同行业中，个性化服务的具体表现形式和应用方式可能有所不同，但核心都是基于用户数据提供定制化服务。

二是技术支撑，个性化服务的实现离不开大数据、人工智能等先进技术的支撑。通过这些技术，企业可以更加高效地收集、分析和利用用户数据，从而提供更加精准的个性化服务。

三是隐私保护，在提供个性化服务的过程中，企业必须严格遵守隐私保护法规，确保用户数据的安全和隐私。只有在保障用户隐私的前提下，个性化服务才能得到用户的信任和认可。

四是持续创新，个性化服务是一个不断创新和发展的过程。企业需要持续关注用户需求的变化和新技术的发展，不断调整和优化个性化服务策略，以保持竞争优势。

二、数据的个性化服务价值的原理及其场景分析

数据的个性化服务通过用户行为分析、用户画像构建和个性化推荐算法三个方面为企业提供了精准营销、产品优化和服务定制等有力支持，实现数据的价值，具体分析如下。

1. 利用数据进行用户行为分析个性化服务及场景

个性化服务的基石在于深入理解用户，这主要通过对用户行为数据

的全面收集与细致分析来实现。用户行为数据涵盖了用户在数字世界中的种种足迹，是揭示用户兴趣、偏好及需求的宝贵资源。

数据收集包括浏览记录，记录用户访问的页面、停留时间、点击次数等，这些数据能直观地反映用户的兴趣；购买历史，用户的购买记录是了解用户消费习惯和偏好的重要窗口；评价反馈，用户对商品或服务的评价不仅体现了满意度，还包含了用户的价值观和期望。

数据分析包括通过数据挖掘技术，如聚类分析、关联规则挖掘等，可以从海量用户行为数据中提炼出有价值的模式和趋势；这些模式和趋势有助于企业洞察用户的真实需求，为后续的个性化服务提供有力支持。

场景应用包括电商平台，根据用户的浏览和购买记录，为其推荐相似或互补的商品；内容平台分析用户的阅读历史和偏好，推送符合其兴趣的文章或视频；金融服务通过用户的交易记录和消费习惯，为其定制个性化的理财建议。

2. 利用数据进行用户画像构建的个性化服务及场景

用户画像是基于用户行为数据和其他相关信息（如年龄、性别、地理位置等）构建的用户模型，它全面描绘了用户的特征和需求，是个性化推荐的重要依据。

画像内容包括基本信息，如年龄、性别、职业等，这些基础信息有助于初步了解用户；行为特征如浏览习惯、购买偏好、互动方式等，这些信息能更深入地揭示用户的兴趣和行为模式；心理特征如价值观、生活方式等，这些深层次的特征有助于更全面地理解用户。

画像构建方法就是通过数据整合和挖掘技术，将用户的多维度信息融合到统一的用户画像中；利用机器学习算法，对用户画像进行持续优化和更新，以确保其准确性和时效性。

场景应用包括精准营销，根据用户画像，为企业制定针对性的营销策略，提高营销效果；产品优化通过用户画像反馈的信息，对产品进行迭代和优化，提升用户体验；根据用户的特征和需求，为其提供个性化的服务方案。

3. 数据的个性化推荐算法个性化服务及场景

个性化推荐算法是实现个性化服务的关键技术，它根据用户画像和物品特征，计算用户与物品之间的相似度，从而为用户推荐符合其兴趣的物品。

常用算法包括协同过滤，基于用户或物品的相似性进行推荐，分为用户协同过滤和物品协同过滤两种；内容推荐是根据物品的内容特征（如文本描述、标签等）与用户画像的匹配程度进行推荐；混合推荐是结合多种推荐算法的优点，提高推荐的准确性和覆盖率；算法优化就是通过引入用户行为时序性、物品流行度等因素，对推荐算法进行细化和优化。利用深度学习等先进技术，提升推荐算法的智能化和自适应能力。

场景应用包括电商平台，利用个性化推荐算法，为用户推送符合其购物偏好的商品信息；音乐平台，根据用户的听歌历史和偏好，为其推荐相似的歌曲。新闻平台，根据用户的阅读习惯和兴趣，为其推送定制化的新闻内容。

三、数据的个性化服务价值的特点及其场景分析

数据的个性化服务价值特点体现在精准性、动态性、多样性和隐私保护性等多个方面，这些方面特点使得个性化服务能够更好地满足用户的需求和期望从而提高数据的价值，具体分析如下。

1. 数据的精准性服务价值及场景

个性化服务基于对用户数据的深入分析，这种分析往往借助于先进的数据挖掘和机器学习算法，能够精准地识别用户的兴趣、偏好和需求。这种精准性不仅体现在对用户基本属性的把握上，如年龄、性别、地域等，更体现在对用户深层次需求的挖掘上，如用户的购物习惯、阅读偏好、学习风格等。

在电商平台上，个性化推荐系统能够精准地根据用户的浏览记录、购买历史和搜索关键词等数据，为用户推荐符合其兴趣和需求的商品。例如，当用户频繁浏览某类商品时，系统能够自动为其推荐相似或相关

的商品，提高用户的购买意愿和满意度。

在新闻阅读应用中，个性化推荐系统能够根据用户的阅读历史、点击行为和关注领域等数据，为用户推送符合其兴趣的新闻文章。这种精准推荐不仅提高了用户的阅读体验，还有助于提升用户的忠诚度和活跃度。

2. 数据的动态性服务价值及场景

用户的兴趣和需求是不断变化的，个性化服务能够实时跟踪用户的行为数据，动态调整推荐策略。这种动态性保证了推荐的时效性和准确性，使用户始终能够获得最新的、符合其当前需求的信息。

在社交媒体平台上，用户的兴趣和关注点可能随着时间和社交圈子的变化而发生变化。个性化推荐系统能够实时跟踪用户的社交行为、关注对象和互动数据等，动态调整推荐策略，为用户推送符合其当前兴趣的社交内容和用户。

在在线教育平台上，学生的学习需求和进度可能随着课程的学习和时间的推移而发生变化。个性化推荐系统能够实时跟踪学生的学习数据、作业完成情况和考试成绩等，动态调整学习计划和课程推荐，为学生提供符合其当前学习需求和学习能力的课程和资源。

3. 数据多样性服务价值及场景

个性化服务不仅限于某一特定领域，而是可以应用于多个场景，如电商、社交媒体、在线教育等。在不同场景中，个性化服务能够根据用户的具体需求和场景特点，提供多样化的推荐内容和服务形式。

在旅游领域，个性化服务能够根据用户的旅游偏好、预算和时间等数据，为用户提供多样化的旅游方案和服务形式。例如，为用户推荐符合其预算的酒店、景点和交通方式等，或者根据用户的旅游时间和目的地等数据，为用户提供定制化的旅游行程规划。

在音乐平台上，个性化服务能够根据用户的听歌历史、喜好和风格等数据，为用户推荐多样化的音乐内容和歌手。例如，为用户创建个性化的歌单、推荐符合其口味的音乐人等，或者根据用户的听歌场景和心情等数据，为用户提供定制化的音乐播放列表。

4.数据隐私保护性服务价值及场景

在提供个性化服务的同时,必须重视用户隐私的保护。通过采用加密技术、匿名处理等手段,确保用户数据的安全性和合规性,增强用户对个性化服务的信任。

在金融领域,个性化服务需要处理用户的敏感信息,如财务状况、投资偏好和风险承受能力等。为了确保用户隐私的安全,金融机构需要采用先进的加密技术和匿名处理手段,对用户数据进行保护。同时,金融机构还需要遵循相关法律法规和行业标准,确保用户数据的合规使用。

在医疗健康领域,个性化服务需要处理用户的健康数据、病历信息和用药记录等敏感信息。为了保护用户隐私,医疗机构需要采用严格的访问控制和数据加密措施,确保用户数据的安全性和保密性。同时,医疗机构还需要遵循医疗行业的隐私保护规定和伦理准则,确保用户数据的合法使用。

第八节　数据未来的价值和挑战

一、数据的未来价值

数据的未来价值将主要体现在智能化及广泛应用、数据资源跨界应用、社会治理的现代化以及个性服务的定制化等方面。数据未来价值的实现将推动经济社会的高质量发展,为人们的生活带来更多的便利和福祉,具体分析如下。

1.智能化及广泛应用

智能化是指数据通过先进的算法和模型,实现自动化、智能化的处理和应用。广泛应用则是指数据在各行各业中的普遍应用,成为推动行业发展的重要力量。

随着人工智能、大数据等技术的不断发展，数据的处理和应用能力得到了极大提升。同时，各行各业对数据的需求也在不断增加，推动了数据的广泛应用。

智能化的功能如下。一是决策支持，数据可以帮助企业和组织更好地了解市场趋势、消费者需求和竞争对手的行为，从而制定更有效的营销策略和业务计划。二是优化流程，通过对数据的分析，企业和组织可以发现业务流程中的瓶颈和低效环节，进而进行优化和改进，提高生产效率和降低成本。三是创新研发，数据可以为企业和组织提供新的商机和创新思路，帮助他们开发新产品、服务和商业模式，从而在市场上获得竞争优势。

2. 数据资源跨界应用

数据资源跨界应用是指不同行业、不同领域之间的数据资源进行共享、整合和应用，以实现数据的最大价值。

在全球数字化、信息化浪潮的推动下，各行业之间的界限逐渐模糊，数据资源的跨界应用成为趋势。同时，数据资源的共享和整合可以带来更大的经济和社会效益。

数据跨级应用功能如下。一是促进产业融合，数据资源的跨界应用可以促进不同产业之间的融合和创新，推动新兴产业的发展。二是提高服务效率，通过数据资源的共享和整合，可以提高服务效率和质量，满足用户多样化、个性化的需求。三是创造新的商业模式，数据资源的跨界应用可以催生出新的商业模式和赢利方式，为企业带来更大的商业价值。

3. 社会治理的现代化

社会治理的现代化是指利用数据技术提升社会治理的精准性、有效性和便捷性，实现社会治理的科学化、法治化和智能化。

随着数据技术的不断发展，数据在社会治理中的应用越来越广泛。数据可以帮助政府更好地了解社会发展状况和民生需求，制定更加科学合理的政策和规划。

数据促进社会治理现代化路径，一是提高政策制定的科学性。数据可以为政府提供准确的社会信息和民情反馈，帮助政府制定更加科学合理的政策和规划。二是增强社会治理的精准性。通过数据分析，政府可以更加精准地掌握社会治理的重点和难点，提高社会治理的针对性和有效性。三是推动社会治理的智能化。利用人工智能技术，政府可以实现社会治理的自动化和智能化，提高社会治理的效率和水平。

4. 个性服务的定制化

个性服务的定制化是指根据用户的个性化需求和偏好，利用数据技术为用户提供定制化的产品和服务。

随着消费者需求的多样化和个性化，传统的标准化产品和服务已无法满足用户的需求。数据技术可以帮助企业更好地了解用户的需求和偏好，提供个性化的产品和服务。

个性服务的定制化创造以下功能，一是提升用户体验，通过数据分析，企业可以了解用户的消费习惯和需求，为用户提供更加个性化的产品和服务，提升用户体验和满意度。二是增强用户黏性，个性化的产品和服务可以增强用户对品牌的忠诚度和黏性，提高企业的市场竞争力。三是推动产品创新，数据技术可以帮助企业发现新的商机和创新点，开发出更加符合市场需求的产品和服务。

二、数据的未来挑战

数据价值在未来确实面临着多方面的巨大挑战，以下是对这些挑战的深度分析，包括挑战的概念、原因、危害以及场景等，基于提供的四个主要挑战进行阐述。

1. 数据安全与保护挑战

数据安全与保护挑战指的是在数据的收集、存储、处理、传输和销毁等全生命周期中，面临确保数据免受未经授权的访问、泄露、篡改或破坏，从而保障数据的机密性、完整性和可用性的挑战。

未来数据安全与保护挑战主要来源于：一是技术快速发展，随着信息技术的不断进步，黑客攻击手段日益复杂，给数据安全带来了极大的威胁。二是内部管理漏洞，企业内部数据安全管理机制不完善，员工安全意识薄弱，可能导致数据泄露风险增加。三是法律法规滞后，数据安全和隐私保护相关的法律法规可能滞后于技术的发展，给数据保护带来法律上的空白。

不积极应对未来数据安全与保护挑战的后果：一是经济损失，数据泄露可能导致企业面临巨大的经济损失，包括赔偿费用、业务中断损失等。二是信誉损害，数据泄露事件会损害企业的声誉和品牌形象，影响客户信任度和市场竞争力。三是法律风险，数据泄露可能违反相关法律法规，导致企业面临法律诉讼和处罚。

在金融、医疗、政府等敏感领域，数据安全与保护尤为重要。例如，金融机构需要确保客户信息的机密性和完整性，防止数据泄露导致的财务损失和信誉损害；医疗机构需要保护患者隐私和医疗记录的安全性，避免数据被非法获取和利用。

2. 数据开放与共享挑战

数据开放与共享挑战指的是在数据共享和合作的过程中，面临平衡数据的利用价值与数据的安全和隐私保护之间的关系的挑战。

未来面临数据开放与共享挑战的原因主要有：一是隐私保护难题，数据开放与共享可能涉及个人隐私和企业商业机密，如何保护这些敏感信息是一大难题。二是数据标准不统一，不同组织和企业可能使用不同的数据标准和格式，导致数据共享时的互操作性成为问题。三是合作信任缺乏，数据共享需要涉及多个组织和企业之间的合作与协调，但信任机制的建立需要时间和努力。

不积极应对未来数据开放与共享挑战的后果有：一是隐私泄露风险，数据开放与共享可能导致个人隐私和企业商业机密泄露，造成不必要的损失。二是数据滥用风险，共享的数据可能被滥用或恶意利用，用于非法目的。三是合作失败，如果数据共享合作中的信任问题得不到解决，可能导致合作失败，影响数据的利用价值。

在科研、教育、政府等领域，数据开放与共享具有广泛的应用场景。例如，科研机构可以通过共享数据资源，促进科研合作和创新；教育机构可以通过共享教育资源，提高教育质量和效率；政府可以通过开放公共数据资源，推动社会创新和提高政府透明度。

3. 数据质量和准确挑战

数据质量和准确挑战指的是在确保数据的可靠性、完整性、一致性和时效性，以保证数据的利用价值方面面临的挑战。

未来将面临数据质量和准确挑战的原因有：一是数据源多样性，数据采集过程中可能受到各种干扰和误差的影响，导致数据质量下降。二是数据处理复杂性，数据处理过程中可能面临数据格式不一致、数据缺失等问题，影响数据的准确性和完整性。三是数据变化快速性，随着业务的不断发展，数据也在不断变化和更新，需要持续进行数据质量和准确性的监控和维护。

不积极应对未来数据质量和准确挑战可能导致的后果有：一是决策失误，基于低质量或不准确的数据进行决策，可能导致决策失误和业务损失。二是业务效率下降，数据质量和准确性问题可能影响业务流程的顺畅进行，降低业务效率。三是信誉损害，发布不准确的数据可能损害企业的声誉和品牌形象，影响客户信任度。

在金融、医疗、电商等领域，数据质量和准确性对于业务运营和决策至关重要。例如，金融机构需要确保交易数据的准确性和完整性，以避免金融风险和损失；医疗机构需要确保医疗记录的准确性和一致性，以提高诊疗质量和患者满意度；电商企业需要确保商品信息和用户数据的准确性和时效性，以提高用户体验和销售效率。

4. 数据伦理与道德挑战

数据价值面临的伦理与道德挑战，是指在数据的收集、处理、分析和应用过程中，在确保遵循道德准则和规范，保护个人隐私和数据安全，同时防止数据被滥用或用于不正当目的方面面临的挑战。这一挑战涉及数据使用的合法性、公正性以及对个人和社会的潜在影响。

未来可能面临数据伦理与道德挑战的原因有：一是技术快速发展与道德滞后，随着大数据、人工智能等技术的快速发展，数据的收集和处理能力大大增强，但道德规范和法律法规的制定往往滞后于技术的发展，导致在数据使用过程中可能出现道德失范和法律空白。二是信息不对称与权力失衡，数据掌握者（如企业、政府）与数据主体（如个人）之间存在信息不对称，数据掌握者可能利用信息优势进行不公平的决策或行为，侵犯数据主体的权益。三是利益驱动与道德冲突，数据价值往往与商业利益紧密相关，企业可能为了追求利润而忽视道德规范，如进行数据贩卖、滥用用户数据等。四是文化差异与道德观念多样性，不同文化和背景的人对数据伦理和道德有不同的理解和观念，这可能导致在数据使用过程中出现道德冲突和纠纷。

不积极应对未来数据伦理与道德挑战的危害和：一是个人隐私泄露，数据泄露可能导致个人隐私被曝光，进而引发诈骗、身份盗用等安全问题，对个人造成严重的经济损失和精神伤害。二是社会信任危机，数据伦理和道德问题可能导致社会信任危机，人们对数据的使用和共享产生疑虑，影响数据的广泛应用和社会发展。三是不公平决策与歧视，如果数据算法存在偏见或歧视，可能导致基于数据的决策不公平，损害某些群体的利益，加剧社会不平等。四是道德沦丧与价值观扭曲，长期忽视数据伦理和道德，可能导致社会道德沦丧和价值观扭曲，影响社会的和谐与稳定。

在金融领域，数据被广泛应用于风险评估、信贷审批等场景。如果数据使用不当，可能导致个人隐私泄露、不公平信贷决策等问题。

在医疗领域，数据包含大量个人隐私信息，如果数据泄露或被滥用，将对患者造成严重的伤害。同时，基于医疗数据的研究和决策也需要遵循严格的伦理规范。

政府在收集和使用公民数据时，必须遵循法律法规和道德规范，确保数据的合法合规使用，保护公民隐私和数据安全。

互联网服务提供商在收集用户数据时，需要明确告知用户数据的使用目的和范围，并征得用户同意。同时，应确保数据的安全性和准确性，防止数据泄露和滥用。

第四章
数据的生产和加工

▶▶▶

　　数据历史演变，跨越了数千年。从最早的符号刻画到计算机与互联网的兴起，技术的不断进步推动了数据生成与处理方式的变革。这一节主要讲述了数据的分类、采集和加工。

第一节　数据的类型

在信息时代，数据的类型愈发细化，呈现出各自独特的价值。我们将数据进一步分类，以更好地理解和运用。

一、分类的标准

数据分类有多种角度，以适应不同场景的需求。从数据资源存储的角度来看，可细分为基础层数据、中间层数据、应用层数据等，每一层次对数据的集成性、灵活性等要求各异；从数据加工的角度，则可分为原始数据、衍生数据、数据产品等，其中数据加工者的劳动和贡献也呈现出差异；从数据安全的角度，数据又可被划分为一般数据、重要数据、核心数据；按照数据结构，可分为结构化数据、半结构化数据与非结构化数据；从数据来源的角度，可分为内部来源数据与外部来源数据；从数据用途的角度，可分为自用型数据与交易型数据等。

国际上，数据类型的划分主要依据公共利益或个人权利。美国通过《开放政府数据法案》等立法，根据数据持有者的不同，将数据区分为公共数据与非公共数据，明确了两类数据在流通和使用上的不同导向与策略。该法案确立了公共数据的公开使用原则，而非公共数据则需通过许可协议方能获取。欧盟则在《通用数据保护条例》（GDPR）中，基于数据所描述对象的不同，将数据划分为个人数据与非个人数据，强调了对不同数据主体采取差异化权利保护措施。GDPR赋予用户针对个人数据的知情权、被遗忘权、携带权等权利，同时，针对非个人数据，欧盟还出台了《非个人数据在欧盟境内自由流动的框架》《数据法案》等，以促进非个人数据的自由流动与跨境传输。

在我国,"数据二十条"(《中共中央、国务院关于构建数据基础制度更好发挥数据要素作用的意见》)在探索数据产权结构性分置制度的过程中,明确提出了"建立公共数据、企业数据、个人数据的分类分级确权授权制度"。这一划分依据数据相关权益的归属不同,将数据分为三大类型。尽管从数据实际生成与持有的角度看,这三种类型之间存在复杂的交叉,但这样的划分有助于我们根据各类数据的特性制定更为细化的分类标准与流通使用规范,同时也有利于构建不同主体间权责利的动态调整机制,推动相关探索向更深层次发展。

二、类型及其特点

基于概述的目的,这里仅介绍结构化数据、半结构化数据与非结构化数据和内部来源的数据与外部来源的数据。

1. 结构化数据、半结构化数据与非结构化数据

(1)结构化数据

结构化数据是指那些具有明确结构和格式的数据,它们通常被组织成表格形式,每个表格由行和列组成,行代表记录,列代表字段,这种数据形式便于计算机处理和查询,是数据库系统的基础。其特点在于高度组织化,数据被严格地组织成表格,每个字段都有明确的含义和数据类型;易于查询,因为数据结构清晰,可以很方便地进行查询、排序、筛选等操作;同时由于数据被统一存储和管理,可确保数据的完整性和一致性。在功能上,结构化数据是数据库系统的主要存储形式,可以高效地存储大量数据,并且通过 SQL 等查询语言,可以方便地查询这些数据。此外,它还便于进行各种数据分析,如统计、聚合、挖掘等,以及通过报表、图表等方式直观地展示数据。示例包括数据库中的表格数据、Excel 表格、CSV 文件等。

(2)半结构化数据

半结构化数据是指那些具有一定的结构,但格式不完全统一的数

据形式，它们通常包含标签或标记来描述数据的结构和内容。这类数据的特点在于部分结构化，即虽然包含如标签、属性等结构信息，但这些信息可能不完整或不一致；同时，由于其格式不完全统一，半结构化数据展现出较大的灵活性，能够适应不同的需求和场景；然而，也正因为数据结构和格式的多样性，处理和分析半结构化数据往往比结构化数据更为复杂。在功能上，半结构化数据既能用于表示复杂的数据结构和内容，如网页、文档等，又因其灵活性而常被用于不同系统之间的数据交换和共享。此外，通过利用标签、属性等结构信息，可以方便地对半结构化数据进行搜索和检索。常见的半结构化数据示例包括 XML 文件、HTML 文档、JSON 数据以及电子邮件等。

（3）非结构化数据

非结构化数据是指那些没有明确结构和格式的数据，它们通常以文本、图像、音频、视频等多种形式存在，并且难以用传统的数据库系统进行处理和分析。这类数据的特点主要体现在无结构上，即数据缺乏明确的结构和格式，难以用表格或标签来有效表示；同时，非结构化数据展现出极大的多样性，涵盖了从文本到多媒体的广泛形式；此外，随着信息技术的飞速发展，非结构化数据的数量正在迅速增长，已占据数据总量的很大比例。在功能上，非结构化数据不仅能够用于存储各类信息，如文档、图片、音频、视频等，还能通过文本分析、图像识别、语音识别等先进技术进行内容分析和挖掘。同时，由于其包含丰富的多媒体信息，非结构化数据在多媒体处理和应用领域也发挥着重要作用，如图像编辑、音频处理、视频剪辑等。常见的非结构化数据示例包括文本文件、图像文件（如 JPEG 和 PNG 等）、音频文件（如 MP3 和 WAV 等）、视频文件（如 MP4 和 AVI 等）以及社交媒体数据（如微博、微信等）。

2. 按数据来源划分

（1）内部来源的数据

企业内部来源的数据，也就是企业自主采集的数据，是指那些直接来源于企业内部运作、管理和业务活动的数据。这些数据通常存储在企业的数据库、数据仓库或通过企业资源规划（ERP）系统、客户关系管理（CRM）系统等内部系统生成。企业内部数据的主要特点是通常属于企业专有，不对外公开，具有较高的保密性，并且企业对内部数据有完全的控制权，可以决定数据的使用和共享。这些数据通常来源于销售、采购、支付等交易数据，客户信息、购买历史、服务记录，生产、库存、物流等运营相关的数据，会计记录、财务报表、预算和实际支出等财务数据，以及员工信息、工资单、绩效评估等。

由于数据是在企业控制下收集的，因此可以确保数据的质量和一致性，可以更好地控制数据的安全性，防止数据泄露或滥用。企业可以企业可以根据自身的特定需求定制数据收集和分析流程，整合来自不同部门和系统的数据，形成统一的数据视图。通过对这些数据的深入分析，企业可以优化运营、提高客户满意度等，进而获得竞争优势、提高企业的经济效益。

（2）外部来源的数据

企业外部来源的数据，也就是第三方获取的数据，是指企业从自身组织外部获取的数据。第三方获取的数据来源广泛、种类多样，这些数据可以来自多种渠道，包括专业数据服务机构提供的数据，如经济数据、金融市场数据；政府、公共事业单位等共享的数据，如人口统计数据、法人和非法人组织信息等；其他企业的共享或交易数据。

利用第三方数据，企业能够填补自身数据收集的空白，实现数据集的完善。企业无须投入大量时间和资源自行收集和处理数据，可以快速获得市场洞察和业务分析，加速决策过程，提高效率。并且第三方数据通常经过专业处理，质量较高，减少了数据清洗和验证的工作。但购买第三方数据可能涉及较高的成本，特别是对于小型企业来说。而且第三方数据可能不完全符合企业的特定需求，相关性不足，无法直接运用到核心业务，需要二次加工与验证。

第二节 数据的采集

数据采集在各个领域都有广泛的应用，如工业自动化、环境监测、金融分析、科学研究等。通过数据采集，可以获取大量的实时数据，为决策提供支持，提高生产效率，改善产品质量，以及推动科学技术的发展。

一、数据采集概念

数据采集是指从各种数据源获取数据的过程。这些数据源包括传感器、数据库、文件、网络协议、日志文件等。数据采集的目的是将这些分散的数据收集起来，以便进行进一步的处理、分析和存储。

国际标准化组织（ISO）对数据采集的定义为："数据采集是将模拟量或数字量的输入信号转换为数字数据的过程，以便进行存储、处理和传输。"

二、数据采集的步骤

通常的数据采集工作可以被概括成以下几个步骤，根据采集方式不同，采集步骤可能有差异。

1. 确定数据需求和数据源

明确对数据的需求，再由此确定需要的采集数据的来源。

首先明确业务需求，必须清晰界定业务需求，理解需要哪些类型的数据来支持决策或解决问题。这包括数据的种类（如用户行为数据、交易数据、市场趋势数据等）、时间范围、数据粒度等。

其次评估数据可用性与质量，基于业务需求，评估潜在数据源的可获取性、数据质量（如完整性、准确性、时效性）及成本效益。考虑数据是否易于访问、是否需要特殊权限或技术工具，以及数据的维护更新频率。

综合评估后，从多个候选数据源中选择最适合的一个或多个。这可能需要权衡数据的全面性、准确性、实时性以及成本等因素。

2. 选择采集方法

根据数据源的特点和需求，选择合适的采集方法，如传感器读取、数据库查询、网络爬虫、人工采集。传感器读取适用于物理环境变量的监测，如温度、湿度、压力等，通过传感器将物理信号转换为电信号，再经由模数转换器（ADC）转换为数字信号；数据库查询则适用于已有数据的检索和分析；网络爬虫适合从网页中抓取非结构化或半结构化数据，常用于收集互联网上的公开信息；人工采集包括问卷调查、访谈、观察和文献查阅等方式，适用于获取特定人群的意见和行为数据。

3. 采集前的准备

在进行数据采集工作时，无论是采用人工方式还是依赖自动化设备和软件，都需要进行一系列的准备工作，以确保采集到的数据既准确又可靠。对于人工采集，首先需要精心设计调查流程和问卷内容，这包括确保问题的表述清晰易懂，选项设计得全面且互斥，以避免受访者产生误解或混淆。此外，还需要制定详细的访谈提纲和观察记录模板，这样可以确保在收集信息时，无论是通过访谈还是观察的方式，都能够保持信息的完整性和一致性。

对于依赖传感器等自动化设备进行数据采集的情况，需要对设备进行精确的配置。这涉及设置传感器的采样频率，确保数据采集的频率既不会过高导致数据冗余，也不会过低而遗漏关键信息；同时，还需要设定传感器的量程范围，以适应不同环境和条件下的数据采集需求。此外，还需要确定数据的传输方式，比如是有线传输还是无线传输，以及传输过程中的加密措施，以确保数据在传输过程中的安全性和实时性。

在使用数据库进行数据查询之前，优化 SQL 语句是提高查询效率和确保数据完整性的关键步骤。这包括合理使用索引、避免复杂的连接操作以及优化查询逻辑，以减少查询时间和提高数据检索的准确性。

对于网络爬虫的设置，需要明确爬取规则，包括确定目标 URL 的模式、数据提取的具体路径以及采取的防封策略，以确保在合法合规的前提下，高效地获取所需的数据。这些措施不仅能够提高数据采集的效率，还能够确保数据的质量，为后续的数据分析和决策提供坚实的基础。

4. 执行采集操作

启动采集过程，按照预定的方式从数据源获取数据。传感器采集时，启动数据采集模块，定期读取传感器数据并上传至中央服务器。数据库查询时，运行预先编写的 SQL 脚本，从数据库中提取所需数据。网络爬虫启动后，根据设定的爬取规则自动抓取网页内容，提取并存储目标数据。人工采集时，按照设计好的流程发放问卷、进行访谈或观察，记录收集到的信息。

5. 数据预处理

数据的预处理不是对数据的正式加工，只是初步处理。对采集到的数据进行初步的处理，如清洗、转换、校验等，以确保数据的质量。数据清洗包括去除重复记录、填补缺失值、修正错误数据等，确保数据的准确性和一致性。数据转换则将不同格式的数据统一为标准格式，便于后续分析。数据校验通过设置规则检查数据的有效性，如检查日期格式、数值范围等，确保数据符合预期标准。此外，还可以进行数据归一化、标准化等操作，提高数据的可比性和分析效果。

6. 存储数据

将采集到的数据存储到合适的存储介质中，如数据库、文件系统等，以便后续的分析和使用。结构化数据通常存储在关系型数据库中，如 MySQL、PostgreSQL 等，支持高效的查询和管理。非结构化数据则可以存储在 NoSQL 数据库中，如 MongoDB、Cassandra 等，适用于处理大规模的非结构化数据。文件系统适合存储大文件，如日志文件、图像文件等，常见的文件系统包括 HDFS、NFS 等。云存储服务如亚马逊 S3（Amazon S3）、谷歌云存储（Google Cloud Storage）等提供了高可用性和扩展性，适用于需要远程访问和备份的数据。通过合理选择存储方式，可以确保数据的安全性和访问效率，为后续的数据分析和应用提供支持。

三、数据采集的方式

具体而言，数据采集的方法分为人工采集、传感器采集、系统日志采集、数据库采集和网络爬虫采集。

1. 人工采集

人工采集数据主要有问卷调查、访谈、观察和文献查阅等方式。问卷调查包括纸质问卷和电子问卷，可通过发放问卷、回收及录入数据来收集信息。问卷设计是关键环节，需要确保问题清晰、选项全面且互斥，避免引起受访者的误解。纸质问卷适用于现场调查，可以面对面解释问题，提高回答质量；而电子问卷则通过电子邮件、社交媒体或专门的在线调查平台分发，便于大规模收集数据，同时支持自动数据校验和清理功能，减少人为错误。

访谈分面对面访谈和电话访谈，需确定访谈对象、制定提纲并整理记录。面对面访谈能够建立更深层次的信任关系，观察受访者的肢体语言和表情，有助于更准确地理解和解释回答。电话访谈则适用于地理分布广泛的受访者，可节省时间和成本。访谈前需要精心准备访谈提纲，明确访谈目的和核心问题，确保访谈过程顺畅。访谈结束后，应及时整理录音或笔记，提取关键信息，必要时进行编码和分类，以便后续分析。

观察有实地观察和参与式观察，用于了解特定场所或活动中的情况。实地观察要求研究者在不干预的情况下记录观察对象的行为和环境特征，适用于研究自然状态下的社会现象。参与式观察则要求研究者融入观察环境中，通过亲身经历来获取更深入的理解。这种方法适用于文化和社会习俗的研究，能够揭示一些仅凭外部观察无法发现的细节。

文献查阅可在图书馆或利用在线数据库进行，以获取相关的文献资料。文献查阅是研究前期不可或缺的一环，通过查阅已有的研究成果，可以了解研究领域的现状和发展趋势，避免重复劳动。现代研究中，线上数据库如 Google Scholar、PubMed、JSTOR 等提供了丰富的学术资源，支持关键词搜索和文献引用追踪，大大提高了文献查找的效率。此外，图书馆的馆藏资源也是重要的信息来源，特别是对于历史文献和稀有资料的获取。

人工采集数据虽具灵活性和针对性，但也存在耗时费力、样本量有限和可能有主观偏差等局限性。问卷调查和访谈依赖于受访者的配合度和诚实性，观察方法容易受到研究者主观判断的影响，而文献查阅则受限于现有资料的完整性和时效性。因此，在实际研究中，常常需要结合多种数据采集方法，综合考虑每种方法的优势和不足，以提高数据质量和研究结果的可靠性。

2. 传感器采集

第二种方式是传感器（transducer/sensor），又叫感应器，它是一种检测装置，传感器常用于测量物理环境变量并将其转化为可读的数字信号以待处理，包括声音、振动、电流、天气、压力、温度和距离等类型。传感器的工作原理是通过感知外部环境的变化，将其转换为电信号，然后通过模数转换器（ADC）将这些模拟信号转换成数字信号，以便计算机或其他数字设备进行处理和分析。常见的传感器包括温度传感器、压力传感器等，这些传感器在工业自动化、智能家居、医疗健康等领域被广泛应用。

例如，温度传感器通过感知周围环境的温度变化，将其转换为电信号输出。这些信号经过放大和滤波处理后，由模数转换器转换为数字信号，最终传输给控制系统或显示设备。压力传感器则通过感知物体间的压力变化，将其转换为电信号，这种传感器常用于汽车轮胎压力监测系统中，能够实时监测轮胎压力，确保行车安全。此外，智能手机上也配备了大量传感器，如加速度计用于检测手机的运动状态，陀螺仪用于测量手机的旋转角度，接近传感器用于检测手机是否靠近耳朵，从而自动关闭屏幕节省电量。这些传感器协同工作，为用户提供更加智能和便捷的服务。

3. 系统日志采集

系统日志是记录系统中硬件、软件和系统问题的信息，同时还可以监视系统中发生的事件。这些日志文件详细记录了系统运行过程中的各种活动，包括但不限于系统启动与关闭、服务状态变化、用户登录登出、应用程序异常等。用户通过分析系统日志来检查错误发生的原因或者寻找设备受到攻击时攻击者所留下的痕迹。例如，通过查看日志中的错误代码和时间戳，IT 人员可以快速定位故障点，从而采取相应的修复措施。

许多互联网公司每天都会产生大量的日志，这些日志一般为流式数据，例如搜索引擎的页面浏览量、查询量等，数据量非常庞大。为了高效处理这些海量日志数据，互联网公司通常会采用日志收集工具，如 Fluentd、Logstash 或 rsyslog 等，将分散在不同服务器上的日志集中传输到中央日志服务器或日志存储系统中。这些工具支持多种数据源和传输协议，能够灵活配置以适应不同的应用场景。一旦日志被集中收集，它们会被存储在分布式文件系统（如 HDFS）或对象存储服务（如 Amazon S3）中，这些存储解决方案提供了高可用性和扩展性，能够轻松应对 PB 级别的数据规模。

为了快速查找和分析日志数据，互联网公司会使用全文搜索引擎，如 Elasticsearch，对日志进行索引和搜索。Elasticsearch 能够实时处理大量数据，并提供强大的查询能力和灵活的分析功能，帮助用户快速定位问题。此外，为了使日志数据更加直观易懂，互联网公司还会利用日志分析工具，如 Kibana、Grafana 等，对日志数据进行深入分析和可视化展示。这些工具可以生成图表和报表，帮助用户直观地了解系统的运行状态和性能指标，及时发现潜在问题。

为了管理存储空间并遵守数据保留政策，互联网公司会对日志数据进行周期性的归档和删除操作。归档后的日志通常会被转移到低成本的存储介质上长期保存，而超过保留期限的日志则会被安全删除。通过这些技术和方法，互联网公司不仅能够高效地管理和分析海量日志数据，还能从中挖掘出有价值的信息，为系统的优化和安全防护提供有力支持。

4. 数据库采集

公司内部的数据仓库，例如 Oracle 与 Teradata，储存了大量数据，也可以成为数据源。这些数据涵盖了公司的业务运营、渠道分布、成本构成及收益状况等关键生产过程信息，并经过数字化处理后安全地存储在机器设备中。为了确保数据的完整性和一致性，数据仓库通常采用 ETL（Extract, Transform, Load，即抽取、转换、加载）过程来处理原始数据，确保数据在进入仓库前已经被清洗和标准化。

数据挖掘专家利用 SQL（Structured Query Language，结构化查询语言）这一工具，能够精确提取所需的数据表。SQL 是一种标准的语言，用于管理和处理关系型数据库中的数据。通过编写 SQL 查询语句，数据分析师可以从数据仓库中提取特定的数据集，进行进一步的分析和处理。例如，分析师可以通过 SQL 查询来筛选特定时间段内的销售数据，或是找出某一产品线的成本变化趋势。

鉴于系统内部数据往往紧密关联于企业的生产运作，且涉及用户隐私保护与商业敏感信息的保密性要求，因此，对这些数据的访问通常被严格控制在特定项目或研究课题的框架内，以确保数据使用的合规性与安全性。公司会建立一套完善的数据访问权限管理体系，只有获得授权的人员才能访问特定的数据资源。此外，为了进一步保障数据安全，企业还会采取数据脱敏技术，在不泄露敏感信息的前提下，允许数据在一定范围内被使用。例如，通过替换真实姓名为随机标识符来保护个人隐私，或者对财务数据进行汇总处理，避免展示具体的交易明细。

5. 网络爬虫采集

网络相关行业多用网络爬虫，即 Web Spider，又称为网络蜘蛛、网络蚂蚁、网络机器人等。网络爬虫按照人们事先制定的爬取规则，可以代替人们自动地在互联网中进行数据信息的采集与整理。网络爬虫的工作流程通常包括几个关键步骤，首先是选择一个或多个初始的网址作为起点，这些网址被称为种子 URL。接着，爬虫会向这些网址发出请求，下载页面内容。下载完成后，爬虫会解析页面，提取出页面中的链接，并将这些链接加入待爬取的队列中，以便继续探索更多的网页。在这个过程中，爬虫还会利用 DOM 解析、XPath 或者 CSS 选择器等技术来定位并提取页面中的特定数据，如文章标题、作者信息、评论等。

提取的数据会被存储起来，通常是以结构化的形式保存在数据库或文件中，例如 JSON、CSV 或 XML 格式，这取决于后续处理的需求。为了避免重复抓取相同的信息，爬虫会记录已经访问过的网址，当遇到新链接时会先检查是否已经存在记录，以此来减少不必要的请求，提高效率。此外，爬虫还需要具备合理的调度机制，例如通过广度优先搜索（BFS）、深度优先搜索（DFS）或者基于优先级的队列等方式来决定下一个要访问的页面。

为了不影响目标网站的正常运行，网络爬虫还会遵守一定的礼仪规范，比如：控制请求频率，避免短时间内发送大量请求；设置合适的 User-Agent 标识自己，让网站管理员知道请求来自哪里；尊重 robots.txt 文件中的指示，不访问网站禁止爬取的部分。

网络爬虫的应用非常广泛，例如搜索引擎（如百度蜘蛛、360Spider、Bingbot）使用网络爬虫对互联网上的网页进行爬取和索引，帮助用户更快地找到需要的信息。

四、数据采集的场景

以传感器采集为例。

数据采集是通过在各种设备上安装传感器和智能终端来实现的。这些设备可以是位于工厂、农场或城市中的各种设施。例如，温度、湿度和空气质量传感器可以被部署在这些地方，以实时监测环境参数。这些传感器能够提供关于周围环境的详细信息，比如温度的高低、湿度的大小以及空气质量的好坏等。

在工厂内，传感器的部署同样至关重要。它们可以监测设备的工作状态，例如温度、压力和振动等关键指标。这些数据对于确保设备正常运行和预防潜在故障至关重要。通过对这些参数的实时监控，人们可以及时发现异常情况，从而采取必要的维护措施，避免生产中断或设备损坏。

在智能家居系统中，传感器的使用同样广泛。它们可以监测家庭环境，例如烟雾探测器可以及时发现火灾隐患，门窗传感器则可以监控家中的安全状况。这些传感器不仅提高了家庭的安全性，还能够通过智能系统实现自动化控制，如自动调节室内温度、湿度等，从而提升居住的舒适度。

总体来说，数据采集通过传感器和智能终端的部署，实现了对环境和设备状态的全面监控。无论是在工业生产、农业生产还是日常生活中，这些技术的应用都极大地提高了效率、安全性和舒适度。随着技术的不断进步，未来数据采集的方式将更加多样化，功能也将更加强大。

第三节　数据的加工

一、数据加工的概念

数据加工是指对采集到的原始数据进行一系列的处理和转换，使其成为更有价值、更易于分析和使用的数据形式。在这个过程中，我们利用各种数据处理工具和技术，如 ETL 工具、数据清洗脚本以及机器学习算法等，以确保数据的质量和可用性。通过这样的加工，原本杂乱无章的数据变成了有序的信息，为后续的分析和决策奠定了坚实基础。

二、数据加工的原理

数据加工包含多个重要操作，包括数据清洗、数据转换和数据集成。

1. 数据清洗

当数据存在缺失值时，可通过多种方式处理，如依据其他数据进行合理推测填补，或采用均值填充等方法。对于异常值，可借助统计手段和可视化方法进行识别，再以阈值法、箱线图法、聚类分析法等进行处置。重复值则可删除或合并。

2. 数据转换

涉及数据类型的转换，如数值型、字符型、日期型数据的相互转换；还包括数据标准化，如采用特定方法使数据具有统一的均值和标准差，或映射到特定区间。此外，可将连续型数据离散化，划分成若干区间。

3. 数据集成

当多个数据源的数据合并到一起时，可能会存在数据不一致的情况，例如同一属性在不同数据源中的取值范围、单位、格式等不同。解决数据一致性问题的目的是确保合并后的数据具有统一的标准和规范。此外合并时还可能会存在数据冗余的情况，即同一信息在不同的数据表或数据集中重复出现。解决数据冗余问题的目的是减少数据存储空间，提高数据处理效率。多个数据源的数据存在冲突时，需要确定正确的数据值。例如，同一客户在不同数据源中的地址信息可能不同。

数据集成包括数据抽样，从原始数据集中抽取样本，以减少数据处理的时间和空间复杂度。还可进行特征选择，特征选择是从原始数据集中选择一部分重要的特征进行分析，以减少数据的维度和噪声，提高分析的效率和准确性。同时，可对数据进行压缩，采用无损或有损压缩方式减少存储空间和传输时间。

三、数据加工的方法

针对不同的数据特性和业务需求，要采取多种不同的数据加工方法。

1. 数据清洗

数据清洗一般有处理缺失值、处理异常值、处理重复值三种情况。

处理缺失值有三种方法，一是单一值填充，对于数值型数据缺失的情况，可采用特定的单一数值进行填充，如 0 或数据的平均值、中位数、众数等。例如在房价数据分析中，若某些房屋面积数据缺失，可使用该地区房屋面积的中位数进行填补。二是多重插补法，通过构建模型预测缺失值，进行多次插补并综合结果。例如在医疗数据处理中，对于患者缺失的生理指标，可运用回归模型，依据其他相关变量进行预测，并多次插补以降低不确定性。三是基于模型的填充：利用机器学习算法，如随机森林、K 近邻等，根据已有数据的特征预测缺失值。例如在医疗数据中，对于患者缺失的生理指标，可使用随机森林算法，结合其他相关生理指标和患者特征进行预测。

处理异常值通常有三种方法，一是 3σ 原则，对于服从正态分布的数据，若数据点与均值的距离超过三倍标准差，则视为异常值。例如在学生成绩分析中，若某个学生的成绩与平均成绩相差超过三倍标准差，可能为异常值。二是基于百分位数：通过设定上下百分位数的范围来识别异常值。例如将数据中小于第 5 百分位数或大于第 95 百分位数的值视为异常值。三是基于距离的方法：计算数据点与其他数据点的距离，距离较远的点可能是异常值。例如使用 K 最近邻算法，计算每个数据点到其 K 个最近邻的平均距离，距离过大的点被认为是异常值。

处理重复值一般有两种方式，一是精确匹配去重：通过比较数据的各个字段值，完全相同的记录被视为重复值并删除。例如在客户信息表中，若有多条记录的客户姓名、地址、联系方式等完全相同，则只保留其中一条记录。二是模糊匹配去重：对于可能存在一些差异但实际上表示同一实体的记录进行去重。可使用字符串相似度算法、编辑距离等方法判断记录的相似性，然后进行合并或删除。例如，在处理文献数据时，不同来源的文献可能有相似的标题和作者信息，但存在一些细微差异，可通过模糊匹配识别重复文献。

2. 数据转换

数据转换一般分为三种情况，分别是数据类型转换、数据标准化、数据离散化。

数据类型转换包括三种情况，一是文本到数值的复杂转换，对于包含特定编码或格式的文本数据，需要进行解码和转换。例如将十六进制表示的颜色代码转换为 RGB 数值表示。二是在将高精度的浮点数转换为低精度的浮点数或整数时，需考虑数据的精度损失。例如在图像压缩算法中，将像素值从高精度的浮点数转换为 8 位整数，可能会导致图像细节的损失。三是日期时间类型的高级转换，除了常见的格式转换外，还可进行时间戳转换、时区转换等。例如将不同时区的日期时间数据统一转换为特定时区的时间戳，以便进行时间序列分析。

数据标准化分两种，一是标准化的变体：除了 Z-score 标准化和 Min-Max 标准化，还可使用其他标准化方法，如小数定标标准化（Decimal Scaling），将数据除以一个适当的因子，使得数据的绝对值在 1 附近。二是针对特定分布的标准化：对于非正态分布的数据，可以采用适合该分布的标准化方法。例如对于具有长尾分布的数据，可以使用 Box-Cox 变换等方法进行标准化。

数据离散化分三种，一是等宽离散化的优化，根据数据的分布特点动态调整区间宽度，使得每个区间内的数据数量更加均衡。例如在工资数据处理中，若低工资区间的数据较多，可适当缩小该区间的宽度，以提高离散化的效果。二是等频离散化的改进，考虑数据的重要性或权重，对重要的数据点给予更多的关注，确保每个区间内的数据重要性相对均衡。三是基于聚类的离散化，利用聚类算法将数据分为若干个簇，然后将每个簇作为一个离散化的区间。这种方法可以根据数据的内在结构进行离散化，更加符合数据的实际分布。

3. 数据集成

数据集成的技术列举三种情况，一是实体识别与匹配的高级技术，二是数据冲突解决的策略，三是数据格式统一的挑战与解决方案。

实体识别与匹配的高级技术有两种技术，一是基于概率模型的实体识别，使用概率模型，如贝叶斯网络、隐马尔可夫模型等，来计算不同记录表示同一实体的概率。例如在整合多个医疗数据库中的患者信息时，通过分析患者的姓名、出生日期、性别等多个属性的组合概率，来确定是否为同一患者。二是基于深度学习的实体匹配，也就是利用深度学习算法，如卷积神经网络、循环神经网络等，对文本数据进行编码和匹配，提高实体识别的准确性。例如在处理文献数据时，使用深度学习模型对文献标题和摘要进行编码，然后计算文献之间的相似度，进行实体匹配。

数据冲突解决的策略有两种。第一种是基于规则的冲突解决，制定一系列规则来处理数据冲突。例如对于同一产品在不同数据源中的价格冲突，可以设定优先级规则，以官方渠道的价格为准；或者采用加权平均的方法，根据数据源的可信度赋予不同的权重，计算出最终的价格。第二种是基于机器学习的冲突解决：利用机器学习算法，如决策树、支持向量机等，根据历史数据中的冲突解决案例进行学习，自动预测新的冲突的解决方案。例如对于客户地址在不同数据源中的冲突，可以使用机器学习算法，根据客户的其他属性和历史地址变更记录，预测正确的地址。

数据格式统一的挑战与解决方案包括：一是怎么处理复杂数据格式，对于包含嵌套结构、数组、对象等复杂数据格式的数据，需要进行深度解析和转换，以实现统一的格式。例如：在整合 JSON 和 XML 格式的数据时，需要将其转换为统一的数据结构，如关系型数据库表或平面文件。二是处理不同编码方式，如果数据来自不同的系统或地区，可能存在不同的编码方式，如字符编码、日期格式等，需要进行编码转换和格式统一，以确保数据的正确解读和处理。例如将不同编码的文本数据转换为统一的 UTF-8 编码，将不同格式的日期数据转换为统一的 ISO 日期格式。

4. 数据规约

数据规约包括数据抽样、特征选择、数据压缩三个部分。

数据抽样的高级方法有自适应抽样，根据数据的分布特点和分析需求，动态调整抽样比例和抽样方法。例如对于数据分布不均匀的情况，可以采用分层抽样和自适应加权抽样相结合的方法，确保每个子群体都有足够的样本被抽取。然后是重要性抽样，根据数据的重要性或对分析目标的贡献程度，进行有针对性的抽样。例如在分析金融风险时，对于高风险的交易数据给予更高的抽样概率，以确保对风险的准确评估。

特征选择的扩展方法有两种，其一是递归特征消除，通过反复构建模型并删除最不重要的特征，逐步筛选出最优的特征子集。例如，在进行图像分类任务时，使用递归特征消除方法，从大量的图像特征中逐步筛选出对分类任务最有帮助的特征。其二是基于模型的特征选择，利用特定的机器学习模型，如随机森林、支持向量机等，来评估特征的重要性，并选择重要的特征。例如在进行文本分类任务时，使用随机森林算法对文本特征进行重要性评估，选择对分类结果贡献较大的特征。

数据压缩的创新技术有两种，一是无损压缩的优化，对于某些特定类型的数据，可以采用更高效的无损压缩算法。例如：对于文本数据，可以使用字典编码、霍夫曼编码等方法进行压缩；对于图像数据，可以使用无损的图像压缩格式，如 PNG 格式。二是有损压缩与数据恢复，在有损压缩中，可以探索更好的压缩算法和参数选择，以在保证一定压缩比的同时，尽量减少数据的损失。同时，可以研究数据恢复技术，尝试从压缩后的数据中恢复出尽可能接近原始数据的信息。例如在音频压缩中，采用先进的音频编码算法，同时研究音频恢复技术，以提高压缩后音频的质量。

5. 数据关联与融合

数据关联与融合分为关联规则挖掘的深入应用、数据融合的复杂场景两个方面。

关联规则挖掘的深入应用举两个例子，一是多层关联规则挖掘，不仅挖掘单层的数据关联关系，还可以挖掘多层数据之间的关联关系。例如在超市销售数据中，不仅可以挖掘商品之间的直接关联关系，还可以挖掘不同类别商品之间的间接关联关系。二是时序关联规则挖掘，针对时间序列数据，挖掘不同时间点数据之间的关联关系。例如，在股票交易数据中，挖掘不同时间点股票价格、成交量等因素之间的关联关系，以预测未来的股票走势。

数据融合的复杂场景，第一种是多模态数据融合，将不同模态的数据，如文本、图像、音频等进行融合，以获取更全面的信息。例如在多媒体内容分析中，将图像特征、音频特征和文本描述进行融合，以提高对多媒体内容的理解和分类准确性。第二种是传感器数据融合，对于来自多个传感器的数据，进行融合以提高数据的准确性和可靠性。例如在智能交通系统中，将来自不同类型传感器（如摄像头、雷达、全球定位系统等）的数据进行融合，以实现对交通状况的准确监测和预测。第三种是跨数据源数据融合，将来自不同数据源的数据进行融合，这些数据源可能具有不同的数据格式、质量和语义，需要进行数据清洗、转换和对齐等操作，以实现有效的数据融合。例如在医疗领域，将来自不同医院的电子病历数据进行融合，以进行大规模的临床研究和疾病分析。

四、数据加工的案例

亚马逊作为全球电子商务领域的翘楚，具备世界先进水平的数据加工能力。

当用户进行商品搜索或填写地址信息时，可能出现输入错误。亚马逊的系统具备强大的错误检测机制，能够自动识别常见错误模式。对于地址中的错别字、不完整邮编等问题，系统通过与已知地址数据库进行比对，从而进行纠正。在商品名称方面，若存在拼写错误或不规范描述，亚马逊借助机器学习算法进行识别，并尝试与正确的商品信息匹配，以确保数据的准确性。在推荐系统中，若某些用户的部分行为数据缺失，亚马逊通过深入分析该用户的历史购买行为，并与具有相似特征的用户进行比较，从而推测出其可能感兴趣的商品类别，以填充推荐系统中的数据缺失，提升推荐的精准度。

亚马逊将用户的购买时间精确到秒，并转换为统一的时间格式，以便进行深入的时间序列分析。通过对不同时间段购买行为的分析，亚马逊能够洞察用户购物的时间规律。例如：在晚上和周末，用户更倾向于购买休闲娱乐类商品；而在工作日的白天，办公用品和商务类商品的购买量可能会增加。不同卖家提供的同一种商品价格可能存在差异。亚马逊对商品价格进行标准化处理，去除不合理的高价或低价（可能是促销或错误标价），并计算出一个平均价格范围。同时，将不同货币的价格转换为用户所在地区的货币价格，为用户提供便捷的价格比较和筛选，提升用户购物体验。

亚马逊将用户的订单数据、物流数据、客服数据等进行关联，构建一个完整的用户购物历程。例如，当用户查询一个订单的状态时，系统不仅可以显示订单的发货、运输和签收情况，还能提供与该订单相关的客服咨询记录，让用户全面了解购物过程的每一个环节。亚马逊拥有多个业务平台，如亚马逊网站、亚马逊移动应用、Kindle 设备等。通过数据集成，将用户在不同平台上的行为数据进行整合，实现无缝的用户体验。例如，用户在 Kindle 上阅读的书籍可以影响到亚马逊网站上的图书推荐，而在移动应用上的浏览历史也可以在网站上得到体现。

亚马逊通过分析用户行为数据，构建了高效的推荐系统。系统依据用户的购买和浏览历史，推荐相关产品，如科幻小说爱好者会被推荐科幻电影和游戏。这不仅提升了用户满意度和购买转化率，也显著增加了亚马逊的销售。个性化推荐帮助用户发现新产品，减少搜索时间，提高购物效率，进一步推动销售增长。

小贴士

淘宝淘的什么"宝"？

淘宝的数据采集工作是一个高度专业化和技术密集型的过程，为全面捕捉用户在平台上的各种行为，为后续的数据分析和商业决策提供基础。淘宝的数据采集体系涵盖了用户在网站和应用程序上的所有活动，包括但不限于页面浏览、点击、搜索、购物车操作、购买行为等。这些数据不仅限于用户的行为数据，还广泛涉及用户的个人信息、位置信息、设备信息等多个维度。

对于 Web 浏览器客户端的数据采集，淘宝采用了客户端日志采集的技术方案，通过在页面 HTML 文档中嵌入 JavaScript 脚本来实现实时的数据捕捉。当用户在页面上触发特定事件，如点击链接、滚动页面、输入文本等，JavaScript 脚本会立即执行预定义的函数，将事件数据打包并通过 HTTP 请求发送给日志服务器。此过程确保了用户行为数据的即时性和准确性。为了应对网络不稳定的情况，淘宝也设计了高效的传输机制，包括错误重试机制和断点续传功能，确保在网络状况不佳时也能成功传输数据。

对于移动应用端的数据采集，淘宝采取了较为细致的技术。对于纯 Native 应用，淘宝使用了专门的 SDK 进行数据采集，SDK 内置了丰富的 API 接口，能够灵活应对不同应用场景下的数据采集需求。SDK 通过监听用户在应用内的各种行为事件，如页面加载、按钮点击等，实时捕获这些事件并将数据发送给后端服务器。对于 Hybrid 应用，淘宝结合了浏览器端的数据采集技术，通过 JavaScript Bridge 机制，确保了无论是在原生界面还是在 H5 页面中发生的用户行为都能被准确捕捉。此外，淘宝还特别注重数据的安全性和隐私保护，遵循相关法律法规的要求，对敏感数据进行了加密处理，确保数据传输的安全性。

在高峰期，如"双十一"购物节期间，淘宝面临巨大的数据采集压力。为此，淘宝实施了一系列优化措施，以确保数据采集系统的稳定性和高效性。首先，淘宝通过日志服务器端的拆分，根据不同类型的日志数据进行分类存储，减少了单一服务器的压力。其次，淘宝优化了实时处理性能，通过引入高性能的消息队列和流处理框架，如 Apache Kafka 和 Apache Flink，实现了数据的实时处理和分析。此外，淘宝还引入了延时上报机制，通过在客户端暂时存储数据并在网络流量较低时再上传至服务器，有效缓解了高峰期的数据传输瓶颈。

为了对采集到的数据进行深度分析和应用，淘宝构建了一个庞大的数据生态系统。淘宝 API 接口提供的丰富数据信息，包括商品详情、价格、主页描述、SKU 数据、规格、商品上下架、热销商品推荐、店铺所有商品、店铺商品订单等，使得精准营销成为可能，商家可以通过 API 获取用户的偏好信息，定制个性化的营销策略。此外，淘宝还利用收集到的数据优化搜索引擎，通过机器学习和自然语言处理技术，提升搜索结果的相关性和准确性，进一步增强了用户黏性。

数据赋能广告投放，淘宝利用用户的历史行为数据和当前在线行为，结合先进的算法模型，如协同过滤、深度学习等，实现了程序化广告的精准投放。淘宝与第三方应用合作，利用跨平台的数据交换，实现用户在不同应用场景下的无缝跟踪，从而达到广告效果的最大化。程序化广告的实时反馈机制使得广告主能够快速调整广告策略，优化广告表现，最终实现成本效益的最大化。淘宝的广告投放系统还采用了 A/B 测试和多臂老虎机算法，不断优化广告投放策略，提高广告效果。

综上所述，淘宝的数据采集和应用体系不仅体现了其强大的技术实力，也为其他企业在数据驱动的商业模式转型中提供了宝贵的经验和启示。淘宝通过精细化的数据采集、深度的数据分析和智能化的数据应用，构建了一个高效、精准、安全的数据生态系统，为企业带来了显著的商业价值。

第五章
数据在行业中的应用

自二十世纪下半叶以来，信息化和数字化呈不断加速的趋势迅猛发展；到二十一世纪初，数字化已经渗透到人类生活的方方面面，深刻改变了人类的生活方式。数据对经济活动方式产生了重大影响，甚至经济活动的规则都由于数字化发生了翻天覆地的变化。本章对数据在社会各行业的应用进行总结和分析，以期对数据未来发展造福社会、造福人类打下基础。

第一节　概述

一、行业发展数据战略

战略是组织长期发展规划及资源配置的一系列行动，对于组织持续稳定发展具有重要的指导意义。在数字时代下，数据战略已成为组织开展精益数据资产管理的基础，是数据资产管理工作长期高效开展的"指南针"。对一个行业而言数据战略的确立可以分为规划、执行、评估三个环节。

1. 战略规划

战略规划在战略管理中占据着至关重要的地位，它不仅是整个战略管理过程的基础和出发点，而且还是指导数据资产管理的蓝图。这一规划过程要求对组织当前的数据资产管理能力进行全面而细致的评估，确保能够准确把握组织的现状和潜力。同时，战略规划需要与组织的发展蓝图和数据战略紧密结合，确保数据战略规划与组织的整体发展方向保持一致，从而清晰地描绘出数据战略的短期和中长期愿景。

在这一过程中，首先要确定核心行动领域，这些领域将指导组织在数据管理方面的具体实践和决策。其次，战略规划还涉及识别关键业务领域和数据领域，以及确定各项活动的优先级，这有助于组织集中资源和精力在最关键的领域。最后，还需要明确所需资源的规模和配置，确保在实施数据战略时，组织能够合理分配人力、物力和财力，以支持各项行动的有效执行。

通过这样的战略规划，组织能够确保其数据资产管理活动与整体战略目标相协调，同时也为实现数据驱动的决策和业务优化奠定了坚实的基础。

2. 战略执行

战略执行是将战略规划转化为实际成效的关键桥梁。通过将宏伟的战略规划细化为一系列可操作的阶段性提升计划和具体的执行路径，战略执行确保了每项活动都有明确的责任团队来负责。

战略执行强调灵活性和适应性，它要求组织在实施过程中能够根据实际情况的变化适时地调整短期的战略规划。这种动态调整是为了确保战略规划能够与不断变化的市场环境、技术进步和组织内部需求保持高度契合。因此，战略执行不仅仅是对规划的机械执行，更是一种积极主动的管理过程，它要求领导者和团队成员具备敏锐的洞察力和快速响应的能力。

战略执行还涉及资源配置的优化，确保有限的资源能够被分配到最关键的领域，以产生最大的效益。它还需要建立有效的监控和评估机制，以跟踪战略执行的进展和成效，及时发现问题并采取纠正措施。

3. 战略评估

战略评估是一种关键的管理工具，它对于优化数据战略管理、增强战略指导力具有重要的作用。战略评估的目的是确保战略规划与执行的质量，从而确保组织能够达成其长期和短期的目标。

在进行战略评估时，组织需要确保其评估过程的全面性和系统性。这意味着需要从多个角度来分析和衡量战略的实施效果，包括但不限于财务表现、市场占有率、客户满意度、内部流程效率以及员工的参与度和满意度。

战略评估是一个持续的过程，而不是一次性的活动。组织应该定期对其战略进行审视和评估，以确保战略的适应性和灵活性，能够及时响应外部环境的变化和内部资源的变动。通过持续的战略评估，组织能够确保其战略始终与组织的愿景、使命和核心价值观保持一致。

二、行业发展数据应用

数据在各产业行业中得到了广泛的应用，经过梳理总结，应用的方式主要包含市场分析与预测、促进产品研发与创新、资源管理、客户分析、供应链优化、决策支持等六方面，以下对此进行详细分析。

1. 市场分析与预测

通过深入分析市场规模、市场趋势以及客户需求等关键数据，企业能够为自身的市场定位、产品研发以及市场营销策略提供有力的决策支持。这种分析不仅涉及对现有市场数据的收集和整理，还包括对历史数据的回顾和对当前市场环境的综合评估。在此基础上，企业可以更准确地理解目标市场的特点，识别潜在的市场机会和风险，从而制定出更加精准的市场进入策略和产品开发计划。

企业还可以通过建立市场预测模型，利用统计学方法、机器学习算法等技术手段，对未来市场的走向进行科学预测。这些模型能够综合考虑经济指标、行业动态、消费者行为等多种因素，为企业提供关于市场未来发展趋势的定量分析。通过这些预测结果，企业能够提前做好战略规划，包括调整产品线、优化供应链、制定灵活的营销策略等，以便在市场竞争中占据有利位置，实现可持续发展。

2. 促进产品研发与创新

不断提升产品的性能和用户体验，系统地收集和分析产品使用过程中的各种数据，包括但不限于客户反馈、使用频率、功能偏好等关键信息。通过这些详尽的数据分析，深入理解产品的优势和存在的不足之处，从而为产品的持续改进和创新提供坚实的数据支撑和科学依据。

运用数据分析技术，对收集到的数据进行深入挖掘和智能分析，这有助于产品的优化设计，确保产品更加贴合市场需求和用户期望。

3. 资源管理

通过分析历史数据和识别潜在的趋势，可以对未来的需求进行准确的预测。这种预测方法可以帮助企业或组织基于当前的库存水平，对现有的物资进行有效的管理和调配。这不仅包括对现有库存的监控，还涉及对物资的采购、存储、分配和补充等环节的优化。通过对历史数据的深入分析，可以识别出物资需求的周期性波动、季节性变化或其他长期趋势，从而制定出更加科学合理的库存管理策略。此外，利用预测模型和算法，可以进一步提高预测的准确性，减少库存积压和缺货的风险，确保物资供应的连续性和稳定性，最终提升整个供应链的效率和响应速度。

4. 客户分析

通过对客户数据的深入收集和分析，可以构建出客户在不同维度上的详细画像，从而为他们量身定制更加精准的策略。同时，还可以利用大数据技术对客户的信用等级进行评估，通过分析客户的消费习惯、财务状况和历史行为等多方面信息，来预测客户的信用风险，进而采取相应的措施来降低信贷风险。

5. 供应链优化

利用物联网技术，实现对物流状态的实时监控，通过精确的数据分析和处理，不断优化配送路线，从而显著提高物流效率。这种实时监控不仅能够确保货物安全、准时地送达目的地，还能在运输过程中及时发现并解决潜在问题，减少不必要的延误和损失。

同时，通过对供应商的历史数据和实时数据进行深入的收集和分析，可以更加科学地评估供应商的性能和产品质量，从而选择那些表现优异的供应商进行合作。这种基于数据驱动的供应商选择机制，有助于降低供应链的整体成本。

6. 决策支持

一方面，将海量且复杂的数据信息通过精心设计的图表和详尽的报告形式进行转化，使之变得直观易懂。这样的数据可视化不仅能够帮助管理层更加清晰地把握公司运营的现状，而且还能为他们提供有力的数据支持，从而做出更加科学、合理的决策。

另一方面，通过对这些数据进行深入分析，揭示业务流程中的潜在问题和未被充分利用的机遇。这将指导现有的业务流程优化和调整，确保公司的运营更加高效、顺畅，并且能够快速响应市场变化，抓住新的商机。

三、行业发展数据路径

1. 数据采集与整合

从多种渠道收集数据，包括但不限于线上线下的销售数据、社交媒体上的用户互动信息以及第三方数据平台提供的行业报告和分析数据。这些数据来源广泛，涵盖了消费者行为、市场动态、竞争对手情况等多个维度。收集完毕后，对这些数据进行细致的清洗和整合工作。数据清洗包括去除重复、错误或不完整的记录，以及修正数据中的异常值，确保数据的准确性和可靠性。在整合过程中，采用标准化的数据格式和统一的度量单位，以便于跨渠道、跨时间的数据比较和分析。

2. 数据存储与管理

为了实现数据的有效管理和利用，可以构建一个数据湖或者数据仓库。

数据湖能够集中存储各种结构化和非结构化数据。这些数据可能来源于不同的业务系统、外部数据源，或者是实时产生的数据流，包括文本、图片、视频等多种格式。数据湖的设计旨在保留数据的原始形态和完整性，以便于未来可能的多种分析需求。

数据仓库能够存储和管理经过处理的结构化数据，这些数据通常是经过清洗、转换和整合的，目的是支持高效的查询和分析。数据仓库中的数据通常按照主题进行组织，比如销售、市场营销、财务等，以便于业务用户根据特定的业务需求进行数据挖掘和决策支持。

通过构建数据湖和数据仓库，企业能够实现数据资产的全面管理和深度利用，从而在数据分析、业务洞察和战略规划等方面获得竞争优势。

3. 数据分析与挖掘

通过对现有数据进行深入统计分析，可以全面了解当前的业务状况，包括但不限于业务流程的效率、客户满意度、市场占有率以及财务状况等方面。这一步骤涉及收集和整理大量的数据，使用统计学方法来识别关键指标和趋势，以及评估业务表现的各个方面。

接下来，可以利用机器学习技术和统计模型来预测未来的趋势和可能的结果。这些模型能够基于历史数据和当前的业务状况，通过算法学习和模式识别，预测市场变化、客户需求、销售趋势等关键因素。

基于对数据的分析结果，提出具体的改进措施和建议。这些建议将针对业务流程的优化、产品或服务的改进、市场营销策略的调整以及风险管理等方面。这些建议应当是切实可行的，团队能够执行，并且能够通过后续的跟踪和评估来验证其效果。

4. 数据应用与价值实现

将数据分析的结果深入应用于实际业务流程之中，可以有效地优化这些流程。通过细致地分析数据，企业能够洞察到业务中的潜在问题和改进空间，进而采取针对性的措施，比如简化操作步骤、优化资源配置、调整服务流程等，以实现更加高效和顺畅的业务运作。

数据分析的结果还可以为企业开发新产品和服务提供有力支持。通过对市场趋势、消费者行为和竞争对手的深入分析，企业能够发现新的商机和需求点，从而设计和推出更符合市场需求的产品和服务。

数据分析在提升客户体验方面也扮演着重要角色。通过分析客户的购买历史、偏好、反馈等数据，企业能够更加精准地了解客户需求，从而提供个性化的服务和产品推荐。

5. 数据治理与管理

为了确保数据的质量、安全和合规性，应当建立健全的数据治理体系。这包括制定全面的数据管理策略，以规范数据的采集、存储、使用和共享流程。这些策略应当涵盖数据的整个生命周期，从数据的生成和收集开始，到数据的存储和维护，再到数据的分析和应用，最后到数据的归档和销毁。

第二节　工业制造的数据应用

一、工业制造的行业特点

1. 技术密集、资本密集

随着时代进步，现代工业制造需要的高科技设备和生产工艺越来越多，技术更新速度加快。为了保持竞争优势，企业需要不断进行技术研发和创新，研发投入较高。此外，建立和运营工业制造企业通常需要大量的资金投入，包括购买生产设备、建设工厂、研发新技术等方面都需要巨额资金。

2. 生产流程复杂

在当今时代，现代工业品的生产流程变得越来越复杂和冗长，每一个环节都必须紧密相连，高度协同合作。从原材料的采购到最终产品的组装，每一个步骤都十分重要。尤其是在高技术含量产品的生产过程中，对工艺参数的控制有更高要求。这些参数包括温度、压力、时间等，它们的精确度直接影响到产品的性能和质量。任何微小的变化，都有可能对最终产品的质量造成不可逆转的影响。

3. 成本敏感性

成本因素直接影响企业的赢利能力，企业为了确保在激烈的市场竞争中保持优势，往往实施精细化的成本管理策略。精细化成本管理不仅要求企业对各项成本进行精确的计算和控制，还要求对成本的构成和变动趋势进行深入分析，以便及时发现成本节约的机会和潜在的风险。

4. 质量要求

在当今竞争激烈的市场环境中，各个行业对于产品质量的要求不尽相同，这主要是由于不同行业的产品特性和使用场景存在显著差异。因此，企业必须深入理解自身所在行业的特点和市场需求，从而制定出符合行业标准和用户期望的质量目标。

为了实现这些目标，企业需要不断地对其生产流程进行优化，确保每一个生产环节都能够高效、精准地执行。这不仅涉及对原材料的选择和处理，还包括对生产设备的维护、生产人员的培训以及生产过程中的质量控制。同时，企业还需要建立和完善质量管理体系，通过引入质量管理理念和工具，如 ISO 质量管理体系、六西格玛等，来持续改进产品质量。

企业还应积极倾听市场和用户的声音，通过市场调研、用户反馈等方式，及时了解用户对产品质量的需求和期望。基于这些信息，企业可以调整和优化产品设计，改进生产工艺，开发出新的产品来满足市场的变化和用户的需求。

5. 环境污染

在工业制造的过程中，不可避免地会产生大量的废水、废气和废渣等污染物。这些污染物若未经妥善处理，将对自然环境造成严重的破坏，影响生态平衡，最终危害人类健康。

随着人们环境保护意识的增强，对环境污染的控制已经成为未来发展的重要趋势之一。各国政府纷纷出台了一系列环保法规和政策，鼓励企业采用清洁生产技术和循环经济模式，以减少资源消耗和废弃物产生。同时，公众对环境质量的要求也在不断提高，企业需要通过提高环保标准来提升自身的社会责任感和品牌形象。

为了实现这一目标，企业需要投入更多的资金和人力资源，研发和应用污染治理技术，如废水处理技术、废气净化技术和废渣回收利用技术等。此外，企业还需要建立完善的环境管理体系，对生产过程中的环境影响进行持续监测和评估，确保各项环保措施得到有效执行。

6. 供应链复杂

供应链的稳定性是工业制造企业能够持续稳定生产的基础。一旦供应链中的某个环节出现问题，就可能导致生产延误，甚至影响整个生产线的运作，进而影响企业的市场竞争力。

供应链的协同性也是提高生产效率和降低成本的关键因素。这要求供应链中的各个参与者，包括供应商、制造商、物流服务商以及分销商等，能够紧密合作，共享信息，实现资源的最优配置。通过有效的协同，可以减少库存积压，优化生产计划，提高企业响应市场变化的能力，从而提升整个供应链的灵活性和竞争力。

对于工业制造企业来说，建立一个稳定且协同的供应链体系是确保其生产效率和产品质量的关键。这不仅涉及对供应链各环节的精细管理，还包括对供应链风险的评估和应对策略的制定，以确保在面对市场波动和外部挑战时，企业能够保持稳定运营，持续满足客户需求。

7. 高度专业化

工业制造是一个广泛且多元化的领域，它包括了从传统的制造业到现代高科技产业的众多不同行业。每个行业都有其独特的技术要求和专业知识，这些专业知识是确保生产效率和产品质量的关键。在这一领域内，无论是汽车制造、航空航天、电子技术还是食品加工，每个行业都发展出了自己的一套复杂的技术体系和操作规范。

人才也是工业制造中不可或缺的要素。专业化的技术人才能够操作复杂的设备，执行精确的工艺流程，并在生产过程中进行必要的调整和优化。这些人才通常需要经过长期的专业培训和实践才能胜任其职。工业制造领域还依赖强大的研发团队，他们负责开发新技术、新材料和新工艺，推动整个行业的进步和发展。

二、工业制造的数据应用原理

1. 数据驱动的生产优化

通过系统地收集和整理生产过程中的各类关键数据，包括但不限于设备的运行状态、生产过程中的关键参数，以及最终产品的质量检测数据，可以实现对整个生产流程的实时监控和深入分析。这些数据的收集不仅限于数字信息，还包括图像、声音等多维度的数据，以确保全面掌握生产过程的每一个细节。

利用这些收集到的数据，可以通过数据分析技术，如大数据分析、机器学习等，对生产过程进行深入的洞察和理解。通过分析这些数据，能够识别生产过程中的潜在问题和瓶颈，从而采取相应的措施进行优化。

数据分析的结果还可以帮助企业更好地理解生产过程中的复杂关系和动态变化，从而实现更加精准的生产控制。

2. 质量控制与预测

通过收集和分析质量检测数据，结合统计分析方法，可以构建出一套高效的质量控制模型。这套模型能够对产品的质量进行实时的监控和预测，从而在问题出现之前就及时发现潜在的质量缺陷。当模型检测到异常情况时，可以迅速启动预警机制，以便相关人员能够及时采取相应的纠正措施，确保产品的质量始终处于一个稳定可控的状态。

3. 供应链管理

基于数据驱动的方法不仅有助于实现供应链的全面可视化，确保各个环节的透明度，而且还能促进供应链各参与方之间协同作业，从而提高整个供应链的效率和响应速度。通过实时监控和分析这些数据，企业可以更好地预测市场趋势和响应市场变化，有效减少库存积压和缺货的风险，同时提高整体的运营效率和成本效益。

4. 产品设计与创新

企业可以通过深入分析市场需求数据、用户反馈数据以及技术趋势数据，来全面掌握市场动态和用户需求。这些数据揭示了用户在使用产品过程中遇到的痛点，还能够反映出行业内的最新技术发展方向和潜在的市场机遇。通过对这些宝贵信息的综合分析，企业能够洞察用户的真实需求，从而设计出更加贴合市场的产品。

采用数据驱动的产品设计方法，企业可以更加精准地定位目标用户群体，优化产品功能和用户体验。这种方法有助于企业快速适应市场变化，及时调整产品策略，以满足不断变化的市场需求。同时，数据驱动的设计流程能够帮助企业减少不必要的试错成本，缩短产品研发周期，提高研发效率。通过这种方式，企业不仅能够降低研发总成本，还能加快产品上市的速度，从而在激烈的市场竞争中占据有利地位。

数据驱动的产品设计还能够帮助企业建立起以用户为中心的产品开发文化，促进跨部门之间的协作，提升团队的整体执行力。通过持续收集和分析用户反馈，企业能够不断迭代产品，使其更加完善，从而提升用户满意度和忠诚度，最终实现企业的商业目标和长期发展。

三、工业制造的数据应用场景

1. 生产过程优化

在设备维护领域，通过对设备运行数据的深入分析，人们能够准确预测潜在的设备故障，从而采取预防性维护措施，显著减少因设备故障导致的非计划停机时间。这种预测性维护不仅提高了设备的可靠性，还延长了设备的使用寿命，降低了维护成本。而在生产工艺优化方面，可以通过收集和分析大量的生产数据，对生产工艺参数进行精细调整，实现生产流程的优化。这不仅有助于提高生产效率，减少资源浪费，还能显著提升产品的质量，确保产品的一致性和可靠性。至于能耗管理，通过实时监控能源消耗数据，可以对能源使用模式进行深入分析，识别出能源浪费的环节，并采取相应的节能措施。通过这种方式，能够有效降低能耗成本，同时减少对环境的影响，实现可持续发展。

2. 质量控制

在质量检测领域，采用图像识别技术和传感器技术，这些技术能够对产品的质量进行实时监控和检测。通过这些高科技手段，能够迅速识别出不合格的产品，从而确保只有符合标准的高质量产品才能进入下一生产环节或市场。

进一步提升产品质量管理的透明度和可靠性，建立全面的产品质量追溯体系。这个体系详细记录了每一批次产品的生产过程中的所有关键数据，包括原材料来源、生产批次、加工参数、检验结果等信息。通过这样的追溯体系，能够确保每件产品都能够追溯到其生产源头，从而在出现问题时能够迅速定位并采取相应的纠正措施。这种全面的质量控制方法不仅提高了产品的整体质量，也为消费者提供了更高的安全保障。

3. 供应链管理

在库存管理方面，企业可以通过深入分析历史销售数据和准确预测市场需求，制定出更加科学合理的库存策略。通过这种方式，不仅可以确保产品供应与市场需求之间的平衡，避免因库存过多而导致的资金占用和产品过时问题，还可以有效减少库存积压现象的发生。此外，企业还可以通过引入库存管理工具和技术，如自动化库存跟踪系统和智能预测模型，进一步提升库存管理的精确度和效率。

而在供应链协同方面，通过建立和利用数据共享平台，供应链中的各个企业能够实现信息的实时共享和透明化管理。这样的数据共享平台不仅能够促进供应链上下游企业之间的沟通和协作，还能够帮助各方及时了解市场动态和库存状态，从而做出更加迅速和准确的决策。通过这种方式，供应链的整体效率得以显著提升，同时也增强了整个供应链对市场变化的响应能力和竞争力。

4. 客户服务

通过深入的数据分析，可以全面了解客户的使用习惯、偏好以及他们对产品或服务的反馈。这种分析不仅涉及对客户行为的表面观察，还包括对客户满意度、忠诚度以及潜在需求的深层次挖掘。基于这些数据，为客户提供高度定制化的售后服务，确保每位客户都能感受到关注和尊重。同时，客户的反馈和使用数据是产品改进的重要依据，应当认真分析这些信息，识别产品或服务中存在的问题和改进空间，从而不断优化产品功能，提升用户体验。

5. 新产品研发

在进行市场趋势分析的过程中，深入挖掘市场数据，洞察最新的技术发展趋势以及消费者的需求变化。这些信息为新产品的研发提供了明确的方向和依据。通过这种前瞻性的分析，能够确保产品设计与市场需求保持同步，从而在激烈的市场竞争中占据有利位置。

在产品设计优化方面，采用仿真技术和深入的数据分析方法。这些技术的应用使得产品在设计阶段就进行多维度的性能测试和评估，从而发现潜在的问题并进行及时调整。通过这种方式，不仅能够优化产品的性能和用户体验，还能够显著缩短产品研发的周期，减少不必要的研发支出。

第三节　科技创新的数据应用

一、科技创新的行业特点

1. 高风险、高投入

科技创新是一个复杂而漫长的过程，它不仅需要投入巨额的资金，还需要大量的时间与人力资源。这一过程充满了不确定性，这意味着所有投入都可能会打水漂。

在进行基础研究时，科学家们需要探索未知的科学领域，这通常涉及对新理论的验证和新技术的开发，这些研究往往需要昂贵的实验设备和精密的仪器，以及对科研人员的长期薪酬支持。

而在应用开发阶段，创新的科技成果需要转化为实际的产品或服务，这同样需要资金的投入。例如，为了确保产品的质量和性能，可能需要进行多次的原型设计和测试，这不仅包括了原型的制造成本，还有可能涉及昂贵的临床试验费用，尤其是在医药和生物技术领域。

市场变化也是一个不可忽视的风险因素，市场需求的波动、竞争对手的策略以及政策法规的变动都可能对科技创新的商业化前景产生重大影响。

因此，无论是从事基础研究还是应用开发，科技创新都需要得到充足的资金支持。这些资金不仅用于直接的研发活动，还包括人才培养、知识产权保护、市场推广等各个环节。只有这样，科技创新才能在充满不确定性的环境中稳步前行。

2. 长周期性

科技创新的过程通常涉及从最初的概念构想到最终的实际应用，这一过程往往需要经历漫长的时间跨度。在这一过程中，基础研究扮演着至关重要的角色，可能需要数年甚至数十年的不懈努力和探索，才能在某个科学领域取得重大的理论突破或发现。这些基础研究成果为后续的技术创新和应用开发奠定了坚实的理论基础。

一旦基础研究取得了一定的成果，接下来便是应用开发阶段。在这一阶段，科学家和工程师们需要将理论知识转化为实际可用的技术或产品。这通常涉及复杂的设计、反复的试验和持续的优化过程。由于涉及的技术和应用场景多种多样，因此应用开发阶段同样可能需要较长的时间来确保新技术的稳定性和可靠性。

3. 知识密集性

科技创新的不断推进，是建立在科研人员深厚的学术底蕴和卓越的创新能力之上的。这些科研人员通常需要在自己的专业领域内拥有精深的知识和技能，这是他们进行创新研究的基础。然而，随着科技的快速发展，许多创新项目已经不再局限于单一学科的范畴，而是需要跨学科的知识整合与应用。这就要求科研人员不仅要精通自己的专业，还要对其他相关学科有所了解和掌握，甚至需要具备跨学科的思维和合作能力。

4. 高附加值性

成功的科技创新不仅能够显著提升一个国家或地区的经济实力，而且还能产生深远的社会影响。当新产品和新技术问世时，它们往往能够开辟全新的市场领域，或者通过优化生产流程、提高资源利用率来显著提升生产效率，进而降低生产成本。这种创新所带来的经济效益是显而易见的，它能够为企业带来更高的利润空间，为消费者提供更优质的产品和服务。

根据微笑曲线理论，科技创新所创造的价值主要集中在研发设计和市场服务这两个高附加值环节。研发设计阶段是创新的起点，它涉及新技术的发明和新产品的设计，是整个创新链条中最为关键的部分。而市场服务阶段则关注产品的市场推广、品牌建设以及售后服务，这些环节能够为企业带来持续的收益和品牌忠诚度的提升。

此外，科技创新还能够推动产业结构的升级和转型，促进传统产业的现代化改造，为新兴产业的发展提供动力。它还能够帮助解决一些社会问题，比如通过环保技术减少污染、通过智能技术提高能源利用效率等。因此，科技创新不仅是经济发展的关键驱动力，也是社会进步的重要推手。

二、科技创新的数据应用原理

1. 数据驱动决策

在科技创新的进程中，通过广泛收集和整理各种类型的数据，运用数据分析技术对这些数据进行深入的挖掘和解读。这一过程不仅涉及对数据的定量分析，还包括对数据背后隐藏的模式、趋势和关联性的定性研究。通过对这些数据的综合分析，可以揭示出潜在的规律和洞察，从而为科技创新的决策提供有力的数据支持和科学依据。这种基于数据驱动的方法有助于提高决策的准确性和效率，确保科技创新的方向和策略更加符合市场需求和科技发展的趋势，进而推动科技进步和创新成果的转化。

2. 模型构建与优化

基于数据构建数学模型已经成为理解和预测复杂系统行为的重要工具。这些模型能够深入洞察系统内部的运作机制，无论是自然界的生态系统，还是人造的机械系统，都可以通过数学模型来进行描述和预测。在科技创新的各个领域，数学模型扮演着至关重要的角色。

随着人工智能和机器学习技术的发展，基于数据的数学模型在预测未来趋势和行为方面变得越来越精准。通过不断地收集新数据和利用算法调整模型参数，模型的准确性和可靠性得到了显著提升。这种持续的优化过程不仅增强了模型对未来事件的预测能力，也为决策者提供了更加科学的依据，帮助他们在复杂多变的环境中做出更加明智的选择。

3. 机器学习与人工智能

机器学习和人工智能技术具备强大的能力，它们能够自动地从海量的数据中识别出潜在的规律和模式，并利用这些信息来实现智能化的决策和精准的预测。在科研领域，这些技术的应用尤为广泛，它们不仅能用于图像识别，从复杂的图像数据中提取关键信息，还能在语音处理方面发挥作用，通过分析语音信号来实现人机交互的自然化。此外，自然语言理解也是机器学习和人工智能技术的重要应用之一，它使得机器能够更好地理解和处理人类语言，从而在信息检索、机器翻译、情感分析等多个方面展现出巨大的潜力。通过这些技术的应用，科研人员能够显著提高研发效率，加速创新步伐，从而推动科学技术的发展和进步。

三、科技创新的数据应用场景

1. 研发过程中的数据应用

在实验数据采集与分析方面，在实验室中通过传感器等设备采集实验数据，接着利用数据分析工具对数据进行处理和分析，以此评估实验结果的可靠性和有效性。此外，可以利用计算机模拟和仿真技术，可对复杂的物理系统进行建模和分析，进而预测产品性能和行为，优化设计方案。同时，在知识管理与共享方面，通过建立知识库和数据平台，实现科研人员之间的知识共享和协作，提高研发效率和创新能力。

2. 研发项目管理

在项目管理方面：一是可以利用项目管理软件跟踪项目进度和预算，确保项目按时完成；二是通过数据分析优化资源配置，提高研发效率；三是利用历史数据和市场趋势评估项目可行性和潜在风险；最后，还可以收集和分析竞争对手的专利、产品和技术信息，制定相应的竞争策略。

3. 知识产权管理

通过运用大数据技术对海量的专利文献进行深入分析，可以有效地识别出当前技术领域中的潜在空白点和创新机会。这种分析不仅能够揭示现有技术的局限性和未来发展趋势，而且还能为技术研发提供明确的方向和目标。大数据技术还能够对市场上的产品和服务进行实时监测，通过数据挖掘和模式识别，及时发现可能存在的侵权行为。这样一来，企业就能够采取相应的措施，保护自己的知识产权不受侵害，确保其创新成果能够在公平竞争的市场环境中得到合理的回报和保护。

第四节　金融服务的数据应用

一、金融服务的行业特点

1. 高风险性

金融服务行业是一个与资金流动和风险管理紧密相关的领域。在这个行业中，无论是银行提供的贷款服务、证券市场上的投资交易活动，还是保险公司提供的风险保障服务，都不可避免地涉及各种潜在的风险因素。这些风险可能包括：信用风险，即借款人或债务人无法履行其财务义务的可能性；市场风险，指的是由于市场价格波动导致投资价值变动的风险；操作风险，这涉及由于内部流程、人员、系统或外部事件的失败而导致的损失风险。金融机构必须通过各种风险管理工具和技术，如风险评估、风险分散、对冲策略和保险等手段，来识别、评估和控制这些风险，以确保其业务的稳健运行和客户的资产安全。

2. 严格监管

金融行业受到严格的监管，这是为了确保金融市场的稳定运行，同时保护投资者的合法权益不受侵害。监管机构通过制定一系列详尽的法规和政策，对金融机构的业务活动、资本充足率、风险管理等多个方面实施严格的监督和管理。这些措施旨在规范金融机构的行为，防止市场滥用和欺诈行为的发生，确保金融市场的公平性和透明度。同时，监管机构还要求金融机构建立健全的风险管理体系，以应对潜在的市场风险和信用风险,从而保障整个金融系统的安全和稳健。此外,监管机构还通过定期的审查和评估,确保金融机构遵守相关法律法规,及时发现并纠正可能存在的问题,以维护金融市场的长期稳定和投资者的持续信任。

3. 数据密集型

金融服务行业是一个数据密集型的领域,它不仅产生海量的数据,而且也处理海量数据。这些数据涵盖了广泛的类别,对于金融机构来说具有极高的价值,因为它们是进行精准风险评估、制定明智的决策,以及推动金融产品和服务创新的关键要素。

4. 信息技术依赖度高

随着金融科技的迅猛发展,金融服务行业已经变得越来越依赖于信息技术。这些技术的应用极大地提升了金融服务的便捷性和效率,同时也为用户带来了全新的体验。然而,随之而来的是对数据安全的严峻挑战。金融机构必须采取一系列严格的数据安全措施,以确保客户信息和交易数据的安全性不受威胁。这不仅包括传统的加密技术、访问控制和网络安全防护,还涉及对内部员工的培训和意识提升,确保他们了解数据保护的重要性。金融机构还需要定期进行安全审计和风险评估,及时发现并修补潜在的安全漏洞,以应对日益复杂的网络威胁。

5. 服务个性化

金融服务的需求因人而异,客户的财务状况、风险偏好、投资目标等各不相同。因此,金融机构需要提供个性化的服务,满足客户的特定需求。为了实现这一点,金融机构必须深入了解每位客户的具体情况,包括他们的收入水平、资产状况、负债情况、家庭结构、职业背景以及长期和短期的财务目标。同时,金融机构还需要评估客户的个性特征,比如他们对风险的承受能力,是偏好稳健的投资还是愿意承担更高的风险以期获得更高的回报。

此外,金融机构还应该考虑到客户的生命周期阶段,因为不同阶段的财务需求和投资策略也会有所不同。例如,年轻的专业人士可能更倾向于风险较高的投资,以期实现资产的快速增长,而退休人员则可能更关注资产的保值和稳定的现金流。因此，金融机构需要提供一系列定制化的金融产品和服务，如投资组合管理、退休规划、税务规划、遗产规划等，以帮助客户实现他们的财务目标。

为了提供这种个性化的服务，金融机构可能需要采用数据分析技术，对客户数据进行深入挖掘，以便更好地理解客户需求，并预测市场趋势。同时，金融机构还需要培养专业的财务顾问团队，这些顾问不仅要有深厚的金融知识和市场洞察力，还要具备良好的沟通能力和客户服务意识，能够与客户建立长期的信任关系。

总之，金融机构必须认识到，只有通过提供个性化、定制化的服务，才能在竞争激烈的市场中脱颖而出，赢得客户的青睐，并帮助他们实现财务上的成功。

二、金融服务的数据应用原理

1. 风险管理

金融机构通过广泛地搜集和深入地分析市场数据、客户数据以及交易数据，能够全面地评估潜在的风险水平。这些数据来源包括但不限于市场趋势、经济指标、客户行为模式、交易频率、信用记录等。通过对这些数据的综合考量，金融机构可以识别出可能影响资产价值和财务稳定性的各种风险因素，如市场风险、信用风险、操作风险等。

在此基础上，金融机构能够制定出一套科学合理的风险管理策略。这些策略旨在降低潜在损失，优化资本配置，确保机构的长期稳健运营。风险管理策略可能包括风险分散、风险转移、风险对冲等多种手段。例如，通过多元化投资组合来分散风险，或者通过购买保险、签订衍生品合约等方式来降低风险。同时，金融机构还会建立一套完善的风险监控体系，实时跟踪风险指标的变化，及时调整风险管理策略，以应对市场环境和客户需求的不断变化。

2. 客户关系管理

金融机构通过深入分析和挖掘客户数据，能够更加精准地把握客户的需求和偏好。这不仅有助于为每位客户量身定制个性化的金融服务，满足他们的独特需求，而且还能针对不同的客户群体设计出更加贴合其特征的营销策略。通过这种方式，金融机构能够提升服务的针对性和有效性，增强客户的满意度和忠诚度，从而在激烈的市场竞争中脱颖而出。

3. 市场分析与预测

金融机构具备利用市场数据和宏观经济数据进行深入分析和精准预测的能力，这使得它们能够为投资决策提供坚实的数据支撑和科学的理论依据。通过收集和处理大量的市场数据，包括但不限于股票价格、债券收益率、货币汇率以及商品价格等，金融机构能够洞察市场的即时动态和潜在趋势。同时，宏观经济数据如GDP增长率、通货膨胀率、失业率以及政策变动等，为金融机构提供了宏观经济环境的全面视角。

通过对这些数据的综合分析，金融机构能够评估市场的风险和机遇，预测经济周期的变化，以及制定相应的投资策略。金融机构还可以运用分析工具和模型，如时间序列分析、回归分析和机器学习算法等，来提高预测的准确性和决策的有效性。

4. 合规与监管

金融机构必须严格遵守一系列复杂的监管规定，这些规定旨在确保金融市场的稳定性和透明度，同时保护消费者权益。为了有效地进行合规管理，金融机构需要依赖大量准确和及时的数据。这些数据不仅包括客户的个人信息和交易记录，还涉及市场动态、法律法规更新，以及风险评估等多方面的信息。通过对这些数据的分析和处理，金融机构能够更好地理解监管要求，并将其内化为日常运营的一部分，从而确保其业务活动符合相关法律法规的规定。

三、金融服务的数据应用场景

1. 风险管理

利用大数据和机器学习技术，对客户的信用历史、财务状况等进行综合评估，生成信用评分，用于贷款审批和风险管理；也可以通过分析客户的交易行为和模式，识别异常交易，预防和打击金融欺诈。

通过深入分析市场数据和宏观经济指标，金融机构可以监测市场风险，并根据这些信息及时调整投资策略。这包括密切关注股票价格、债券收益率、货币汇率以及各种商品的价格波动，同时也要关注政府政策、经济数据发布、利率变化等宏观经济因素。通过对这些复杂信息的综合分析，能够识别潜在的市场风险，比如经济衰退、通货膨胀或者市场泡沫等，并据此做出相应的策略调整。这样的动态调整有助于优化投资组合，降低不必要的风险敞口，确保投资决策更加稳健和可持续。

2. 客户关系管理

通过数据分析，金融机构构建出客户的全方位画像，全面了解客户的偏好和需求，从而提供更加个性化的金融产品和服务。

关注客户的财务状况，考虑他们的生活方式、消费习惯以及未来规划，以便更精准地满足他们的需求。

针对客户的具体情况和市场趋势，制定精准的营销策略，通过细分市场和定制化推广，提高营销活动的效果和转化率。

重视客户反馈和行为数据的收集与分析，以此评估客户的满意度。通过定期的满意度调查、在线反馈收集以及行为数据分析，及时了解客户对服务的满意程度和潜在的改进建议。基于这些信息，不断优化服务流程，提升服务质量和效率，确保客户体验的持续改进。

3. 投资决策

通过深入分析大数据，金融机构可以洞察市场的发展趋势和经济的关键指标，这有助于优化资产的配置策略。利用数据分析技术，能够识别出市场的潜在机会和风险，从而做出更为明智的投资决策。这种基于数据驱动的方法能够帮助客户分散投资组合，减少对单一市场或资产类别的依赖，从而有效降低投资风险。同时，通过对经济指标的持续监测和分析，客户能够及时调整投资策略，以适应不断变化的市场环境，确保资产配置始终处于最佳状态，实现长期稳定的收益。

4. 运营优化

通过应用机器人流程自动化（RPA）技术，金融机构可以实现对那些重复性高、规则性强的业务流程的自动化处理，从而显著提升工作效率。这种技术通过模拟人类在计算机上的操作，自动执行一系列预定义的任务，比如数据录入、文件处理、报表生成等，减少了人工操作的错误率和时间成本。

5. 合规与审计

通过深入的数据分析，金融机构实时监控公司的业务操作流程，确保所有业务活动严格遵守国家的法律法规以及行业监管机构的各项要求，从而降低违规风险，维护公司的合规形象和市场信誉。

运用数据分析工具，金融机构为内部审计和内部控制工作提供技术支持。通过这些工具，可以有效地识别潜在的风险点和控制缺陷，优化审计流程，提高审计效率和质量，确保公司内部管理的严密性和有效性。

第五节　交通运输的数据应用

一、交通运输的行业特点

1. 基础性和先导性

交通运输业作为国民经济的基础性和先导性产业，扮演着至关重要的角色。它不仅连接着生产、流通和消费的各个环节，而且对经济社会的发展起到了至关重要的支撑作用。这个产业的发展水平和效率直接影响到国家的经济活力和竞争力，同时也关系到人民生活水平的提高和社会的全面进步。交通运输通过提供便捷、高效、安全的运输服务，确保了商品和人员的流动，促进了资源的合理配置和市场的有效运作。

2. 网络性和系统性

交通运输系统是一个庞大而复杂的网络结构，它由多种不同的运输方式构成，涵盖了公路、铁路、水路、航空等多种形式。这些运输方式各自具有独特的特点和优势，它们之间相互衔接、相互补充，共同构成了一个高效运转的有机整体。

3. 动态性和不确定性

交通运输系统的运行受到众多复杂因素的影响，这些因素包括但不限于天气状况、交通流量的波动，以及各种突发事件的发生。这些因素共同作用，使得交通运输系统呈现出高度的动态性和不确定性。例如，恶劣的天气条件，如暴雨、大雪或雾霾，可能会导致道路湿滑、能见度降低，从而影响车辆的正常行驶速度和安全距离，增加交通事故的风险；交通流量的高峰和低谷时段也会对道路的拥堵程度产生显著影响，尤其是在城市中心区域或节假日出行高峰期，车辆的密集程度可能会导致交通拥堵，进而影响整个交通网络的效率。

4. 服务性和公共性

由于交通运输行业与国民经济和人民生活息息相关，它具有很强的服务性和公共性。这意味着它不仅要追求经济效益，还要兼顾社会效益，确保服务的普及和公平，让社会各阶层都能享受到合理的运输服务。同时，交通运输行业还需要不断创新和改进，采用先进的技术和管理方法，以适应不断变化的市场需求和技术进步，从而提高整体的运输效率和服务水平。此外，该行业还承担着环境保护的责任，需要在发展过程中减少对环境的影响，推动绿色、可持续的交通运输方式。

二、交通运输的数据应用原理

从宏观层面来看，交通运输的数据应用原理在于通过对海量数据的收集、整合、分析和挖掘，实现对交通运输系统的全面感知、精准预测和智能决策，从而提高交通运输的效率、安全性、可靠性和可持续性。

1. 全面感知

通过部署各种传感器、监测设备以及数据采集技术，可以实时地捕捉和收集交通运输系统中的大量关键数据。这些数据涵盖了车辆的具体位置、行驶速度、行驶轨迹、实时路况信息以及客流量等多个维度。这些信息能够帮助政府机构和企业全面、深入地了解交通运输系统的运行状态。通过对这些数据的实时监控和分析，管理者可以及时发现交通拥堵、事故、异常天气等情况，从而迅速做出响应，优化交通流量，提高道路使用效率，确保交通系统的顺畅运行。同时，这些数据还可以用于预测交通需求，规划交通路线，提升公共交通服务质量，以及为未来的交通规划和基础设施建设提供科学依据。总之，实时获取和分析这些数据对于提升交通运输系统的整体效率、安全性和可持续性具有不可估量的价值。

2. 精准预测

通过对历史数据和实时数据的深入分析，可以构建多种预测模型，包括但不限于交通流量预测模型、客流预测模型以及路况预测模型。这些模型能够基于大量数据进行精准计算，从而预测出未来的交通流量变化、客流高峰时段以及可能出现的路况问题。通过这些预测，交通运输管理部门和相关企业能够提前获知潜在的交通拥堵情况和客流高峰，进而采取一系列有效的疏导和调度措施。

这些预测模型还可以帮助城市规划者更好地理解交通模式，为未来的城市交通规划和基础设施建设提供科学依据。这些预测模型的应用不仅能够提高交通管理的效率，减少拥堵，还能提升乘客的出行体验，为智慧城市建设提供有力支持。

3. 智能决策

为了提高交通运输的效率和安全性，交通运输管理部门和企业运用人工智能、大数据分析等先进技术，实时收集和分析海量的交通数据，包括车辆流量、道路状况、天气变化等因素，从而实现对交通状况的全面感知。

技术的应用，使得从海量数据中提取有价值的信息成为可能，为交通规划和管理提供支持。通过对交通流量、出行模式、事故多发区域等数据的分析，交通运输管理部门可以发现交通系统中存在的问题和潜在风险，为制定更加科学合理的交通政策和措施提供依据。

三、交通运输的数据应用场景

1. 交通流量监测与管理

在交通高峰时段，交通管理部门通过部署在主要道路和交叉口的传感器以及高清摄像头，实时收集和监测交通流量、车辆速度、行驶方向等关键交通数据。这些监控设备能够精确捕捉到每一辆经过的车辆信息，包括车型、车牌号码以及行驶轨迹等，从而为交通管理部门提供翔实的数据支持。基于这些实时收集到的数据，交通管理中心的智能系统可以迅速分析并识别出交通拥堵的热点区域，以及可能发生的交通事故或异常情况。

交通管理部门的工作人员随后会根据这些分析结果，采取相应的措施来动态调整信号灯的时长和相位，以适应当前的交通状况。例如，在车流量较大的路口，信号灯会适当延长绿灯时间，减少车辆等待的时间，提高道路的通行效率。同时，通过智能交通信号系统的协调，可以实现不同路口之间的信号灯同步，形成绿波带，使得车辆能够连续通过多个路口，进一步提升道路的通行能力。

交通管理部门还会利用这些数据进行交通流量预测，提前发布交通拥堵预警，引导车辆选择替代路线，分散高峰时段的交通压力。

2. 公共交通运营管理

公交公司能够利用数据分析技术，通过对公交车辆和地铁列车的实时定位数据以及乘客刷卡记录的详细分析，深入了解公交线路的客流分布状况和车辆运行的效率表现。基于这些信息，公司可以科学地优化公交线路的布局，合理调整发车的频率，确保在高峰时段能够满足大量乘客的需求，而在非高峰时段则避免资源的浪费。通过对数据的持续监测和分析，公交公司还能够及时发现并解决运行中的问题，如拥堵、延误等，进一步提升公共交通系统的整体效率和服务水平。

3. 物流运输管理

物流企业能够借助技术手段，对货物在运输过程中的实时位置信息、所经历的运输时间，以及货物所处环境的温度和湿度等关键数据进行精确的监测和分析。

通过这种全面的数据收集和分析，企业能够实现对物流运输全程的实时跟踪和精细化管理。这有助于优化运输路线，确保货物能够以最短的时间、最低的成本到达目的地，以及合理安排车辆的调度，避免资源的浪费。

通过对运输过程中可能出现的各种情况的预测和应对，物流企业可以显著提高物流运输的效率和准确性，减少因延误或损坏造成的损失。

4. 交通安全管理

通过对交通事故数据和车辆行驶数据进行深入分析，可以识别出交通事故的高发区域和时段，同时也能揭示导致事故的主要原因。

首先，通过分析历史交通事故记录，可以确定哪些地区和时间段是事故频发的热点。这些高发区域可能是因为道路设计不合理、交通标志不明显、路面状况差或者交通流量过大等原因造成的。高发时段则可能与上下班高峰期、节假日出行高峰、夜间行车等特定时间段有关。

其次，分析事故原因可以揭示出导致事故的具体因素，比如驾驶员的违法行为（如酒驾、超速、疲劳驾驶等）、车辆故障、恶劣天气条件、行人或非机动车的不当行为等。了解这些原因有助于交通管理部门采取更加精准的预防措施。

最后，基于这些分析，交通管理部门可以采取一系列针对性的措施来提高交通安全。例如，加强交通安全宣传教育，提高公众的安全意识，特别是针对那些高发区域和时段的特定风险因素；改善道路基础设施，比如增设或优化交通标志、信号灯，改善路面状况，增设安全防护设施等；加大执法力度，对违法行为进行严厉打击，确保交通法规得到有效执行。

还可以利用现代科技手段，如智能交通系统（ITS）和大数据分析，实时监控交通状况，及时发现潜在的安全隐患，并迅速做出反应。

5. 出行服务

政府部门和企业通过整合和分析交通数据，能够为公众提供一系列便捷的出行信息服务。这些服务包括但不限于实时路况的查询、公交和地铁的班次信息检索，以及航班的最新动态追踪等。这些详尽的数据资源使得出行者能够更加明智地规划自己的行程。

第六节 商贸流通的数据应用

一、商贸流通的行业特点

1. 高度市场化

商贸流通行业一个特点是高度市场化，参与者众多，竞争异常激烈。随着市场经济的不断进步和发展，市场的开放程度日益提高，吸引了更多的国内外竞争者进入同一市场展开角逐，极大地促进了企业之间的竞争。在这样的市场环境下，为了能够在激烈的竞争中脱颖而出，企业必须不断地进行创新，以提升自身的核心竞争力。

2. 信息化程度高

随着信息技术的迅猛发展，商贸流通行业在信息化的道路上已经取得了不少成就。电子商务的蓬勃发展彻底颠覆了传统的商业模式，许多传统零售商通过开设线上商城，实现了线上线下融合，拓展了销售渠道，提升了市场份额。

与此同时，大数据分析、云计算技术以及人工智能等前沿技术的广泛应用，为企业带来了前所未有的机遇。

3. 与消费市场紧密相连

商贸流通行业作为连接生产与消费的桥梁，直接服务于最终消费者，因此它对消费需求的微妙变化具有极高的敏感度。

为了满足消费者日益增长的个性化需求，企业不仅需要提供多样化和定制化的商品，还需要提供与之相匹配的个性化服务。这意味着企业必须具备灵活的供应链管理能力、挖掘数据洞察市场风向的能力，以及对消费者行为的深刻理解，从而能够在竞争激烈的市场中保持领先地位。

此外，随着科技的进步和数字化转型，商贸流通企业还需要利用数据分析工具和人工智能技术来预测市场趋势，优化库存管理，并通过电子商务平台等新兴渠道拓展销售渠道，以更好地满足消费者的需求。

4. 行业细分明显

商贸流通行业是一个庞大而复杂的体系，它内部的细分领域十分明显，涵盖了批发贸易、零售贸易、餐饮服务、仓储物流等多个子行业。这些子行业各自拥有独特的业务模式和服务对象，它们在市场中扮演着不同的角色，同时也面临着各自不同的挑战和发展机遇。

批发贸易通常指的是大规模的商品交易活动，主要面向的是零售商、工业用户以及其他批发商，它在供应链中起着桥梁作用，确保商品能够从生产者流向消费者。批发商需要具备强大的市场洞察力和高效的物流管理能力，以应对价格波动、库存管理和运输成本控制的挑战。

零售贸易则是直接面向最终消费者的销售活动，它包括大型超市、百货公司、小型专卖店等多种形式。零售业者需要关注消费者需求的变化，通过提供多样化的产品和服务来吸引顾客，同时还要应对电子商务的冲击和市场竞争加剧的挑战。

餐饮服务行业则专注于为消费者提供食物和饮料，它包括快餐店、咖啡馆、高端餐厅等各种业态。餐饮业者需要不断创新菜品，提升服务质量，同时还要注意食品安全和成本控制，以适应消费者口味的多样化和健康意识的提升。

仓储物流行业是商贸流通的重要组成部分，它负责商品的存储和配送，确保商品能够安全、高效地从生产地到达消费者手中。物流行业需要不断优化仓储设施和运输网络，采用信息技术来提高物流效率，同时还要应对运输成本上升的挑战。

总之，商贸流通行业的每个子行业都有其特定的业务模式和服务对象，它们在市场中发挥着各自的作用，同时也需要不断地适应市场变化，把握发展机遇，应对各种挑战，以实现可持续发展。

5. 政策导向性强

商贸流通行业多为中小型企业，这些企业在运营过程中极易受到政策影响。中小型企业通常资金有限，抗风险能力较弱，因此政策的变动往往对其产生显著影响。例如，税收政策的调整可以直接影响企业的成本和利润，税率的提高会增加企业的负担，而减税政策则可以减轻企业的财务压力。

政府在市场监管、环境保护和劳动用工等方面的政策变动也会对小企业的运营产生较大影响。市场监管政策的加强可能会增加企业的合规成本，环境保护政策的收紧则可能要求企业投入更多的资源进行环保改造，而劳动用工政策的变化则会影响企业的用工成本和灵活性。这些政策的变动不仅影响企业的短期运营，还可能对其长期发展战略产生重要影响。

为了应对政策变化带来的不确定性，小企业需要保持高度的灵活性和适应性。它们通常需要密切关注政策动态，及时调整经营策略，以确保合规并抓住政策带来的机遇。同时，政府在制定相关政策时也需要充分考虑小企业的实际情况，提供必要的支持和指导，帮助它们更好地应对市场变化，实现可持续发展。

6. 社会经济活动的基础

商贸流通行业作为社会经济活动的关键组成部分，扮演着至关重要的角色。它不仅极大地促进了商品和服务的交换流通，确保了市场供需之间的平衡，而且对于推动相关产业链的上下游发展起到了积极的带动作用。商贸流通行业有效地连接了生产者与消费者，缩短了商品从生产到消费的周期，提高了整个社会的经济效率。

商贸流通行业的发展对于促进就业具有显著的正面影响。它为大量劳动力提供了就业机会，无论是直接参与商品销售、物流配送的岗位，还是间接支持商贸活动的其他服务行业，都为社会创造了丰富的就业岗位。随着行业的不断发展壮大，这些岗位的数量和质量都有望得到进一步提升。

在提高人民生活水平方面，商贸流通行业同样发挥着不可忽视的作用。它通过提供多样化的商品和服务，满足了人们日益增长的物质和文化需求，丰富了人们的生活方式。同时，随着市场竞争的加剧，商贸流通行业也推动了商品和服务质量的提升，使得消费者能够享受到更加优质、高效的服务。

7. 国际化趋势明显

虽然全球经济一体化进程受阻，但中国的商贸流通行业却逆势向前。以中国的希音（Shein）和拼多多海外版（Temu）为代表的跨境电商平台，通过超低的价格、全球化的供应链管理和先进的数字技术，迅速拓展海外市场，取得了显著的成功。这些平台不仅为全球消费者提供了丰富多样的商品选择，还为中小企业搭建了进入国际市场的桥梁，促进了国际贸易的繁荣发展。

然而，随着国际环境的变化，如贸易保护主义的抬头、汇率波动、地缘政治风险等，商贸流通行业的国际化进程遇到了很多困难。贸易保护主义的兴起导致了关税壁垒的增加和贸易摩擦的加剧，增加了企业的运营成本和市场不确定性。

面对这些挑战，商贸流通企业需要采取灵活的应对策略，如多元化市场布局、加强风险管理、提升供应链的韧性和灵活性。同时，政府和国际组织也应加强合作，推动贸易自由化和便利化，为中小企业提供更多的政策支持和信息服务，帮助它们更好地应对国际市场的复杂变化，实现可持续发展。通过这些措施，商贸流通行业可以在全球化进程中抓住机遇，迎接挑战，迎来更加广阔的发展空间。

二、商贸流通的数据应用原理

1. 需求预测与库存管理

通过对历史销售数据的深入分析，结合对市场趋势的细致研究以及对季节性变化的精确考量，商家可以运用机器学习算法来预测未来一段时间内的产品需求量。这种预测不仅能够帮助商家更准确地进行库存管理，还能够为采购决策提供科学依据。通过这种方式，商家能够有效避免库存积压或断货的风险，确保供应链的高效运转，同时也能更好地满足市场需求，提升客户满意度。此外，机器学习算法的使用还能够帮助商家及时发现潜在的市场机会，从而在竞争激烈的市场环境中获得优势。

2. 客户行为分析

通过系统地搜集消费者的购买历史记录、在线浏览行为，以及他们对产品或服务的反馈意见等各类数据信息，可以深入洞察消费者的个人喜好和购物行为模式。这些数据资源为商家提供了精准的分析基础，使得商家能够根据消费者的独特需求和偏好，设计出更加个性化的推荐方案。同时，这些分析结果还能帮助商家制定更加有效的精准营销策略，从而在激烈的市场竞争中脱颖而出。

此外，通过对消费者行为的深入理解，商家能够更好地预测消费者的未来需求，提前准备相应的商品或服务，以满足消费者的期待。这种前瞻性的服务不仅能够提升顾客的购物体验，还能显著提高顾客的满意度和忠诚度。当消费者感觉到商家真正关心他们的需求，并且能够提供符合他们期望的产品和服务时，他们才更有可能成为回头客，并通过口碑传播，吸引更多的潜在顾客。因此，收集并分析消费者数据，不仅对商家的销售策略至关重要，也是建立长期客户关系和品牌忠诚度的关键所在。

3. 供应链优化

通过运用物联网（IoT）技术，可以实时收集物流过程中的关键数据，包括但不限于运输时间、货物状态、环境条件等。这些数据的实时监控和收集对于优化供应链管理十分有用。结合大数据分析技术，能够对收集到的海量信息进行深入分析，从而识别出物流过程中的瓶颈和效率低下的环节。通过这种方式，可以制定出更加高效的物流策略，显著缩短配送时间，降低物流成本，同时提高整个供应链的透明度和响应速度。

4. 风险管理

通过对市场波动、竞争对手的动态变化、政策法规的更新，以及对其他外部环境因素的持续监控和深入分析，企业能够提前识别出潜在的风险和挑战。这不仅包括对当前市场趋势的敏锐洞察，还包括对行业法规的前瞻性理解，以及对竞争对手战略动向的精准把握。通过这些细致的分析工作，企业可以制定出一系列有效的应对策略，从而在不断变化的商业环境中保持竞争优势，确保企业运营的安全性和稳定性。这些策略可能包括调整业务模式、优化产品组合、加强风险管理、提升合规性以及增强市场适应能力等，旨在为企业构建一个更加稳固和可持续发展的未来。

5. 决策支持系统

通过将各类数据转化为可视化报告或仪表板，决策支持系统能够为企业管理层提供直观的数据洞察。这些系统通过收集、整理和分析大量数据，将复杂的信息以图形和图表的形式展现出来，使得管理层能够快速理解数据背后的含义和趋势。例如：销售数据可以被转化为柱状图或折线图，展示不同时间段的销售业绩；财务数据可以被转化为饼图或仪表盘，直观显示公司的财务状况。此外，决策支持系统还可以通过预测模型和算法，帮助企业预测未来的市场趋势和业务发展，从而辅助管理层做出更加科学合理的经营决策。这些决策不仅基于当前的数据分析，还可以结合历史数据和行业趋势，提供更全面的视角。通过这种方式，决策支持系统成为企业战略规划和日常运营中不可或缺的工具，帮助企业在竞争激烈的市场环境中保持优势。

三、商贸流通的数据应用场景

1. 智能仓储与物流

通过部署自动化仓库管理系统和智能调度系统，能够实现对货物的自动分类、拣选、打包以及出库等一系列操作，这些系统通过精确的算法和实时数据分析，确保了物流处理的高效性和准确性。同时，结合全球定位系统的定位技术以及对交通流量数据的实时监控和分析，能够优化配送路线，规避交通拥堵，确保货物能够以最快的速度、最短的路径送达目的地。这种智能化的物流解决方案不仅显著提升了物流效率，降低了运营成本，还为客户提供了更加可靠和便捷的服务体验。

2. 电商平台运营

电商平台通过深入挖掘和分析用户的行为数据，能够有效地优化搜索排序机制和商品推荐系统，从而显著提升用户的购物体验和转化率。例如，通过对用户浏览、点击、购买等行为的综合分析，平台可以更精准地理解用户的偏好和需求，进而调整搜索算法，将用户最可能感兴趣的商品排在搜索结果的前列。同时，通过智能推荐系统，平台能够向用户推送个性化的商品推荐，进一步激发用户的购买欲望。

电商平台还能够利用数据分析来调整和优化营销活动，以提高促销效果。通过对历史营销数据的分析，平台可以识别出哪些类型的促销活动最受欢迎，哪些时间段的促销效果最佳，从而在未来的营销策划中做出更有针对性的决策。例如，通过分析用户对不同折扣力度的反应，平台可以确定最能吸引用户的优惠幅度，或者通过分析用户对促销活动的参与度，来优化活动的时间安排和推广方式。

电商平台还通过分析用户的评论和反馈来不断改善产品和服务的质量。用户的评价不仅反映了对商品本身的满意度，也提供了对物流、客服等服务环节的宝贵意见。通过对这些数据的分析，平台能够及时发现产品和服务中存在的问题，并采取措施进行改进。例如，如果大量用户反馈某个商品存在质量问题，平台可以及时下架该商品，并与供应商沟通解决。对于服务环节的问题，平台也可以通过改进物流配送流程或提升客服团队的专业能力来提升整体服务水平。

3. 零售终端管理

零售商通过整合地理位置信息以及分析天气预报等外部数据，能够更加精准地优化商品的摆放布局和促销活动的时间安排。例如，他们可以根据即将来临的恶劣天气，提前调整库存，确保热销商品的充足供应，或者根据季节性天气变化，调整店内温度和湿度，以营造更舒适的购物环境。此外，零售商还利用人脸识别等先进技术，提升了门店的安全性，防止了盗窃等犯罪行为。这些技术的应用，不仅提高了门店的运营效率，也极大地增强了顾客的购物体验，使得零售商能够更好地满足顾客的需求，提升顾客满意度和忠诚度。

4. 供应链金融

金融机构通过深入分析企业的历史交易数据、信用记录以及其他相关财务信息，全面评估企业的财务健康状况和偿还债务的能力。这些评估工作不仅包括对企业当前的资产负债表、利润表和现金流量表的审查，还可能涉及对企业所在行业的发展趋势、市场竞争状况以及宏观经济环境的考量。基于这些详尽的评估，金融机构能够为中小企业量身定制合适的贷款产品、保理服务以及其他多样化的金融服务解决方案。

这些服务旨在帮助中小企业解决资金周转难题，降低融资成本，从而缓解中小企业在发展过程中普遍面临的融资难问题，支持它们的业务扩张和市场竞争力的提升。通过这种方式，金融机构不仅能够帮助中小企业实现可持续发展，同时也为自身开拓了新的业务增长点，实现了双赢的局面。

第七节　文化旅游的数据应用

一、文化旅游的行业特点

1. 体验性强

文化旅游是一种注重体验的旅游方式，它不仅关注游客的观光需求，更强调通过各种方式让游客全方位地感受和体验目的地的文化内涵和独特魅力。在文化旅游的过程中，游客有机会亲自参观那些充满历史和文化价值的景点，如古老的建筑、博物馆、艺术馆等，这些地方往往承载着丰富的历史故事和文化传统，能够让游客在观赏的同时，对当地的历史沿革、艺术成就和文化特色有一个直观而感性的认识。

除了参观文化景点，文化旅游还鼓励游客积极参与各种文化活动，比如传统节日庆典、民间艺术表演、工艺制作体验等。通过这些活动，游客能够更生动地体验当地的文化生活，甚至有机会尝试亲手制作一些具有地方特色的工艺品，或是学习一些传统艺术形式，从而在实践中感受文化的魅力。

此外，品尝当地美食也是文化旅游中不可或缺的一部分。美食往往是一个地区文化的重要组成部分，通过品尝地道的当地菜肴，游客不仅能够满足味蕾的享受，还能通过食物了解当地的饮食习惯、食材选择和烹饪技艺，这些都是文化体验的重要方面。

总之，文化旅游通过提供一系列丰富多彩的活动和体验，让游客在轻松愉悦的氛围中深入了解和感受目的地的文化特色和风土人情。

2. 综合性高

文化旅游是一个综合性极强的行业，它不仅涵盖了文化领域的各个方面，如历史遗迹、民俗风情、艺术表演等，还与旅游行业紧密相连，包括景点游览、旅游线路规划、导游服务等。它还与餐饮业、住宿业、购物等多个行业有着密不可分的联系。

为了提供优质的旅游服务，这些领域必须实现有效的协同配合。例如：餐饮业需要提供具有地方特色的美食，以满足游客对当地饮食文化的体验需求；住宿业则需要提供有地方特色的住宿环境，让游客在旅途中得到充分的体验；购物环节则需要提供具有地方特色和文化内涵的地方特色商品，让游客能够购买到具有纪念意义的物品。

只有当这些行业之间实现无缝对接和高效合作，才能确保游客在文化旅游过程中获得满意的体验，从而推动整个文化旅游产业的持续发展和繁荣。

3. 季节性和区域性明显

文化旅游活动通常会受到季节更迭和法定假期的显著影响，例如，在寒冷的冬季，滑雪活动成为许多人的首选，而到了国庆节期间，人们则倾向于出游，享受与家人朋友的团聚时光。

不同地区因其独特的文化资源和旅游资源，成为吸引各类游客的磁石。这些地方不仅拥有丰富的自然景观，还蕴含着深厚的文化内涵，如历史遗迹、民俗风情、传统节庆等，这些都为游客提供了丰富多彩的文化体验。无论是对于寻求知识的旅行者，还是对于追求休闲娱乐的游客，这些具有地方特色的文化旅游活动都能满足他们的需求，让他们在游览的同时，也能深入了解和体验当地的文化魅力。

4. 可持续性发展要求高

在发展文化旅游的过程中，必须高度关注并致力于保护和传承当地文化遗产和自然环境。这不仅包括历史建筑、传统艺术、民俗习惯等非物质文化遗产，也涵盖了自然景观、生态系统等自然资源。

为了实现文化旅游的可持续性发展，需要采取一系列措施。首先是制订科学合理的规划，确保旅游活动不会对文化遗产和自然环境造成破坏。其次，加强对当地居民的文化教育和环保意识培养，使他们成为文化遗产和自然环境保护的积极参与者。再次，通过立法和政策引导，为文化遗产和自然环境保护提供法律保障。最后，鼓励和支持文化旅游相关的研究和创新，开发更多符合可持续发展理念的旅游产品和服务。

文化旅游的可持续发展还必须注重经济效益与社会效益的平衡。一方面，通过合理开发和利用文化遗产和自然资源，为当地居民创造就业机会，提高生活水平，促进经济繁荣。另一方面，通过文化旅游活动的开展，增强游客对当地文化的认同感和尊重，促进文化交流和理解，提升社会和谐度。

总之，文化旅游的可持续性发展是一个系统工程，它要求在保护和传承文化遗产和自然环境的同时，兼顾经济、社会和环境的综合效益，实现人与自然和谐共生，文化与旅游相得益彰。

二、文化旅游的数据应用原理

1. 数据驱动的市场分析

通过细致地收集和深入地分析游客的行为数据、偏好数据以及消费数据等多维度信息，可以更全面地理解游客的需求和偏好，洞察市场的发展趋势和潜在机会。这些数据资源为文化旅游产品的开发提供了科学的依据，帮助设计出更符合游客期待的旅游项目和体验活动。

这些数据也为营销策略的制定提供了有力支持，使得相关组织能够更精准地定位目标客群，制订出更有效的营销计划，从而提升文化旅游产品的市场竞争力和吸引力。

2. 个性化推荐与服务

通过收集和分析游客的个人信息以及他们过往的旅游行为数据，旅游服务提供商能够为每位游客量身定制个性化的旅游推荐和服务方案。这种做法不仅能够确保游客获得与其兴趣和偏好相匹配的旅游体验，而且还能显著提升游客的整体满意度。当游客发现旅游服务能够精准地满足他们的需求时，他们更有可能对服务提供商产生信任感，并在未来选择再次使用其服务，从而提高游客的忠诚度。此外，个性化服务还能帮助旅游企业更好地理解目标市场，优化资源配置，提高运营效率，最终在竞争激烈的旅游市场中脱颖而出。

3. 智能运营与管理

通过对文化旅游景区的运营数据、设施设备数据、环境数据等进行实时监测和深入分析，可以实现智能运营和管理，从而显著提高景区的运营效率和服务质量。具体而言，实时监测系统能够收集景区内游客流量、设施使用情况、环境质量等多维度数据，并通过大数据分析技术，对这些数据进行综合处理和智能解读。这不仅有助于及时发现并解决运营中的问题，还能为景区的长期发展规划提供科学依据。

通过这些智能化手段，景区不仅能够提升自身的运营效率，还能显著提高服务质量，增强游客的满意度和忠诚度。最终，这将有助于景区在激烈的市场竞争中脱颖而出，实现可持续发展。

三、文化旅游的数据应用场景

1. 旅游营销与推广

利用社交媒体平台的大数据分析工具，监测热门旅游话题和关键词的趋势。例如，当发现"古镇游"成为热门话题时，旅游目的地为古镇的地区可以迅速推出相关的旅游宣传活动，制作精美的图片、视频等内容，在社交媒体上进行推广，吸引潜在游客的关注。

根据游客的在线预订行为和消费数据，进行精准广告投放。比如：对于曾经预订过高端酒店的游客，可以向其推送当地的豪华度假村或特色民宿的广告；对于喜欢户外活动的游客，向其推送徒步、骑行等旅游项目的广告。

与旅游博主和网红合作，通过他们的影响力进行旅游目的地的推广。分析这些博主和网红的粉丝数据，选择与目标游客群体匹配度高的合作对象，提高营销效果。

2. 旅游规划与开发

分析游客的出行数据，包括出发地、目的地、停留时间等，确定热门旅游线路和景点。例如，发现很多游客在游览了某个著名景点后，会前往附近的一个小众景点，旅游开发者可以考虑将这两个景点进行整合，开发新的旅游线路，提供一站式的旅游服务。

利用大数据对旅游资源进行评估和规划。比如：通过分析游客对不同景点的评价和反馈，确定哪些景点需要进行升级改造；根据游客的需求和偏好，规划建设新的旅游设施，如亲子游乐区、文化体验中心等。

结合当地的历史文化和自然资源，开发具有特色的旅游产品。例如：利用当地的传统手工艺，开发手工体验课程；结合自然景观，开发户外探险项目。

3. 景区管理与服务

在景区入口和重要景点安装智能监控设备，实时统计游客数量和流量分布。通过景区的电子显示屏和移动应用，向游客提供实时的景区信息，包括景点介绍、排队时间、最佳游览路线等。例如，当某个景点的游客排队时间过长时，系统可以自动向游客推荐附近的其他景点，避免游客拥堵。

利用游客的反馈数据，及时改进景区的服务质量。例如：通过收集游客对景区餐饮的评价，发现某个餐厅的卫生状况不佳，景区管理部门可以及时对该餐厅进行整改；对于游客提出的增加休息区的建议，及时进行规划和建设。

建立景区的应急管理系统，利用数据分析技术预测可能出现的突发事件，如恶劣天气、游客突发疾病等，并制定相应的应急预案。例如，当预测到即将有暴雨天气时，提前通知游客，关闭危险区域，确保游客的安全。

4. 旅游体验与互动

开发基于增强现实（AR）和虚拟现实（VR）技术的旅游应用。例如，游客在参观博物馆时，可以通过 AR 应用看到文物的三维模型和详细介绍；在游览历史古迹时，通过 VR 技术体验古代的生活场景。

在景区内设置互动体验设施，如智能导览终端、互动游戏等。例如，在公园内设置寻宝游戏，游客通过扫描二维码获取线索，找到隐藏在景区内的宝藏，增加游客的参与感和趣味性。

利用游客的互动数据，了解游客的兴趣点和需求，进一步优化旅游体验。例如，通过分析游客在互动游戏中的行为数据，发现游客对某个历史时期的文化特别感兴趣，可以在景区内增加相关的展示和讲解内容。

5. 文化遗产保护与传承

建立文化遗产数据库，对文物、古建筑等文化遗产进行数字化管理和保护。例如：通过三维扫描技术，将古建筑的结构和细节进行数字化记录，以便在需要时进行修复和重建；利用大数据分析技术，监测文化遗产的保存状况和风险因素，如温度、湿度、病虫害等，及时采取保护措施。

开展线上文化遗产展览和教育活动。例如：通过虚拟展览平台，展示珍贵的文物和历史资料，让观众可以足不出户地欣赏文化遗产；举办线上文化讲座和工作坊，邀请专家学者为观众讲解文化遗产的历史和价值，提高公众的文化遗产保护意识。

第八节　医疗健康的数据应用

一、医疗健康的行业特点

1. 高度专业性

医疗健康领域，是一个极其复杂且专业的领域，它要求从业者必须经过长期而严格的专业教育和实践培训。医生、护士、药师以及其他医疗专业人员，他们必须具备坚实的医学理论基础和实践经验。这包括对人体生理、病理、药理等多方面的深入了解。

医疗健康领域还要求从业者具备良好的沟通技巧和人文关怀精神，以便更好地与患者及其家属进行交流，提供全面的关怀和支持。

2. 严格的监管要求

医疗健康行业是一个与人类生命健康密切相关的领域，因此，它受到极为严格的监管，以确保所提供的医疗服务能够达到一定的质量标准，并确保患者的安全。各国政府都意识到这一点，并通过制定一系列详尽的法律法规和行业标准，对医疗机构的运营、医疗设备的安全性、药品的质量以及医疗人员的专业水平等方面进行严格的监督和管理。这些措施旨在规范医疗市场，防止不合格的医疗服务和产品流入市场，从而保护公众免受潜在的健康风险。同时，这些监管措施也有助于促进医疗行业的健康发展，提升医疗服务的整体水平，确保医疗资源得到合理分配和有效利用。通过这些努力，政府希望能够为公民提供更加安全、有效和可信赖的医疗服务。

3. 信息不对称性

在医疗健康领域，患者往往对自己的健康状况、病情发展以及可能的治疗方案了解得非常有限，他们可能缺乏必要的医学知识和专业背景来做出明智的决策。与此同时，医生和医疗专业人员则拥有丰富的专业知识、临床经验和深入的医学理解，他们能够基于科学证据和临床指南为患者提供专业的诊断和治疗建议。

这种天然存在的信息不对称性，即患者与医生在知识和信息掌握上的差异，可能导致患者在选择医疗服务、治疗方案以及参与医疗决策时感到困惑和无助。患者可能会因为缺乏足够的信息而难以评估不同治疗选项的利弊，也可能因为无法完全理解医生的专业术语和解释而感到焦虑。这种状况不仅可能影响患者对治疗的满意度和依从性，还可能对医患之间的沟通和信任关系造成负面影响。

4. 个性化需求高

每个人的身体状况和疾病情况都是独一无二的，这就意味着在医疗健康领域，服务的提供必须考虑到患者个体之间的差异性。

为了确保治疗的有效性和安全性，医疗健康服务必须根据患者的具体情况来进行个性化定制。医生在治疗过程中需要综合考虑患者的症状表现、既往病史、个人生活习惯以及通过各种检查手段获得的医学数据等众多因素，从而制定出一套量身定制的个性化治疗方案。

5. 社会公益性强

医疗健康领域是关乎广大人民群众生命安全和身体健康的关键领域，它不仅承载着个体的健康福祉，也关系到社会的和谐稳定。由于其具有显著的社会公益性，因此，政府、社会组织以及社会各界人士都对医疗健康问题给予了高度的关注和重视。

二、医疗健康的数据应用原理

1. 医疗数据的收集与整合

通过电子病历系统、医疗设备以及各种传感器等多元化的渠道，医疗机构能够全面而精准地收集患者的基本信息，包括但不限于姓名、年龄、性别等身份信息，以及详细的病史记录，如过往的疾病经历、家族病史、过敏史等。此外，通过这些技术手段，医生和医疗工作者还能获取患者的检查结果，如实验室检测数据、影像学检查报告、病理切片分析等关键信息，并且能够详细记录患者的治疗过程，包括用药情况、手术记录、康复指导等治疗记录数据。这些丰富的病例资源可以为医学的发展做出贡献。

为了打破信息孤岛，实现医疗资源的优化配置和高效利用，应当整合来自不同医疗机构、不同部门的数据资源。这不仅包括同一医院内部不同科室之间的数据共享，还涉及跨医院、跨地区甚至跨国界的医疗数据交换。通过建立统一的数据标准和接口协议，确保数据的互操作性和兼容性，从而实现医疗数据的互联互通，为患者提供更加连贯、全面的医疗服务。这种数据整合不仅有助于提高诊疗效率，还能为临床决策提供强有力的数据支持，促进医疗质量的持续改进和医疗安全的保障。

2. 数据分析与挖掘

通过运用数据分析技术，可以对海量的医疗数据进行深入的分析与挖掘工作。这些技术不仅能够处理结构化数据，如电子病历、实验室结果和影像报告，还能处理非结构化数据，如医生笔记和患者反馈。通过高级统计分析、机器学习和自然语言处理等方法，可以揭示数据中的隐含模式和趋势，帮助医疗机构优化诊疗流程、提高诊断准确性、预测疾病风险和制定个性化的治疗方案。此外，数据分析还能支持公共卫生研究，通过监测疾病传播和流行趋势，为政策制定和资源配置提供科学依据。这些应用不仅提升了医疗服务的质量和效率，还促进了医疗行业的创新与发展。

3. 医疗决策支持

在现代医疗领域中，基于详尽的数据分析结果，能够为医生提供精准的医疗决策支持。这些分析结果来源于患者的病历、实验室检测数据、影像学资料以及其他相关的医疗信息。通过综合这些数据，医生能够更加准确地诊断疾病，制定个性化的治疗方案。此外，借助人工智能技术，医疗决策过程可以实现自动化和智能化，从而提高医疗服务的效率和质量。

人工智能技术的应用，使得医疗决策不再仅仅依赖于医生的个人经验和直觉判断，而是通过机器学习算法、深度学习模型以及大数据分析等先进技术，对海量的医疗数据进行处理和分析。这些技术能够识别出疾病模式、预测疾病发展趋势，并为医生提供科学的决策依据。例如，在肿瘤治疗中，人工智能可以帮助医生分析病理切片，识别癌细胞的特征，从而辅助医生做出更为精确的诊断和治疗计划。

此外，人工智能还能够通过实时监测患者的健康状况，预测可能出现的并发症，提前预警并调整治疗方案，实现个性化医疗。通过这种方式，医生可以更加专注于患者的整体护理和治疗效果的提升，而不是仅仅局限于疾病治疗本身。

总之，结合数据分析和人工智能技术，医疗决策支持系统能够为医生提供更加全面、准确和高效的决策支持，从而推动医疗服务向更加智能化、精准化的方向发展。这不仅有助于提高医疗质量和患者满意度，也为医疗行业带来了前所未有的变革和机遇。

4. 医疗质量评估与改进

通过收集和分析医疗数据，可以对医疗服务的质量进行全面的评估，并据此采取相应的改进措施。这包括但不限于对患者的治疗效果、医疗服务的效率、医疗资源的分配，以及患者满意度等多个维度进行深入研究。

通过对这些数据的综合分析，医疗机构能够识别出服务中的不足之处，比如诊疗流程中的瓶颈、医疗设备的使用情况、医护人员的工作负荷等，进而制定出具有针对性的改进策略。此外，医疗数据的分析还能帮助医疗机构预测未来的医疗需求，优化资源配置，提高医疗服务的整体水平，最终实现提升患者治疗效果和满意度的目标。

三、医疗健康的数据应用场景

1. 临床诊断与治疗

通过整合电子病历系统和医疗影像设备,医疗机构能够高效地收集患者的病历数据和影像数据。这些数据不仅包括患者的个人健康信息、病史记录,还涵盖了 CT、MRI 等各类医疗影像资料。随后,借助于数据分析技术和人工智能算法,医疗系统能够对这些海量数据进行深入分析,从而实现疾病的自动诊断和治疗方案的自动生成。

例如,在肿瘤检测和诊断方面,人工智能技术可以对医疗影像进行精确分析,自动识别出影像中的异常区域,如肿瘤的大小、形状和位置等,从而辅助医生进行更准确的诊断。此外,通过机器学习算法对患者的病历数据进行深入挖掘,系统能够识别出患者的具体病情特征和治疗反应,进而为医生提供个性化的治疗方案推荐。这不仅提高了诊断的准确性,还能够帮助医生制订出更加精准和有效的治疗计划。

2. 医疗质量管理

利用医疗数据,对医疗服务的质量进行评估和改进,是一项至关重要的工作。通过深入分析患者的满意度调查数据、医疗纠纷数据以及其他相关的医疗指标数据,可以揭示医疗服务中存在的问题和不足之处。这些数据不仅包括患者对医疗服务的直接反馈,还可能涉及治疗效果、护理质量、等候时间、医疗环境等多个维度。通过对这些数据的综合分析,可以获得一个全面的医疗服务质量评估。

此外,数据分析还可以帮助识别医疗服务中的潜在风险和趋势,比如某些医疗程序的错误率是否在上升,或者特定时间段内医疗纠纷的发生频率是否有所增加。这些信息对于医疗机构来说极为宝贵,因为它们可以指导管理层采取针对性的措施,进行必要的流程优化和资源配置,从而提高整体的医疗服务水平。

例如,如果发现患者满意度在某个科室普遍较低,医疗机构可以进一步调查原因,可能是由于医护人员的短缺、设备的陈旧或者沟通方式的不当。针对这些问题，医疗机构可以制订相应的改进计划，比如增加医护人员的培训、更新或维护医疗设备、优化医患沟通流程等。通过这些具体的改进措施，医疗服务的质量将得到实质性的提升。

同时，医疗数据的分析还可以帮助医疗机构预测未来的医疗需求，从而更好地规划资源分配和服务提供。例如，通过对历史数据的分析，医疗机构可以预测流感季节的到来，并提前做好应对措施，确保有足够的医护人员和药品供应来应对可能增加的患者数量。

3. 公共卫生管理

利用医疗数据，可以为公共卫生管理提供重要的支持和帮助。例如，通过对辖区内的历史和当前传染病数据进行详细登记和深入分析，可以为政府部门在管理高危人群、制定具有针对性的传染病预防和控制策略方面提供科学的依据和参考。这些数据不仅能够揭示疾病的传播模式和趋势，还能够帮助识别潜在的健康风险，从而使公共卫生干预措施更加精准和有效。此外，医疗数据的分析还可以用于监测疫苗接种率、评估预防措施的效果，以及在必要时调整公共卫生政策。

4. 健康管理与预防保健

随着科技的不断进步，可穿戴设备和移动医疗应用已经成为现代健康管理的重要工具。这些技术的应用，使得医生和患者能够实时收集和监控患者的健康数据，从而为患者提供更加精准和个性化的健康管理方案。例如，通过患者的智能运动手表，可以收集到关于其日常运动量、运动频率、运动时长以及睡眠质量等多维度的健康数据。这些数据经过智能分析和人工智能技术处理后，可以为患者量身定制出最适合他们的运动计划和睡眠改善方案，帮助他们提升生活质量。

此外，移动医疗应用也极大地丰富了医疗服务的形式和内容。患者可以通过这些应用轻松实现在线问诊，与医生进行实时沟通，获取专业的健康咨询和建议。同时，这些应用还提供了预约挂号的功能，使得患者能够更加便捷地安排就医时间，减少不必要的等待。在预防保健方面，移动医疗应用可以根据患者的历史健康数据和生活习惯，为其提供个性化的预防保健建议，帮助患者在日常生活中采取科学的健康管理措施，降低患病风险。

总体来说，通过结合可穿戴设备和移动医疗应用，能够构建一个全面、动态的健康管理平台，不仅能够实时监控患者的健康状况，还能够根据患者的具体情况提供定制化的健康管理方案和预防保健建议，从而帮助患者更好地管理自己的健康，提高生活质量。

第九节　现代农业的数据应用

一、现代农业的行业特点

1. 高度依赖科技

在现代农业的发展过程中，科学技术得到了广泛的应用，涵盖了生物技术、信息技术、工程技术等多个领域。这些技术的应用不仅极大地提高了农业生产的效率，还显著改善了农产品的质量，并且增强了农业的可持续发展能力。科技创新已经成为推动现代农业发展的核心动力，它通过引入新的种植方法、改良作物品种、优化资源利用等方式，使得农业生产变得更加高效、精准和环境友好。例如：生物技术的进步使得作物抗病虫害能力增强，减少了农药的使用；信息技术的应用则让农民能够实时监控作物生长状况和土壤条件，从而做出更加科学的决策；工程技术的发展则提高了农业机械的自动化和智能化水平，降低了农民的体力劳动强度。这些科技创新不仅提升了农业生产的整体水平，也为保障全球粮食安全和促进农业可持续发展提供了强有力的支撑。

2. 规模化与集约化

现代农业正逐步向规模化生产和集约化经营的方向发展。在这个过程中，大型农场和农业企业扮演着至关重要的角色。它们通过集中整合土地、资金和技术等关键资源，实现了大规模的种植、养殖以及农产品加工。这种规模化和集约化的生产方式，不仅有助于显著降低生产成本，还能大幅提高生产效率。此外，由于资源的集中，这些大型农业实体更容易采用和推广农业技术和管理方法，从而进一步提升农业生产的质量和效益。

3. 产业融合度高

随着时代的发展，农业与工业、服务业之间的融合日益紧密，形成了一个相互促进、共同发展的良好态势。这种产业融合不仅为农业的发展提供了更广阔的空间，也为农民的收入增长带来了新的机遇，进一步推动了农村经济的多元化发展。

具体来说，农业与工业的融合体现在农业生产过程中对工业技术的广泛应用，如机械化耕作、智能化管理等，这些技术的应用大大提高了农业生产效率，降低了生产成本。同时，农产品的加工、包装、储运等环节也与工业紧密结合，形成了产业链条的延伸，增加了农产品的附加值。

另外，农业与服务业的融合则体现在农业旅游、休闲农业、农业电商等新型业态的兴起。这些服务业的融入不仅丰富了农业的功能，也为农民提供了新的收入来源。农业旅游和休闲农业让城市居民能够近距离接触自然，体验农耕文化，同时也为农村带来了人流和信息流，促进了当地经济的繁荣。农业电商则打破了传统农产品销售的地域限制，通过网络平台将农产品直接销售给消费者，提高了农民的收益。

4. 对环境和生态的关注度高

现代农业的发展已经越来越重视环境保护和生态平衡的重要性。农业可持续发展的理念已经深入人心，并且得到了广泛的推广和应用。在农业生产过程中，人们开始注重减少化肥和农药的使用，因为这些化学物质虽然能短期内提高作物产量，但长期来看会对土壤、水源以及生物多样性造成严重的破坏。

现代农业还强调对土壤的保护和改良，通过轮作、间作等农作方式，以及使用有机肥料和生物农药，来维持土壤的肥力和生态平衡。同时，保护水源不受污染，确保农业用水的清洁和可持续利用，也是现代农业关注的重点之一。

对生物多样性的保护也是现代农业不可忽视的一环。通过建立生态走廊、保护野生动植物栖息地等措施，可以维护生态系统的完整性和稳定性，这对于维持农业生态系统的健康和生产力至关重要。

5. 市场导向性强

在现代农业的发展过程中，农业生产者越来越注重以市场需求为导向，这意味着他们必须密切关注消费者的喜好和需求，并据此调整自己的生产结构和产品品质。随着消费者对农产品安全、品质和多样性的要求日益提高，市场竞争变得异常激烈。因此，农业生产者不仅要努力提高农产品的质量，还要致力于打造强有力的品牌形象，以此来保持和提高消费者的忠诚度。

在这样的市场环境下，对市场信息的快速传递和准确把握变得尤为重要。农业生产者需要通过各种渠道，来获取最新的市场动态和消费者趋势。这些信息对于他们制订生产计划、调整销售策略以及预测未来市场走向至关重要。只有那些能够及时响应市场变化、灵活调整生产策略的生产者，才能在竞争中脱颖而出，实现可持续发展。因此，现代农业生产者必须具备敏锐的市场洞察力和高效的决策能力，以便在激烈的市场竞争中占据有利地位。

二、现代农业的数据应用原理

1. 数据驱动的精准农业

通过使用传感器技术以及卫星遥感技术，可以收集到关于土壤湿度、土壤肥力、气候条件以及作物生长状况等多方面的详尽数据。这些数据不仅包括土壤的物理和化学性质，还涵盖了作物生长过程中的各种环境因素，如温度、湿度、光照强度等。利用这些数据，结合复杂的数据分析算法和机器学习模型，能够对农田的整体状况进行深入分析和精确理解。

这种分析能够识别出农田中哪些区域可能需要更多的水分，哪些区域可能需要调整施肥策略，以及哪些区域可能存在病虫害的风险。通过这些信息，可以制定出更加科学合理的农业管理方案，比如精准施肥，即根据土壤肥力和作物需求，精确控制肥料的种类、用量和施用时间，以减少肥料的浪费并提高作物产量和质量。同样，精准灌溉技术能够根据土壤湿度和作物需水量，智能调节灌溉时间和用量，以达到节水增效的目的。

此外，通过对病虫害的早期识别和监测，可以及时采取防治措施，减少农药的使用，保护生态环境，同时保障作物的健康生长。这些基于数据分析的决策支持系统，不仅提高了农业生产的效率和效益，还有助于实现可持续农业的发展目标，为农业生产者提供强有力的技术支撑。

2. 农产品供应链管理

通过运用物联网技术，可以对农产品的整个生命周期进行实时监控，包括从田间到餐桌的每一个环节。具体来说，从农产品的种植、收获，到加工处理、包装，再到运输配送，直至最终的销售环节，物联网技术都能够实现对这些过程的全面跟踪。这不仅包括了对温度、湿度、光照等环境因素的监测，也涵盖了对农产品质量、安全标准的实时数据收集。

实现供应链的可视化意味着所有参与方，无论是农户、加工厂、物流公司还是零售商，都能够通过一个共享的平台实时查看农产品的状态和位置。这种透明度有助于及时发现问题，如在运输过程中可能发生的温度异常，或者在加工环节中可能出现的质量偏差，从而迅速采取措施进行调整或干预。

此外，通过物联网技术的应用，供应链的效率和安全性得到了显著提升。效率的提升体现在对资源的优化配置和流程的自动化管理，减少了人工干预和错误率，从而降低了成本和浪费。在安全性方面，实时监控和预警系统能够有效预防和减少食品安全事故的发生，保障了消费者的健康和利益。

3. 市场预测与决策支持

收集农产品市场价格、需求趋势、消费者偏好等数据，这些数据包括但不限于各类农产品的实时价格波动、市场供需关系、季节性需求变化，以及消费者对农产品品质、品种、包装等方面的偏好。通过这些详尽的数据收集，可以为农业生产者和企业提供一个全面的市场洞察。然后对收集到的数据进行深入分析和处理，识别出潜在的市场规律和趋势。

在此基础上，结合历史数据和当前市场环境，预测未来一段时间内的市场走势，包括价格变动、需求增减，以及可能存在的市场机遇和风险。这些预测结果对于农业生产者来说至关重要，它们可以帮助农民合理安排种植计划，避免盲目生产导致的市场过剩或短缺。同时，对于农产品企业而言，这些预测信息能够指导他们制定更为精准的销售策略，优化产品结构，提高市场竞争力。

此外，数据分析模型还可以帮助农业生产者和企业识别特定的市场细分领域，比如有机农产品、绿色食品等，这些细分市场往往具有更高的利润空间和增长潜力。通过精准的市场定位和策略调整，农业生产者和企业可以更好地满足消费者需求，提升品牌价值，实现可持续发展。总之，通过系统地收集和分析农产品市场数据，结合科学的预测模型，农业生产者和企业能够做出更加明智的决策，从而在激烈的市场竞争中占据有利地位。

4. 农业科技创新

通过对农业科研数据进行深入的分析和研究，可以揭示出隐藏在其中的创新潜力和技术突破的可能性。这一过程不仅涉及对现有数据的挖掘，还包括对数据进行综合评估，以识别出可能引领未来农业发展的关键技术和方法。

这些分析结果可以帮助科研团队确定研究的重点领域，优化资源分配，并缩短从实验室到田间的时间。同时，这些数据支持还能促进新技术和新品种的推广，确保农民和农业生产者能够及时获得并应用最新的研究成果，从而提高农业生产效率，增强农业的可持续性和竞争力。

三、现代农业的数据应用场景

1. 智能灌溉与施肥

在广袤的农田里，可以通过安装一系列土壤湿度传感器和养分传感器，来实时监测土壤的湿度和养分状况。这些传感器能够精确地收集土壤的水分含量和营养成分数据，为农作物的生长提供科学依据。通过分析这些数据，可以进一步利用智能控制系统，自动调节灌溉系统和施肥设备的运行，从而实现精准灌溉和施肥的目标。

例如，当土壤湿度传感器检测到土壤中的水分含量低于预设的阈值时，系统会自动启动灌溉系统，及时为作物提供必要的水分，确保它们能够在适宜的环境中生长。同时，养分传感器会分析土壤中的营养成分，如氮、磷、钾等，根据这些数据，智能施肥系统能够精确计算并投放适量的肥料，以满足作物生长的需求。这种精准施肥的方式不仅能够显著提高肥料的利用率，避免肥料的浪费，还能有效节约水资源，实现农业生产的可持续发展。

2. 病虫害监测与防治

利用无人机和卫星遥感技术，可以高效采集农田的图像和相关数据。这些图像和数据经过处理后，通过图像识别技术和数据分析算法，能够精确监测农田中病虫害的发生情况。一旦发现病虫害的迹象，系统将及时发出预警，以便农户能够迅速采取措施。

根据监测到的病虫害类型和严重程度，可以制定出针对性的防治方案。例如，如果病虫害适合使用化学农药进行控制，农户会选择合适的农药种类和剂量，以确保高效防治的同时，减少对环境和农作物的潜在影响。在某些情况下，生物防治方法可能更为适宜，比如利用天敌或者生物农药来控制病虫害的发生和蔓延。通过这些综合性的管理措施，能够显著减少病虫害对农作物的危害，保障农业生产的稳定性和可持续性。

3. 农产品质量追溯

在农产品的整个生命周期中，从田间到餐桌的每一个环节，都可以通过物联网技术实现信息的精准记录和追踪。其中包括了农产品的生产阶段，例如播种、施肥、灌溉的具体时间与地点；加工阶段，如收割后的处理、包装、加工工艺等关键步骤；运输阶段，农产品的储存条件、运输路线等信息。这些信息的记录，有助于提高农产品的生产效率和质量控制，也提高了信息透明度，增强了消费者对农产品质量安全的信心。

当农产品到达消费者手上时，消费者可以通过智能手机扫描农产品包装上的二维码，或者通过专门的追溯平台查询，来获取详尽的全程信息。这种追溯机制不仅让消费者能够了解农产品的来源、生产过程和加工细节，还能够追踪到运输和储存的条件，确保农产品从田间到餐桌的每一步都是可追溯、可信赖的。通过这种方式，消费者可以更加放心地购买和食用农产品，农产品生产者和销售者可以展示其产品品质和安全性，从而在市场中建立良好的品牌形象。

4. 农业市场分析与决策

系统性地收集农产品市场价格数据、销售统计及消费者反馈意见形成数据集。该数据集不仅囊括了产品价格波动与销售量的变动趋势，还细致反映了消费者对农产品在品质、风味、包装等多方面的直接评价。通过这一系列详尽的数据累积，农业生产者与相关企业得以构建出全面的市场概貌。

借助尖端的数据分析技术，对所获取的庞大数据集进行深度剖析，对涵盖市场趋势分析、竞争对手评估及消费者需求进行挖掘。市场趋势分析旨在揭示农产品市场的长期发展趋势，为生产者与企业的未来市场预测提供科学依据。竞争对手评估则聚焦于行业内竞争格局，助力识别并强化自身优势，同时正视不足。消费者需求分析则直接关联到消费者的实际需求与偏好，为产品创新与营销策略的制定奠定坚实基础。

基于上述分析结果综合来看，农业生产者与企业能够做出更加明智的决策，可依据市场需求灵活调整生产计划，确保产品供给与市场需求的高度匹配。同时，通过优化产品结构，提升产品品质与多样性，以精准满足不同消费者群体的特定需求。此外，制定并实施高效的营销策略，依托精准的市场定位与创新的营销手段，有效提升产品的市场认知度与份额，进而在激烈的市场竞争中占据有利地位。

5. 农业科研与创新

农业科研机构采用大数据分析技术，对国内外的农业科研数据资源进行整合。通过这一过程，他们不仅能够挖掘潜在的创新点，还能识别可能的技术突破方向，从而有效加快农业新技术和新品种的研发进程。这些机构通过分析海量的作物基因数据以及作物生长环境数据，致力于培育能够适应各种不同气候条件和土壤环境的优良作物品种。

第十节 应急管理的数据应用

一、应急管理的行业特点

1. 突发性和紧急性

应急事件通常会在没有任何预警的情况下突然发生，它们往往没有明显的前兆，这就要求应急管理部门在极短的时间内必须迅速启动应急预案，动员和组织救援力量，以最大限度地减少损失和伤害。

这种突发性和紧急性要求应急管理必须具备高效的决策机制和快速的响应能力。在面对这些紧急情况时，决策者需要迅速分析形势，制定出合理的应对策略，并且能够迅速调动各种资源，协调各方力量，确保救援行动的高效和有序进行。同时，应急管理部门还必须建立起一套完善的监测预警系统，通过科技手段提高对潜在风险的预测和识别能力，从而在一定程度上提前做好准备，减少突发事件带来的冲击。

2. 复杂性和多样性

应急事件的类型繁多，涵盖了自然、社会、经济等多个领域，其影响因素也极为复杂多样。例如，自然灾害如地震、洪水、台风等，社会事件如恐怖袭击、群体性事件等，以及经济领域的突发事件如金融危机、市场动荡等，都属于应急管理的范畴。这些事件的发生往往具有突发性和不确定性，对社会秩序、人民生命财产安全以及经济发展都可能造成严重影响。因此，应急管理是一个系统性的工程，它要求不仅要对各种可能发生的应急事件有充分的了解和认识，还要能够综合考虑各种影响因素，包括自然环境、社会结构、经济状况、技术条件等。在此基础上，需要协调各方面的资源，包括政府、企业、社会组织以及公众等，形成一个全方位、多层次的应急管理体系。

3. 不确定性和高风险性

在面对各种应急事件时，人们常常会发现这些事件的发展趋势充满了不确定性，难以进行精确的预测。这种预测上的困难，无疑给应急管理工作带来了巨大的挑战，使得应急响应计划和资源调配变得更加困难和复杂。

与此同时，应急管理工作本身就具有极高的风险性。在执行救援任务时，救援人员可能会遇到各种不可预知的危险情况，这些情况可能会直接威胁到他们的生命安全。无论是深入地震灾区搜寻幸存者，还是在洪水肆虐的地区进行疏散和救援，救援人员都必须在极端条件下工作，面对随时可能发生的次生灾害，如余震、滑坡、传染病暴发等。这些风险因素要求救援队伍必须具备高度的专业技能和应对突发事件的能力，同时也需要有充分的准备和周密的计划来确保救援人员的安全。

4. 跨部门和跨区域协作性

在处理紧急情况和突发事件时，通常涉及多个政府部门和不同地区的协同工作。为了实现这种跨部门和跨区域的协作，必须构建一套高效的协调机制，并且搭建一个全面的信息共享平台。这样的平台能够确保来自不同机构和地区的资源、信息和专业技能能够迅速地整合在一起，从而形成一个强大的联合力量。

二、应急管理的数据应用原理

1. 实时监控与预警

通过部署各种传感器、高清摄像头以及无人机等智能设备，实时采集和监测各类关键数据。这些数据涵盖了气象数据，如：温度、湿度、风速和降水量等；地质数据，包括土壤湿度、地震活动和地形变化等；交通数据，例如车辆流量、道路拥堵情况和交通事故信息等。这些数据的实时采集对于建立一个高效、精确的预警系统至关重要。

该预警系统通过整合预测模型和实时采集的数据，能够对潜在的风险进行准确的分析和预测。当系统预测到可能发生的自然灾害、地质灾害或交通拥堵等情况时，它会及时发出警报。这些警报不仅会迅速传达给相关部门，以便他们能够及时采取必要的预防措施，如疏散人员、加固基础设施或调整交通流量；同时也会通知公众，使他们能够提前做好准备，采取自我保护措施，从而最大限度地减少潜在的损失和影响。

此外，预警系统的设计还考虑了不同用户的需求，确保信息的传递既快速又准确。系统可以定制化地向特定用户群体发送特定类型的警报，比如向农民发送关于干旱或洪水的预警，向交通管理部门发送关于严重交通堵塞的预警。通过这种方式，预警系统不仅提高了社会的整体应急响应能力，还增强了公众的安全感和满意度。

2. 资源优化与调度

通过深入的数据分析，可以有效地优化资源配置。在应急事件发生时，利用实时数据进行资源的动态调度，确保应急响应的高效性和灵活性。这不仅涉及对现有资源的精确评估，还包括对潜在需求的预测，以及对资源分配策略的持续调整。通过建立一个智能化的资源管理系统，可以实时监控资源的使用情况，及时发现资源短缺或过剩的问题，并迅速做出调整。此外，系统还可以根据历史数据和当前情况，预测未来可能发生的紧急情况，提前做好准备，从而提高整体的应急响应能力。通过这种方式，能够确保在紧急情况下，资源能够被迅速、合理地分配到最需要的地方，最大限度地减少损失，保障人民群众的生命财产安全。

3. 信息传播与沟通

为了确保在紧急情况发生时，公众能够迅速获取重要信息，相关部门和机构通过多种传播渠道，如社交媒体平台、手机短信服务以及电视广播网络，及时发布预警信息和应急指导。这些渠道的选择旨在覆盖尽可能多的人群，确保信息能够广泛传播，到达最大范围的受众。此外，通过社交媒体和移动应用程序，不仅能够单向地向公众传递信息，还能够实现双向互动。公众可以通过这些平台提出疑问、反馈情况，甚至是提供现场信息，从而帮助应急管理部门更好地了解实际情况，调整应对策略。这种互动不仅提高了应急响应的透明度，也增强了公众对应急措施的信任，有助于构建更加紧密的应急响应网络，确保在关键时刻能够有效地保护人民的生命财产安全。

4. 事后评估与改进

通过对突发事件从发生到结束的全过程数据进行细致分析，全面评估应急响应措施的实际效果以及在应对过程中出现的问题和不足。这一过程不仅包括对事件发生时的响应速度、资源调配、人员疏散、信息传递等方面的评估，还涉及对事后恢复、重建工作的效果评价。根据这些详尽的评估结果，可以有针对性地提出一系列改进措施，旨在优化现有的应急预案，提高应急响应的效率和效果。同时，这些改进措施也将帮助相关机构进一步完善应急管理体系，确保在未来遇到类似突发事件时，能够更加迅速、有序、有效地进行应对，最大限度地减少损失，保护人民生命财产安全。

三、应急管理的数据应用场景

1. 灾害预警与监测

通过部署气象、地质、水文等多种类型的传感器，对自然灾害进行实时的监测和预警。例如，地震监测仪能够精确地捕捉到地震活动的微小变化，从而在地震发生之前及时发出预警信息，为人们争取避险时间。同样地，水位监测仪能够实时监测河流、湖泊的水位变化，通过数据分析预测可能发生的洪水灾害，以便采取相应的防范措施。

卫星遥感技术的应用极大地提高了对大面积区域的监测能力。卫星能够在高空对地面进行持续监视，及时发现火灾、洪水等自然灾害的迹象。一旦发现异常，相关部门可以迅速响应，采取措施减轻灾害带来的影响。同时，通过对遥感图像的深入分析，专家们可以评估灾害的影响范围和程度，为灾后救援和重建工作提供科学依据。这些技术手段的结合，不仅提高了灾害监测的效率和准确性，也为灾害管理提供了强有力的技术支持。

2. 应急资源管理

通过构建一个全面的应急资源数据库，并结合物联网技术，人们对救援过程中所需的各种物资、设备以及专业人员等关键资源进行实时监控和管理。这种实时监控系统能够确保救援团队对资源的精确掌握，无论是在灾害发生后的混乱初期，还是在救援行动的后续阶段。通过物联网技术，救援物资和设备的位置、状态以及使用情况都可以实时更新，并通过数据库进行集中处理和分析。

深入的数据分析功能使得救援指挥中心能够清晰地了解各类资源的地理分布状况，以及根据实际情况确定的实际需求情况。这不仅有助于避免资源浪费，还能确保在紧急情况下，救援资源能够被迅速而准确地分配到最需要的地方。例如，如果某个地区发生了地震，系统可以立即识别出该地区最缺乏的物资类型，并指导救援队伍优先运送这些物资。

此外，通过这种综合性的资源管理方式，救援行动的响应速度将得到显著提升。救援团队可以更快地做出决策，更有效地协调各方资源，从而缩短救援时间，提高救援成功率。在紧急情况下，每一分钟都至关重要，因此，这种高效的资源调配机制对于挽救生命和减少财产损失具有不可估量的价值。

3. 救援行动指挥调度

通过运用遥感技术（RS）、地理信息系统（GIS）和全球定位系统（GPS）技术，救援团队能够实时监控救援人员的具体位置以及他们的行动轨迹。这些数据信息被传输到一个高效的指挥调度平台，该平台负责对分散在不同地点的救援人员进行统一的指挥和调度工作。这样的集中管理方式极大地提高了救援行动的协同作战能力和整体效率。

救援团队还能够借助数据分析技术，对救援路线进行精确地优化处理，并制定出最佳的交通疏导方案。这些方案确保了救援人员能够以最快的速度抵达灾区，从而为受灾群众提供及时的帮助。同时，通过对灾区及其周边交通状况的实时监测，救援团队能够及时获取最新的交通信息，并根据实际情况调整救援策略。这种动态的调整机制有助于避免救援过程中可能出现的交通拥堵问题，确保救援通道的畅通无阻，从而为救援行动的成功实施提供了有力保障。

4. 舆情监测与应对

在处理应急事件时，可以通过舆情系统监督各个渠道的信息。这些渠道包括但不限于微博、微信、论坛、博客以及新闻网站等，它们提供了一个直接了解民众情绪和需求的窗口。通过实时监控这些平台上的讨论和反馈，相关机构可以迅速把握公众对事件的看法和态度。

借助舆情分析技术，对收集到的数据进行深入分析，识别出舆论趋势，了解舆论的主要关切点。这些技术包括自然语言处理、情感分析、网络爬虫等，它们能够帮助相关机构从海量信息中提炼出关键信息，为及时回应社会关切提供支持。在此基础上，可以采取有效的沟通策略，通过发布权威信息、开展媒体沟通等方式，引导舆论朝着积极、建设性的方向发展，增强公众对应急事件处理的信心。

大数据分析技术在监测和应对谣言及虚假信息传播方面发挥着至关重要的作用。在当今信息爆炸的时代，谣言和虚假信息往往借助网络传播速度快、影响范围广的特点，迅速扩散，对社会稳定构成威胁。通过大数据分析，我们可以实时监测网络上的信息流动，识别出潜在的谣言和虚假信息。一旦发现此类信息，可以迅速采取措施，通过发布官方辟谣信息、与社交媒体平台合作进行内容审核等方式，及时澄清事实，遏制谣言的传播，维护社会的和谐稳定。这种快速反应机制不仅有助于保护公众免受错误信息的误导，也有助于维护政府和相关机构的公信力。

5. 灾后评估与恢复

利用无人机、卫星遥感等先进技术手段，对受灾区域进行细致的灾后评估工作，以全面了解灾害造成的损失情况和影响范围。这些技术能够提供高分辨率的图像和数据，帮助救援人员和决策者迅速掌握受灾地区的实际情况，包括受损建筑、基础设施、农田等关键信息。通过这些详尽的数据分析，可以制定出更加精准和有效的灾后恢复计划和重建方案，确保资源的合理分配和使用。

利用大数据分析技术，可以对灾后经济、社会、环境等方面的影响进行全面评估。这包括分析灾害对当地产业的冲击、居民生活的影响、生态环境的破坏程度等多方面因素。通过这些分析，可以为政府和相关部门提供科学的决策支持，帮助他们制定出更加有效的政策和措施，以促进灾区经济的快速恢复和社会的稳定发展。大数据分析还能揭示灾害发生的原因和规律，为未来的防灾减灾工作提供经验和教训，提高社会的整体灾害应对能力。

第十一节　气象服务的数据应用

一、气象服务的行业特点

1. 数据密集型

气象服务涉及大量的高频次采集数据，包括地面观测、卫星遥感、雷达探测等。这些数据的规模极为庞大，需要从全球各地的气象站、卫星和雷达系统中实时收集。地面观测站可以提供气温、湿度、风速等详细数据；卫星遥感技术则能够覆盖广阔的地理区域，提供云图、海温等宏观信息；雷达探测则用于监测降水和风暴等局部天气现象。庞大的数据量对存储和处理能力提出了极高的要求，同时也为气象分析和预测提供了丰富的基础。

2. 实时性和准确性要求高

气象服务行业需要实时、高精度监测天气状况，及时发布预警信息，尤其是对于极端天气事件的预测。为了确保预警的准确性和及时性，气象服务必须从多个渠道收集高频次的数据，包括地面观测站、卫星遥感和雷达探测等。这些数据需要实时传输到数据中心，进行快速处理和分析，以生成最新的天气预报和预警信息。例如，地面观测站可以提供气温、湿度、风速等详细数据；卫星遥感技术能够覆盖广阔的地理区域，提供云图和海温等宏观信息；而雷达探测则用于监测降水和风暴等局部天气现象。通过这些高精度的数据，气象部门可以及时发现并预测极端天气事件，如台风、暴雨和雷暴，从而为公众和相关部门提供准确的预警，减少灾害损失。

3. 公共服务属性

气象服务是面向全社会的公共服务，关系到人民生命财产安全和社会经济发展。作为一项关键的公共服务，气象服务通过提供准确、及时的天气预报和预警信息，帮助公众和各行各业应对各种天气变化，特别是在极端天气事件中，如台风、暴雨和雷暴等，气象预警能够有效减少灾害损失，保护人民的生命财产安全。气象服务还为农业、交通、能源等多个领域提供重要支持，帮助这些行业合理安排生产和经营活动，提高经济效益。通过不断提升数据的实时性和准确性，气象服务增强了社会的整体抗灾能力，促进了经济社会的可持续发展。

4. 机密性

气象数据，尤其大量、集中的气象数据往往属于机密数据，对于数据安全需要有更高水平的保护。这些数据不仅包含了天气状况的详细信息，还可能涉及国家安全、军事行动和经济利益等敏感领域。因此，气象服务机构必须采取严格的保密措施，确保数据在采集、传输、存储和处理过程中的安全。这包括使用加密技术保护数据传输，建立多层次的访问控制机制，限制未经授权的访问，以及定期进行安全审计和漏洞检测，防止数据泄露和恶意攻击。

二、气象服务的数据应用原理

1. 数据采集与处理

通过部署在不同地理位置的气象观测站，以及利用卫星和雷达技术，人们能够收集到大量的气象数据。这些数据涵盖了从温度、气压、湿度到风向、风速、降水等多个维度的详细信息。这些气象站、卫星和雷达设备，它们分布在世界各地，确保了数据的广泛覆盖和实时更新。收集到的原始数据通过复杂的传输网络，被迅速地发送到中央处理中心。在那里，数据会经过一系列的处理步骤，包括数据清洗、校正和质量控制，以确保数据的准确性和可靠性。经过这些步骤处理后的数据，最终会形成一套规范化的气象数据集，这些数据集为天气预报、气候研究以及灾害预警等提供了重要的基础信息。

2. 数据分析与建模

通过运用统计学原理和数值模拟技术，可以对气象数据进行深入的分析和挖掘工作。不仅包括对历史气象数据的回顾性研究，还包括对实时数据的动态监测。通过这种研究，可以识别天气变化的潜在规律和长期趋势，从而为气象预测提供科学依据。

进一步地，通过建立复杂的气象预报模型来模拟大气的运动状态和天气变化的过程。这些模型通常基于物理定律和数学方程，能够模拟出从微观粒子到宏观气候系统的各种尺度的天气现象。通过这些模型的运算，气象部门可以预测未来一段时间内的天气情况，包括温度、湿度、风速、风向、降水概率等关键气象要素，为生产生活提供指导。

三、气象服务的数据应用场景

1. 农业生产

农民可以根据气象预报合理安排农事活动，如播种、施肥、灌溉、收割等。气象服务可以提供土壤墒情、气温变化、降水预测等信息，帮助农民提高农业生产效率，减少因天气灾害造成的损失。

例如：在干旱地区，农民可以根据降水预测合理安排灌溉时间，节约水资源；在台风来临前，农民可以提前采取措施，保护农作物免受灾害。

2. 交通运输

交通运输部门可以根据气象信息合理安排航班、船舶、火车等的运行。气象服务可以提供能见度、风向、风速、降水等信息，帮助交通运输部门确保安全运行，减少因恶劣天气造成的延误和事故。

比如：在大雾天气，机场可以根据气象预报及时调整航班计划，避免航班延误；在台风影响海域，船舶可以提前避风，确保航行安全。

3. 能源供应

能源企业可以根据气象预报合理安排电力、天然气等能源的生产和供应。气象服务可以提供气温变化、风力大小等信息，帮助能源企业预测能源需求，优化能源调度，提高能源利用效率。

例如：在冬季寒冷天气，能源企业可以根据气温预测提前增加能源供应，确保居民温暖过冬；在风力较大的地区，风力发电企业可以根据风向、风速预报合理安排发电计划，提高发电效率。

4. 旅游出行

旅游者可以根据气象预报选择合适的旅游时间和地点。气象服务可以提供气温、降水、风力等信息，帮助旅游者做好旅游准备，避免因恶劣天气影响旅游体验。

比如：在海边旅游时，旅游者可以根据海浪、风向等预报选择合适的游泳时间和地点；在山区旅游时，旅游者可以根据天气预报避免在恶劣天气下登山，确保安全。

第十二节　城市管理的数据应用

一、城市管理的行业特点

1. 综合性

城市管理是一个复杂而多元化的领域，它不仅涵盖了城市规划，还广泛涉及市政设施的建设与维护、环境卫生的保持、交通管理的优化以及公共安全的保障等多个方面。为了确保城市的高效运行和可持续发展，城市管理需要综合考虑经济、社会、环境等多方面的因素，同时还需要协调不同部门之间的合作与沟通，确保各项政策和措施能够有效实施。

2. 动态性

城市作为一个持续进化和演变的复杂体系，其管理过程同样需要不断地调整和优化。随着城市人口的不断膨胀、经济活动的日益繁荣以及社会结构的深刻变革，城市管理的范畴和重点也在不断地发生着变化。城市管理者必须具备前瞻性的视角，对城市发展的趋势进行深入分析，以便及时制定和实施有效的管理策略。这不仅涉及城市基础设施的规划和建设，还包括对城市环境的保护、交通流量的调控、公共安全的维护、社会服务的提供以及城市文化的塑造等多个方面。

3. 公众参与性

城市管理的对象涵盖了广大的市民群体，其成效如何，将直接影响城市居民的日常生活质量与幸福感。因此，城市管理的过程中必须深入考虑城市居民的实际需求和宝贵意见，确保政策的制定和执行能够真正符合城市居民的利益。同时，为了提升城市管理的效率和效果，应当积极倡导并鼓励城市居民以各种形式参与到城市管理的各个环节中来。

4. 信息化程度高

随着信息技术的迅猛发展，城市管理的模式正在经历一场深刻的变革。现代城市管理部门正越来越多地依赖信息化手段，以提高管理效率和响应速度。通过部署各种传感器、摄像头以及物联网设备，来进行城市治理手段和基本治理逻辑的变革。

二、城市管理的数据应用原理

1. 数据驱动的决策支持

从多个数据源（如交通监控、环境监测、市民举报、社交媒体等）采集数据，进行清洗和整合，形成高质量的数据集，利用大数据分析技术，对城市管理的各项指标进行深入分析，将分析结果转化为易于使用和理解的、对决策有用的信息，辅助城市管理决策者做出科学决策。

2. 智能感知与预测

物联网技术，能够对城市环境进行全方位的感知和实时监测，确保各项关键指标的连续追踪与分析。传感器网络遍布城市的各个角落，从空气质量到噪声水平，从交通流量到公共设施的使用情况，每一项数据都被精确捕捉并传输至中央处理系统。这些数据不仅为城市管理者提供了实时信息，也为市民的生活质量提供了保障。物联网技术的应用还促进了城市资源的智能化管理。

结合机器学习算法和复杂的统计模型，系统能够对收集到的数据进行深入分析，预测可能出现的交通拥堵、环境污染加剧、公共安全风险等潜在问题。通过这些预测，城市管理者可以提前制定相应的应对策略。

3. 公众参与与互动

通过移动应用和社交媒体平台，政府可以实时收集市民的意见和建议，了解市民的需求和关切。这些数据经过分析，可以为决策者提供科学依据，帮助他们制定更符合民意的政策和措施。同时，政府可以通过这些平台及时发布信息，回应市民关切，提高政府透明度和公信力。这种双向互动不仅增强了市民的参与感，还提升了城市治理的效率和效果。

三、城市管理的数据应用场景

1. 交通管理

利用交通流量监测数据，实时了解城市道路的交通状况，及时调整交通信号，优化交通流量。通过分析交通拥堵的热点区域和时段，制定交通疏导策略，缓解交通拥堵。

例如：在交通高峰时段，延长交通信号的绿灯时间，提高道路通行能力；在交通拥堵的热点区域，设置交通诱导标志，引导车辆分流。

2. 环境管理

利用环境监测数据，实时了解城市的空气质量、水质、噪声等环境指标，及时发现环境污染问题，采取有效的措施进行治理。通过分析环境污染的源头和影响因素，制定环保政策，加强环境保护。

例如：在空气质量较差的区域，加强对工业企业的监管，减少污染物排放；在噪声污染严重的区域，设置隔音设施，降低噪声污染。

3. 公共安全管理

利用视频监控数据、报警数据等，实时了解城市的公共安全状况，及时发现安全隐患，采取有效的措施进行防范和处置。通过分析犯罪活动的规律和趋势，制定治安防控策略，加强社会治安管理。

例如：在人员密集的区域，增加视频监控设备，提高安全防范能力；在犯罪活动高发的时段和区域，加强巡逻力度，打击违法犯罪活动。

4. 城市规划

利用城市人口、经济、土地利用等数据，进行城市规划和土地利用规划。通过分析城市发展的趋势和需求，制定科学合理的城市规划方案，优化城市空间布局，提高城市的综合承载能力。

例如：根据城市人口增长趋势，规划建设新的居住区、商业区和公共设施，满足城市发展的需求；根据城市交通流量分布情况，优化城市道路网络，提高城市交通效率。

5. 市政设施管理

利用市政设施运行状态监测数据，实时了解市政设施的运行状况，及时发现设施故障，采取有效的措施进行维修和保养。通过分析市政设施的使用情况和需求，制订市政设施更新改造计划，提高市政设施的服务水平。

例如：在供水管道出现漏水时，及时进行维修，避免水资源浪费；根据城市居民的用电需求，规划建设新的变电站和输电线路，提高供电可靠性。

第十三节　社区服务的数据应用

一、社区服务的行业特点

1. 服务对象的广泛性

社区服务致力于为社区内的所有居民提供支持和帮助，涵盖了不同年龄层次、性别身份、职业背景以及社会经济地位的个体。这些服务面向那些处于生命早期阶段的婴幼儿，他们需要额外的关爱和教育支持；也面向正处于成长和学习阶段的青少年，他们可能需要辅导、心理支持和社交活动；社区服务还面向成年人，无论是职场人士还是家庭主妇，他们可能需要职业发展指导、健康咨询或是休闲娱乐活动；又或者是老年人群体，他们可能需要医疗关怀、生活照料或是社交互动的机会。总之，社区服务的目标是满足社区内不同人群的需求，促进社区的和谐与进步。

2. 服务内容的多样性

社区服务涵盖了众多领域，包括但不限于医疗卫生、教育、养老、就业、文化娱乐等。以社区卫生服务为例，不仅包括基本的医疗诊治，还涉及预防保健、康复护理等多个方面。在教育方面，社区可能提供成人教育、儿童课外辅导等服务。在养老服务中，社区可以提供日间照料、居家养老服务等。这种多样性满足了社区居民不同方面的需求。

3. 服务的贴近性和便利性

社区服务通常是在居民生活的社区内部进行的，这种服务形式具有极强的贴近性，因为它直接在居民的日常居住环境中展开。这意味着居民无须花费太多的时间和精力就能快速抵达服务地点，从而享受到各种便捷的服务。这些服务不仅包括了日常生活中的基本需求，如医疗、教育、文化娱乐等，还可能涵盖一些特殊需求，比如老年人关怀、儿童看护、残疾人辅助等。社区服务的这种便捷性和针对性，使得居民能够更加高效地解决生活中的各种问题，提高生活质量，同时也增强了社区内部的凝聚力和居民之间的互助精神。

4. 强调社区参与和合作

社区服务是构建和谐社会的重要组成部分，它鼓励社区居民积极参与其中，共同推动社区的繁荣与发展。社区居民可以通过参与志愿者服务、加入社区组织、参与各类社区活动等多种形式，为社区服务贡献自己的一份力量。

社区服务的顺利开展和持续发展，需要政府、社会组织、企业等多方面的通力合作与支持。政府可以通过制定相关政策和提供必要的资金支持，为社区服务的开展创造良好的外部环境。社会组织则可以发挥其专业优势，提供专业的服务和指导，帮助社区解决实际问题。企业可以通过社会责任项目，与社区建立合作关系，共同推动社区的发展和进步。

社区服务还需要居民对社区工作者工作的困难加以理解，对社区服务的要求加以配合，形成良性互动。

二、社区服务的数据应用原理

1. 个性化服务提供

通过运用大数据技术，社区管理者能够对居民的生活习惯、偏好和需求有一个全面而细致的了解。这种分析不仅能够揭示居民群体的普遍特征，还能够识别出每个居民的独特需求和偏好。在此基础上，社区服务提供者可以设计并实施更加精准和个性化的服务方案，以满足居民的多样化需求。

2. 资源优化配置

通过对社区服务数据进行深入的分析和挖掘，可以全面掌握社区服务资源的使用状况以及居民的需求动态。这不仅包括对现有服务设施和服务项目的使用频率、受欢迎程度和服务质量的评估，还涉及对居民对不同类型服务的偏好、需求强度以及潜在需求的识别。通过这些详尽的数据分析，社区管理者能够准确把握资源分配的现状，发现服务供给与需求之间的差距，进而制定出更加科学合理的资源配置方案。这样的优化配置不仅能够提高社区服务资源的使用效率，确保资源得到充分利用，还能更好地满足居民的多样化需求，提升居民的生活质量，增强社区的凝聚力和居民的幸福感。

3. 服务质量评估和改进

通过收集社区居民对各项服务的反馈数据，包括居民对服务内容、服务方式以及服务人员态度等方面的评价，同时，详细记录服务过程中的绩效数据，如服务的及时性、服务的覆盖率、服务的满意度等关键指标，可以对社区服务的整体质量进行全面而深入的评估。这样的评估不仅能够揭示服务中存在的优势和不足，还能够为服务的持续改进提供有力的数据支持。基于这些评估结果，社区管理者可以制定相应的改进措施，优化服务流程，提升服务质量，确保社区服务能够更好地满足居民的需求。

三、社区服务的数据应用场景

1. 社区卫生服务

在社区卫生服务中，数据可以用于居民健康管理、疾病预防控制、医疗服务提供等方面。例如，通过建立居民健康档案，收集居民的基本健康信息、疾病史、体检报告等数据，可以为居民提供个性化的健康管理服务。利用大数据分析技术，可以对社区居民的疾病发病率、疾病流行趋势等进行监测和预测，为疾病预防控制提供依据。在医疗服务提供方面，可以通过分析医疗记录、药品使用情况等数据，优化医疗资源的分配，提高医疗服务的效率和质量。

2. 社区就业服务

在社区就业服务中，数据可以用于就业需求分析、职业培训、岗位推荐等方面。通过收集社区居民的就业需求、技能水平、求职意向等数据，可以分析社区的就业形势和需求，为制定就业政策和提供就业服务提供依据。利用大数据分析技术，可以根据居民的个人信息和就业需求，为居民推荐适合的职业培训课程和就业岗位。

3. 社区教育服务

在社区教育服务中，数据可以用于课程设置、学生管理、教学评估等方面。通过收集学生的学习需求、学习进度、考试成绩等数据，可以分析并了解学生的学习情况和需求，为课程设置和教学内容的调整提供依据。利用大数据分析技术，可以对学生的学习行为进行分析，为学生提供个性化的学习建议和辅导。在教学评估方面，可以收集学生和教师的反馈数据、教学过程中的绩效数据等，评估教学质量，并进行改进。

4. 社区养老服务

在社区养老服务中，数据可以用于老年人健康管理、养老服务需求分析、养老服务资源配置等方面。建立老年人健康档案，收集老年人的健康信息、生活习惯、疾病史等数据，可以为老年人提供个性化的健康管理服务。利用大数据分析技术，可以对社区老年人的养老服务需求进行分析，为养老服务机构提供服务方向和重点。在养老服务资源配置方面，可以通过分析养老服务设施的使用情况、养老服务人员的工作负荷等数据，合理调整养老资源的分配。

5. 社区物业服务

在社区物业服务中，数据可以用于物业管理、设施维护、服务质量评估等方面。通过收集小区的设施设备运行数据、居民的投诉建议等数据，可以及时发现设施设备的故障和问题，进行维修和维护。利用大数据分析技术，可以对居民的服务需求进行分析，为居民提供个性化的物业服务。在服务质量评估方面，可以收集居民对物业服务的满意度、投诉率等数据，评估物业服务的质量，并进行改进。

第十四节　教育教学的数据应用

一、教育教学的行业特点

1. 个性化与适应性

在信息时代，教育教学不再是千篇一律的模式。随着互联网的日益普及和在线开放课程的涌现，教学被推上了线上平台，适应性、个性化等教学思想逐渐被社会推崇。学生的学习需求和特点各不相同，教育教学需要根据每个学生的具体情况进行调整，以满足他们的个性化发展需求。

2. 对综合素质的高要求

目前教育业要求学生具备更为良好的综合素养和能力。与传统教学相比，现代教育更加注重培养学生的创新思维、实践能力、团队协作等综合素质。这就要求教师在教学过程中不仅要传授知识，还要注重培养学生的各种能力，帮助学生全面发展。

3. 与新技术的紧密结合

已经全面进入智能时代，以大数据、人工智能、5G等为代表的新一代信息技术正快速融入社会生活的方方面面，教育也正在大踏步地迈向智慧教育。教育教学行业不断吸收和应用新技术，如智能传感器、自动停车系统等人工智能技术在教育中的应用，使得教育更加便捷和个性化。同时，数据也成为学校最重要的无形资产，其价值甚至远超校内任何一项实体资产。

4. 家校互动

在当今社会的教育体系中，家庭与学校之间的互动已经成为一个重要的组成部分。通过建立和利用家校互动平台，教育工作者和家长能够共享学生的学习进展、成绩数据以及各种评估结果，确保家长能够实时掌握孩子的学习动态和成长轨迹。这样的做法为家长和教师提供了一个及时交流的渠道，使得家长能够就孩子的教育问题、学习难点以及任何疑问进行咨询和讨论。教师可以通过这个平台及时回应家长的关切，解答他们在家庭教育中遇到的问题，共同探讨和制定更有效的教育策略。这种双向的沟通机制有助于构建一个更加和谐的教育环境，促进学生在家庭和学校两个重要场所中的全面发展。

同时，家校互动平台也有助于家长更全面地了解自己孩子的在校表现，从而更好地支持孩子的学习和成长。

此外，家校互动平台还能够促进家长之间的交流与合作，形成一个支持性的社区氛围。家长们可以在这里分享育儿经验、学习资源和成功案例，相互鼓励和帮助，共同为孩子们创造一个更加有利的成长环境。通过这样的互动，学校教育和家庭教育得以有机结合，形成一股强大的教育合力。

二、教育教学的数据应用原理

1. 数据驱动决策

通过细致地收集和深入地分析学生的学习数据，包括但不限于他们的学习行为模式、历次考试的成绩表现，以及作业的完成情况等多维度信息，教育工作者能够全面地掌握每个学生的学习状况和个性化需求。这样的分析不仅有助于识别学生在学习过程中可能遇到的困难和挑战，还能够揭示他们的学习习惯和偏好，从而为教学决策提供有力的数据支持。教师可以根据这些分析结果，调整教学策略，设计更加符合学生实际需求的教学内容和方法，以期达到提高教学效果和促进学生全面发展的目的。此外，这些数据的分析结果还可以帮助学校管理层更好地理解教学资源的分配情况，以及评估教学活动的有效性，进而做出更加科学合理的教育决策。

2. 个性化学习

通过运用大数据技术对学生的学习行为、成绩表现以及学习习惯进行深入分析，教育机构能够精准地识别每个学生的学习特点和个性化需求。这种分析不仅涵盖了学生对不同学科知识的掌握程度，还包括了他们的学习风格、兴趣点以及可能存在的学习障碍。基于这些详尽的数据分析，教育工作者可以为每位学生量身定制一套适合其个人特点的学习资源和学习路径。

例如，对于那些在数学方面表现出色的学生，系统可以提供更高难度的数学题目和挑战性问题，以激发他们的潜能并维持学习兴趣。而对于那些在语言学习上需要额外帮助的学生，系统则可以推荐适合他们水平的阅读材料和听力练习，同时提供额外的辅导资源，如在线课程或一对一辅导，以帮助他们提高语言能力。

此外，个性化学习路径的设计还会考虑到学生的时间安排和学习节奏，确保学习计划既高效又可行。通过实时反馈和持续的跟踪评估，教育工作者可以及时调整学习资源和路径，确保学生始终处于最佳的学习状态。这种基于大数据的个性化学习方法，不仅提高了学习效率，还增强了学生的学习动力，最终有助于提升整体的教育质量和学生的学业成就。

3. 教学质量评估

对教学过程中的各个环节以及教学效果的各项指标进行详尽的数据分析，不仅能够全面评估教学质量的高低，还能够深入挖掘教学过程中可能存在的各种问题和不足之处。这样的分析工作有助于揭示教学活动中的优势和劣势，从而为教学方法的改进和教学质量的提升提供有力的数据支持和科学的参考依据。通过这种方式，教育工作者可以更加精准地调整教学策略，优化教学内容，改进教学手段，最终实现教学效果的最大化，促进学生全面发展。

三、教育教学的数据应用场景

1. 学生学习方面

在教育教学中，数据应用于学生学习方面具有多方面重要意义。通过个性化学习路径规划，学生能够依据自身特点高效地进行学习，打破传统统一模式。智能学习资源推荐则根据学生的兴趣和能力，为其提供合适的学习资料，激发其学习积极性。学习进度实时跟踪让学生随时把握自己的学习状态，以便及时调整节奏。学习弱点精准诊断帮助学生明确自身不足，从而有针对性地进行强化学习。学习兴趣挖掘与培养更是能激发学生内在学习动力，使他们更加主动地投入到学习中。

2. 教师教学方面

对于教师教学而言，数据应用起着关键作用。教学内容优化调整可使教学更加贴合学生需求，切实提高教学质量；教学方法改进选择让教师能根据不同教学内容和学生特点，灵活运用更有效的教学方式；学生表现动态评估便于教师及时了解学生学习情况，给予个性化指导；课堂互动效果分析有助于教师改进课堂互动环节，提升学生参与度和学习效果；作业布置个性化定制满足不同学生学习需求，进一步巩固学习成果。

3. 学校管理方面

在学校管理方面，数据应用也不可或缺。教师绩效评估为学校评价教师工作提供客观依据，激励教师不断提升教学水平；课程设置合理性分析帮助学校优化课程体系，使其更符合学生发展和社会需求；学生考勤与行为监测加强学校对学生的管理，维护良好教学秩序；教学设备需求预测使学校能够合理配置教学资源，提高资源利用效率；校园安全风险预警为学生提供安全的学习环境，保障教育教学活动顺利开展。

4. 家校互动方面

家校互动场景下的数据应用起到了关键作用，它极大地加强了家长与学校之间的联系，使得教育成为家长和学校共同关注和参与的重要事项。通过这种数据驱动的互动方式，家长能够获得定期的学情反馈，从而及时掌握孩子的学习动态和进展，与学校形成有效的协同，共同助力孩子的全面发展。

数据的应用可以加强家校之间的信息透明度和信任感，家长可以更加直观地看到孩子在学校的学习状态和成长轨迹，而学校也能通过数据反馈调整教学策略，更好地满足学生的需求。这种双向互动不仅提升了教育的质量和效果，还让教育变得更加人性化和个性化，让每个孩子都能以适合自己的教育方式学习。

第十五节　绿色低碳的数据应用

一、绿色低碳的行业特点

1. 环保导向性强

绿色低碳行业致力于减少对环境的负面影响和降低碳排放，这是其主要目标。这一行业涵盖了广泛的领域，包括但不限于可再生能源的开发、节能技术的应用以及资源的回收和再利用。这些活动都紧密围绕着环境保护这一核心主题，旨在促进可持续发展，保护地球的生态系统。通过推广使用清洁能源，如太阳能、风能和水能，绿色低碳行业努力减少对化石燃料的依赖，从而减少温室气体的排放。同时，通过采用节能技术，如高效能的设备和智能控制系统，该行业致力于提高能源使用效率，减少能源浪费。此外，资源回收和再利用也是绿色低碳行业的重要组成部分，它通过回收利用废旧物资，来减少资源的开采和消耗，降低生产过程中的环境负担。这些努力不仅有助于减缓气候变化，还有助于保护生物多样性，维护生态平衡，为子孙后代创造一个更加绿色、健康的生活环境。

2. 技术创新驱动

为了实现绿色低碳目标，行业需要不断创新和研发新的技术和解决方案。这些创新涵盖了从提高能源效率到开发新型可再生能源，再到减少碳排放的各个方面。例如，通过优化生产流程和设备管理，企业可以显著减少能源消耗，降低运营成本。同时，开发和利用更多的可再生能源，如太阳能和风能，可以减少对化石燃料的依赖，降低温室气体排放。此外，通过改进生产工艺和开发新材料，企业可以减少废物产生和资源消耗，进一步降低环境影响。

3. 政策驱动性明显

政府所制定的政策和法规对于绿色低碳行业的发展起到了重要的推动作用。政府通过明确的减排目标，为企业和社会指明了绿色低碳转型的方向。这些目标不仅为行业的发展提供了清晰的蓝图，而且也为企业在环保和可持续发展方面的努力提供了具体的目标。政府还通过提供各种补贴和激励措施，鼓励企业采用环保技术和清洁能源，以减少碳排放和环境污染。这些激励措施包括税收减免、财政补贴、低息贷款等，旨在降低企业转型的成本和风险，提高企业参与绿色低碳发展的积极性。

政府还担负了对绿色低碳行业的监管责任，确保企业和组织遵守相关的环保法规和标准。通过建立严格的排放标准和监管体系，政府能够有效地监督企业的环保行为，对那些不遵守规定的企业进行处罚，从而促使整个行业朝着更加环保和可持续的方向发展。

4. 跨领域合作需求大

随着全球对环境保护和可持续发展的日益重视，绿色低碳行业的重要性愈发凸显。这一行业不仅涵盖了能源、交通、建筑、工业等多个关键领域，而且其发展和转型需要跨学科、跨行业的广泛合作。为了实现整体的绿色低碳转型，不同领域的企业、研究机构以及专家学者必须携手合作，共同探索和实践低碳技术的研发与应用。例如：在能源领域，需要与交通、建筑等行业紧密协作，推动清洁能源的使用和高效能源系统的构建；在工业领域，需要与科研机构合作，开发节能减排的新工艺和新材料。此外，政府政策的支持和引导也是不可或缺的，它能够为跨领域合作提供必要的框架和激励机制。只有通过这种多方参与、协同创新的合作模式，才能有效应对气候变化挑战，推动经济社会向更加绿色、低碳、可持续的方向发展。

二、绿色低碳的数据应用原理

1. 实时监控与动态管理

通过使用传感器技术、智能计量设备以及卫星遥感系统，可以实时收集关于能源消耗、碳排放量以及环境质量的各项关键数据。这些数据的实时采集对于动态管理能源资源、优化能源分配具有至关重要的作用。它们可以帮助相关机构及时调整能源使用策略，有效处理各种环境问题。

2. 资源管理与优化

对能源分配、生产流程以及污染物处理进行优化，以提高能源使用效率并显著减少碳排放量。一个全面的数据平台，能够精准地识别污染源，并实现对污染源的全程化和远程化监管。通过这样的平台，可以更有效地推动减排工作，促进新能源的转型，加强污染防治，并促进废弃物的有效利用。

3. 生态保护与修复

通过深入分析卫星图像、无人机影像以及实地监测所收集的数据，可以迅速掌握生态系统的结构和功能的动态变化情况。这不仅有助于及时发现那些生物多样性正面临威胁的区域，而且还能通过综合考量土壤质量、水质状况、气候条件等多种环境因素与生物群落的相互关系，全面评估生态系统的稳定性及其提供的生态服务功能。这种多维度的分析方法能够帮助人们更好地理解生态系统的健康状况，为生态保护和恢复工作提供科学依据，同时也为制定有效的环境政策和管理措施提供支持。

4. 环保政策制定与执行

通过对环境、经济和社会数据进行深入地综合分析，可以全面揭示环境问题的成因及其对生态系统、人类健康和经济发展的影响。这种分析不仅包括对现有环境状况的评估，还涉及对历史数据的回顾，以识别问题的发展趋势和潜在的转折点。同时，通过对比不同国家和地区的环境政策，可以评估各种政策措施的有效性，包括它们在减少污染、保护自然资源和促进可持续发展方面的实际效果。

在评估政策措施时，不仅应关注其环境效益，还应考虑它们对经济和社会的广泛影响。这包括分析政策实施的成本，以及这些成本如何在不同群体之间分配，以及政策对经济增长、就业、社会公平和公众健康可能产生的正面或负面影响。此外，还应考虑政策的可持续性，即它们是否能够在长期内维持其效益，同时确保资源的合理利用和环境的长期健康。

通过这种多维度的分析，可以为决策者提供一个全面的视角，帮助他们制定出既环保又经济可行的政策，以实现环境保护和经济发展的双赢局面。这种分析方法有助于确保政策制定过程中的透明度和科学性，同时也为公众参与和政策监督提供了坚实的基础。

三、绿色低碳的数据应用场景

1. 提升生态环境治理能力

将环保、气象、水利等多领域数据进行深度整合与分析，利用大数据、AI 等技术，实现精准决策。气象与水文耦合预报能提前预警自然灾害，受灾分析助力快速响应，河湖岸线监测确保生态安全，突发事件处理则考验应急能力。同时，数据驱动污染天气预警与城乡水环境管理，让治理更科学、高效。这种跨领域的数据融合与应用，将极大提升人们保护生态环境、应对环境挑战的能力，推动可持续发展目标的实现。

2. 创新金融服务模式

数据融合提升评估准确性，为保险设计和信贷服务提供精准的风险定价基础，支持环保企业。

金融机构与保险公司整合企业内部数据与外部生态环境公共数据，创新推出环境污染责任保险与绿色信贷服务。这一举措旨在优化环境风险评估流程，为各方提供更为精准的数据支持。通过精确评估企业的环保绩效，为表现优异的企业提供优惠信贷政策，以此激励其加大环保投入，还能有效推动企业向绿色发展模式转型，共同促进社会的生态保护与可持续发展。

3. 提高能源利用效率

促进能源企业与高耗能企业之间的数据深度融合，提高能源的使用效率，这要求包括订单、排产、用电等基础数据和涵盖更广泛的信息的融合。通过这种深度的数据融合，可以支持能耗预测、能效分析、多能互补、梯度定价、城乡能源规划及资源调配等创新应用。这些应用将有助于构建一个低碳、清洁、安全且高效的能源体系，促进能源行业的可持续发展，为实现绿色低碳的未来奠定坚实的基础。

4. 加快废弃物循环利用

收集和整合与废弃物相关的各类数据信息，这些数据涵盖了废弃物的收集过程、转移途径、利用方式以及最终的处置方法。通过这一系列的数据管理，可以促进废弃资源的有效利用，实现废弃物从产生到最终处理的高效衔接。这不仅包括废弃物的分类、收集、运输、加工处理等环节的紧密协作，还涉及废弃物转化为资源的创新技术和方法的应用。

> **小贴士**
>
> **数据要素赋能小商品数字贸易便利化**
>
> 义乌小商品交易市场，作为全球首屈一指的小商品集散地，汇聚了国际范围内的众多采购商与供应商，通过高效的批发模式极大地促进了商品的大规模流通与交换，为国内外贸易的蓬勃发展注入了强劲动力。然而，该市场也面临着诸多挑战，诸如交易双方企业规模普遍偏小、数据流通与共享机制不够健全。这些问题直接导致了企业出口结算周期延长、货款回收困难重重，金融机构在授信与放款方面显得犹豫不决，而监管部门则缺乏有效的监管工具。
>
> 为了破解这些难题，浙江中国小商品城集团股份有限公司采取了公共数据授权运营的创新模式，将小商品城内企业的数据进行整合，并成功推出了一系列数据产品服务。这一举措不仅显著提升了贸易效率，还有效降低了交易风险，更为企业拓宽了融资渠道，为中国小商品走向世界舞台提供了有力支撑。公司通过授权运营，获取了涵盖登记、许可、处罚、荣誉等多个维度的公共数据，并将这些数据与商品、

交易、物流、评价等企业数据进行了深度融合，构建了一个全面、准确的数据体系。此外，公司还整合了全市电商企业、电商示范基地以及传统商贸流通企业的多方面数据，包括采购商信息、贸易纠纷记录、履约评价等，为小商品数字贸易的便利化奠定了坚实的基础。

在此基础上，公司打造了一个集展示交易、贸易履约、仓储物流、资金结算和信贷融资等功能于一体的线上综合服务平台。这个平台不仅为产业链上下游企业提供了全方位的服务，还通过沉淀大量的贸易数据，确保了贸易全过程的可追溯性和可还原性。公司推出的多种创新数据应用产品，如商贸供应链金融产品，就是基于真实的贸易数据开发的。其中，"货款宝"应用尤为引人注目，商户只需将货物送至指定仓库，即可快速获得50%的货款，这一举措有效缓解了中小微企业的资金压力，降低了其账户被冻结的风险。

此外，公司还全面构建了企业征信体系，建立了覆盖义乌市场25万家商户的企业信用评价模型，并开发了信用报告产品，为市场商户、采购商和银行机构提供了便捷的企业信用风险查询服务。这些举措的实施，使得义乌小商品市场在2023年取得了显著的成效：出口总值达到了5005.7亿元，其中使用小商品数字自贸平台提供的数字化产品服务的比例高达77.6%；全年基于企业征信体系累计授信总额达到90.57亿元，放款额35.58亿元，成功解决了3.3万余户小微企业的融资问题；通过市场采购贸易方式出口商品金额3883.7亿元，同比增长19.0%；通过海关跨境电商管理平台进出口商品金额166.0亿元，同比增长93.0%；义乌市场电商主体数量突破60万户，日均新增电商"老板"超过500个，在全国范围内处于领先地位。

综上所述，义乌小商品市场通过公共数据授权运营、线上综合服务平台建设以及企业征信体系构建等一系列创新举措，不仅提高了贸易效率、降低了交易风险，还拓宽了融资渠道，为小商品的数字贸易便利化提供了有力支持，进一步推动了中国小商品走向世界的步伐。

第六章
数据全生命周期管理

▶▶▶

　　数据是新时代的宝藏，蕴含着无限价值。然而，从数据的产生到销毁，每个环节都需精心管理才能确保数据的完整和安全，最大化其价值。本章将深入探讨数据全生命周期管理的各个环节，从数据采集、存储、整合、呈现、分析与应用、挖掘、流通到最终的归档和销毁，结合实际案例，解析如何有效管理数据，为企业决策提供强有力的支持。

第一节　数据生命周期划分的依据和标准

数据在全部生命周期中，经过一系列的演变和变化，从而改变不同功能，完成不同的使命，从而形成最终的价值。全生命周期的划分，可以更好地认识数据、理解数据和把握数据，为后续数据的管理提供支撑。

1. 数据全生命周期的流转

数据从产生到销毁的整个过程是一个连续的流转链。每个阶段都是这个流转链中的一个环节，负责处理数据的不同方面。

以在线教育平台的数据处理为例，第一步用户在平台上浏览课程、注册账号、观看视频、完成作业等行为产生大量数据。第二步这些数据被实时捕捉并存储到平台的数据库中，为后续处理奠定基础。第三步数据经过清洗、转换后，形成统一格式，便于后续分析和利用。第四步平台通过数据可视化工具展示用户行为分析、课程受欢迎程度等，帮助管理层决策。第五步利用数据分析技术，发现用户学习偏好，优化课程推荐算法。第六步进一步挖掘数据中的潜在价值，如预测用户流失风险，提前采取干预措施。第七步数据在平台内部各部门间共享，促进协同工作；同时，也可能与外部合作伙伴进行数据交换。第八步过期的数据被归档到安全存储介质，不再需要的数据则按照合规要求销毁。

2. 数据价值的挖掘和利用

数据在不同阶段的价值是不同的。通过划分阶段，可以更好地挖掘和利用数据的价值，提高数据的利用效率。

零售连锁店的顾客行为分析为例，首先是零售连锁店通过 POS 系统、会员系统等收集顾客购买数据。其次是利用数据分析技术，发现顾客的购买偏好、消费习惯等。再次是基于这些洞察，调整商品布局、优化促销活动，提高销售额和顾客满意度。最后是进一步挖掘数据，可以发现潜在的市场机会，如开发新的产品线或拓展新市场。

3. 数据安全和合规性要求

数据安全和合规性要求贯穿数据全生命周期。每个阶段都需要采取相应的措施来确保数据的安全和合规性。

跨国企业的全球数据安全管理为例，跨国企业在全球范围内运营，需要遵守不同国家和地区的数据保护和隐私法规。首先企业建立统一的数据安全管理框架，确保全球数据的一致性和合规性。其次采用加密技术、访问控制、数据脱敏等措施，保护敏感数据的安全。最后是定期进行数据安全审计和合规性检查，及时发现并纠正潜在问题。

4. 技术和管理需求

随着技术的发展和管理需求的变化，数据全生命周期管理也需要不断调整和优化。阶段的划分可以更好地适应这些变化。

科技公司的数据治理项目为例，科技公司随着业务发展，数据量迅速增长，需要更高效的数据治理方案。首先引入先进的数据管理技术和工具，如数据仓库、数据湖、大数据处理平台等。其次是调整数据管理组织架构，明确数据所有者、管理者和使用者的职责和权限。再次是制定数据质量标准和数据治理流程，确保数据的准确性、一致性和可追溯性。最后是随着技术的不断进步和管理需求的变化，持续优化数据治理策略和实践。

第二节　数据全生命周期1——数据采集管理

一、数据采集内涵和特点

1. 数据采集内涵

数据采集是指从各种数据源中收集、提取和整合数据的过程。这些数据源可以是业务系统、传感器、日志文件、外部数据库、用户输入等。数据采集的目标是将分散、异构的数据整合成统一格式的数据，为后续的数据处理和分析提供基础。

2. 数据采集特点

数据的采集具有以下三个方面特点：一是数据多样性，数据源种类繁多，包括结构化数据（如数据库）、半结构化数据（如日志文件）和非结构化数据（如文本、图像、音频等）；二是实时性，随着业务的发展和数据量的增长，数据采集需要支持实时或准实时的数据更新和同步；三是复杂性，数据采集过程中可能涉及多种技术和工具，如 ETL 工具、API 接口、消息队列等。

例如：金融行业采集客户的交易记录、信用记录等数据，以支持风险评估和信贷决策；医疗行业采集患者的病历记录、检查结果等数据，以支持疾病诊断和治疗方案制定；电商行业采集用户的浏览记录、购买行为等数据，以支持个性化推荐和营销策略制定。

二、数据采集技术线路

在数据采集中，按照采集的来源分类，外部数据确实包含多个方面，并且每种数据的采集方式都有其专业性和详细步骤。以下是对数据及其采集方式的更详细、更专业的描述。

1. 内部数据采集

在数据采集中，内部数据包括业务数据、客户数据、员工数据、系统日志数据和业务数据库数据，这些数据的采集方式如下。

第一类是业务数据采集。业务数据主要来源于企业内部的各个业务部门，包括销售、市场、生产、财务、运营等。这些部门在日常运营中会产生大量的数据，如销售记录、市场分析报告、生产计划、财务数据、运营指标等。业务数据的擦剂方式有三种。一是系统集成方式，通过企业资源计划（ERP）系统、客户关系管理（CRM）系统、供应链管理（SCM）系统等企业内部的信息系统，实现业务数据的自动采集和整合。这些系统通常具有数据录入、查询、统计和分析等功能，能够实时更新和存储业务数据。二是数据库查询方式，利用 SQL 等数据库查询语言，从业务数据库中提取所需数据。这种方式需要专业的数据库管理知识和技能，以确保数据的准确性和完整性。同时，需要遵守数据库访问的安全规范，确保数据的安全性和隐私保护。三是 API 接口调用，部分企业内部系统提供 API 接口，允许开发人员通过编程方式获取数据。这种方式需要了解 API 的文档和规范，按照接口要求进行数据请求和处理。API 接口通常提供数据查询、数据推送等功能，方便与其他系统进行数据交换和集成。

第二类是客户数据采集。客户数据主要来源于企业与客户的交互过程中，包括客户的基本信息、购买记录、偏好、反馈、投诉等。这些数据通常存储在企业的 CRM 系统、客户服务系统或数据库中。客户数据通过三种方式采集。一是在线表单方式，是通过嵌入企业网站、社交媒体平台等的在线表单，收集客户的基本信息、需求和偏好。表单提交后，数据自动存储到企业内部数据库或 CRM 系统中。二是 CRM 系统方式，是利用客户关系管理系统（CRM），整合并管理客户数据。CRM 系统通常提供数据导入、整合、自动化分类和整理等功能，提高工作效率。三是数据整合，从多个渠道（如电子邮件、电话、社交媒体、线下活动等）收集客户数据，并进行整合和清洗，以形成完整的客户画像。数据整合需要借助数据清洗工具和技术，如数据去重、数据标准化等。

第三类是员工数据采集。员工数据主要来源于企业的人力资源管理部门或相关系统，包括员工的基本信息、工作表现、培训记录、薪酬福利、考勤记录等。员工数据一般通过以下方式采集：利用人力资源管理系统（HRM）进行员工数据的录入、查询和管理。这个系统通常提供员工信息的录入、修改、删除等功能，以及员工数据的统计和分析报告。内部调查与问卷是通过内部调查、问卷调查等方式，收集员工对工作环境、福利待遇、职业发展等方面的意见和建议。这些数据可以用于改进人力资源管理政策和提高员工满意度。文件导入是将员工数据从 Excel、CSV 等文件中导入到企业内部系统或数据库中。这种方式需要确保数据的格式和准确性符合系统要求。

第四类是系统日志数据采集。系统日志数据主要来源于单位内部的各种信息系统和应用程序，如服务器日志、应用程序日志、安全日志、操作日志等。这些数据记录了系统的运行状态、操作记录、错误信息、安全事件等重要信息。系统日志数据一般通过三种方式采集。一是日志文件解析，使用专业的日志分析工具或脚本，对系统生成的日志文件进行解析和处理，提取出有用的信息。这种方式需要深入了解日志文件的格式和内容，以及相应的解析方法。常用的日志分析工具包括 Logstash、Filebeat 等，它们能够支持多种日志格式的解析，并提供强大的过滤、转换和聚合功能。二是实时监控，利用实时监控工具，如 Syslog 服务器、日志管理平台（如 Splunk、Graylog 等），实时收集并存储系统日志数据。这些工具通常提供日志收集、存储、查询和分析等功能，方便运维人员进行系统监控、故障排查和安全审计。实时监控工具能够实时捕获日志数据，并提供可视化的监控界面，帮助运维人员及时发现并处理系统异常。三是自定义日志采集，根据企业的实际需求，开发自定义的日志采集程序或脚本，以满足特定的日志收集和处理需求。这种方式需要专业的编程技能和对系统日志的深入了解，同时需要确保自定义采集程序的稳定性和安全性。自定义日志采集通常用于处理特殊的日志格式或特定的日志收集场景，如从特定的应用程序或设备中收集日志。

第五类是数据库数据采集。数据库数据来源于内部各个业务部门所使用的数据库中的数据，包括销售数据库、市场数据库、生产数据库、财务数据库等。这些数据是企业运营和决策的重要依据，包含了企业的核心业务信息。数据库数据采集有四种方式。一是数据库连接与查询，通过数据库连接技术，如 JDBC、ODBC 等，直接连接到业务数据库中，执行 SQL 查询语句来提取所需的数据。这种方式需要专业的数据库管理知识和技能，以确保数据的准确性和完整性。数据库连接通常用于实时或批量获取特定数据，如获取销售报表、客户信息等。二是数据库导出与导入，使用数据库管理工具或 SQL 语句，将数据从一个数据库导出为文件（如 CSV、Excel 等），然后再将文件导入到另一个数据库或数据仓库中。这种方式适用于数据迁移、备份或同步等场景，能够保持数据的完整性和一致性。导出与导入过程中需要注意数据的格式和编码问题，以确保数据的正确性和可读性。三是数据同步与集成，使用数据同步工具或集成平台（如 Apache Nifi、Talend 等），实现不同数据库之间的数据同步和集成。这些工具能够实时捕捉源数据库的变化，并将其同步到目标数据库或数据仓库中，确保数据的一致性和及时性。数据同步与集成通常用于构建企业级的数据仓库或大数据平台，以支持复杂的数据分析和业务决策。四是 API 接口调用，部分数据库提供 API 接口，允许开发人员通过编程方式访问数据库并获取数据。使用 API 接口可以更加灵活地获取和处理数据，同时能够减轻数据库的负担。API 接口调用需要了解 API 的文档和规范，按照接口要求进行数据请求和处理。

2. 外部数据采集

在数据采集中，外部数据包括政府及官方统计数据、行业监管与协会数据、市场研究报告与第三方数据、互联网公开数据，合作伙伴与供应商数据等，这些数据的采集方式如下。

第一类是政府及官方统计数据，主要来源于国家统计局、工业和信息化部、中国互联网信息中心等政府机构和官方统计部门。具体采集方式有三种。一是官方网站访问，直接访问这些机构的官方网站，通过查询或下载功能获取所需数据。这些网站通常提供详细的数据分类和检索功能，方便用户快速定位所需信息。二是 API 接口调用，部分政府机构提供 API 接口，允许用户通过编程方式获取数据。这种方式通常需要用户注册并获取 API 密钥，然后按照接口文档进行调用。三是公开出版物，一些政府机构还会出版统计年鉴、报告等公开出版物，用户可以通过购买或订阅这些出版物来获取数据。

第二类是行业监管与协会数据，主要来源于行业监管部门、贸易协会、行业调查单位等。采集方式如下：一是官方网站与公告，访问相关行业的监管部门和贸易协会的官方网站，查阅最新公告和报告，获取行业数据；二是行业会议与研讨会，参加行业会议、研讨会等活动，这些活动通常会发布最新的行业报告和数据；三是订阅服务，部分行业协会和调查单位提供数据订阅服务，用户可以通过订阅来获取定期更新的行业数据。

第三类是市场研究报告与第三方数据，主要来源于市场研究机构、咨询公司、第三方数据提供商等，如艾瑞咨询、易观智库、数多多、数据堂等。采集方式主要有如下方式：一是购买研究报告，直接购买市场研究机构或咨询公司的研究报告，这些报告通常包含详细的市场分析和数据；二是订阅数据服务，订阅第三方数据提供商的数据服务，获取定期更新的市场数据和分析报告；三是合作研究，与市场研究机构或咨询公司合作，共同开展市场研究，获取定制化的数据和分析报告。

第四类是互联网公开数据，主要来源于商业网站、地图开放平台、社交媒体等互联网平台。这类数据采集方式主要有三种。一是网络爬虫技术，使用网络爬虫技术自动抓取互联网上的数据。这种方式需要编写爬虫程序，设置抓取规则和策略，然后运行程序进行数据采集。需要注意的是，爬虫技术在使用时应遵守网站的 robots 协议和相关法律法规。二是 API 接口调用，部分互联网平台提供 API 接口，允许用户通过编程方式获取数据。这种方式通常需要用户注册并获取 API 密钥，然后按照接口文档进行调用。三是手动收集，对于数据量较小或特定需求的数据，可以通过人工浏览网页、复制粘贴等方式手动收集数据。

第五类是合作伙伴与供应商数据，数据主要来源于企业的合作伙伴、供应商等商业伙伴。数据的采集方式主要有三种。一是数据共享合作，与合作伙伴和供应商建立数据共享合作关系，明确数据共享的范围、方式和规则。这种方式需要双方签订数据共享协议，并确保数据的安全性和隐私保护。二是数据交换平台，使用数据交换平台进行数据的实时共享和传输。这些平台通常提供数据清洗、转换、加载等功能，方便用户进行数据处理和分析。三是 API 接口对接，通过 API 接口对接实现数据的实时共享和传输。这种方式需要双方的技术团队进行对接和调试，确保数据的准确性和实时性。

3. 数据采集风险分析

数据采集过程中，存在数据源多样性和复杂性风险、数据技术风险、数据质量风险、合规性风险、安全风险等。

第一方面是数据源多样性和复杂性风险。

数据源多样性风险主要源于数据的来源和类型的多样性和复杂性。数据的多样性是指数据可能来自社交媒体、传感器、企业数据库、公开数据集等多个不同的来源，这些数据源可能使用不同的格式和结构。数据的复杂性风险指多源数据具有多维度、多层次和多关系，数据之间可能存在复杂的交互和依赖关系。这种多样性增加了数据管理和处理的复杂性，可能导致数据融合和分析的困难，从而影响数据的有效利用和决策的准确性。

第二方面是数据技术风险。

数据技术风险是指由于技术层面的原因导致的数据处理和分析过程中的问题。数据技术风险包括系统漏洞、数据传输安全和技术发展三个方面。系统漏洞是数据处理系统可能存在的漏洞可能导致数据泄露或被非法访问。数据传输安全是数据传输过程中的安全问题，如黑客攻击、数据窃取等，也是技术风险的一部分。技术发展是随着数据处理技术的发展，新的技术风险也可能不断出现，如新技术的不成熟或不稳定可能导致数据处理问题。

第三方面是数据质量风险。

数据质量风险是指由于数据的准确性、完整性、一致性和时效性等问题导致的数据质量问题。数据质量风险包括数据误差、数据清洗和校对的风险。数据误差是指原始数据可能存在的误差、不完整或不一致性。数据清洗和校对风险是数据清洗和校对技术可以降低数据质量问题带来的风险，但如果处理不当，也可能导致数据失真。数据质量问题可能导致数据分析结果失真，影响企业决策的准确性。

第四方面是合规性风险。

合规性风险是指企业在数据采集和处理过程中未遵守相关法律法规和规范要求可能带来的风险，包括法律法规风险、内部规范风险。法律法规是指随着全球数据保护法规的加强，企业需要确保数据处理的合规性，否则可能面临法律诉讼和罚款等风险。内部规范风险是指企业内部的数据处理和管理规范也需要遵守相关法律法规，否则可能产生合规性风险。合规性风险不仅可能导致法律后果，还可能损害企业的声誉和信誉。

第五方面是安全风险。

安全风险是指由于安全措施不到位或外部攻击等原因导致的数据泄露、篡改或滥用等风险。安全风险包括数据泄露、外部攻击和安全措施方面存在的风险。数据泄露是指未经授权的个人或组织获取和使用敏感数据的行为。外部攻击是指黑客攻击、病毒和恶意软件等外部威胁可能导致数据泄露或被非法访问。安全措施是指企业需要采取有效的安全措施来保护数据安全，如加密技术、访问控制等。安全风险可能导致企业重大损失。

4. 数据采集风险管控设计

针对数据采集过程中的各种风险，需要在组织层面和业务层面进行系统设计风险管控措施。

（1）建立数据采集管理制度

单位需要健全政策制度、规范流程操作、完善制度规范、监督与考核。

在健全政策制度方面，制定一套清晰、全面的数据采集政策，明确数据采集的目的、原则、范围和方法，确保数据采集活动符合企业战略目标和业务需求。在规范流程操作方面，细化数据采集的各个环节，包括数据源的确定、采集方式的选择、数据的存储和传输等，形成标准化的操作流程。在完善制度规范方面，建立数据采集的规范体系，包括数据格式、命名规则、存储要求等，确保数据采集活动的规范性和一致性。在监督与考核方面，设立专门的监督机构或岗位，对数据采集活动进行定期检查和考核，确保数据采集管理制度的有效执行。

（2）加强数据源管理

在数据源管理中要注意从数据信息管控、评估选择、建立数据源档案三个方面进行管控。

在全面调研方面，对潜在的数据源进行深入的调研，了解其类型、格式、质量、更新频率等关键信息，为数据采集策略的制定提供依据。评估与选择方面，根据调研结果，对数据源进行综合评估，选择符合业务需求和数据质量要求的数据源进行采集。建立数据源档案方面，为每个数据源建立详细的档案，包括数据源的基本信息、数据质量评估结果、采集策略等，以便后续管理和维护。

（3）实施数据质量控制

在数据质量控制中包括数据清洗、去重处理、格式转换、质量监控四个方面的管控。

数据清洗方面，在数据采集过程中，对原始数据进行清洗，去除错误、重复、无效的数据，提高数据的准确性。

去重处理方面，对于重复的数据进行去重处理，确保数据的唯一性和一致性。

格式转换方面，根据业务需求和数据存储要求，对数据进行格式转换，使其符合后续处理和分析的需求。

质量监控方面，建立数据质量监控机制，定期对采集到的数据进行质量评估，及时发现并解决问题。

（4）强化合规性管理

在数据采集合规风险控制中需要从明确使用目的、遵守法律法规、数据隐私保护和合规性审查四个方面进行管控。

明确使用目的方面，在数据采集前，明确数据使用的目的、范围和权限，确保数据采集活动符合相关法律法规和道德准则；遵守法律法规方面，密切关注相关法律法规的变化，确保数据采集活动始终符合法律要求；数据隐私保护方面，对敏感数据进行加密处理，建立数据隐私保护机制，防止数据泄露和滥用；合规性审查方面，定期对数据采集活动进行合规性审查，确保数据采集活动的合法性和合规性。

（5）提升技术保障能力

在数据采集技术风险控制中，需要从选择成熟技术、技术监控与评估和技术培训与支持等方面进行管控。

选择成熟技术方面，选择经过市场验证、成熟稳定的技术和工具进行数据采集，确保数据采集的效率和准确性；技术监控与评估方面，建立技术监控机制，定期对技术实现进行检查和评估，及时发现并解决技术问题；技术培训与支持方面加强技术人员的培训和支持，提高技术人员的专业技能和水平，确保数据采集技术的有效应用。

（6）加强安全防护

在数据采集安全风险控制中，需要从实施安全措施、建立应急响应机制、定期安全评估和加强安全意识教育方面的管控。

实施安全措施方面，采取严格的安全措施，如：数据加密、访问控制、安全审计等，确保数据的安全性；建立应急响应机制方面，针对可能发生的安全事件，制定详细的应急预案并进行演练，确保在安全事件发生时能够迅速响应和处理；定期安全评估方面，定期对数据采集系统的安全性进行评估和检查，及时发现并消除安全隐患；加强安全意识教育方面，加强员工的安全意识教育，提高员工对数据安全的认识和重视程度，形成全员参与的数据安全防护体系。

> **✏️ 小贴士**
>
> ### 格力电器是如何采集收据的?
>
> 格力电器在数据采集方面采用了多种先进技术和方法，以下是对其数据采集方式的详细介绍。
>
> 一、发明专利与数据采集技术
>
> 格力电器获得了一项名为"关联数据的采集方法、系统、存储介质及电子设备"的发明专利授权。该技术通过自动合规性排查、自动收集关联数据、自动验证关联数据，在提高关联数据采集效率的同时保证了关联数据的准确性。
>
> 格力电器还申请了一项名为"温度采集电路和装置"的专利，该技术通过特定的电路设计，消除了电流源失配的影响，保证了采集数据的准确性，从而大大提高了温度信息的精度。
>
> 格力电器还研发了一种数据异步采集方法、系统和设备，该技术通过从 PIN 脚拉回 SCK 同步时钟信号进行数据异步接收、采集，解决了 SPI 通信因时钟和数据信号在 IO 以及走线的延迟造成的时序紧张及速度受限的问题，提高了 SPI 主机端通信速度。
>
> 数据处理方法、系统、计算机设备和存储介质
>
> 格力电器还提出了一种数据处理方法、系统、计算机设备和存储介质，该方法通过异步传输和重发机制，确保了数据传输过程中的安全性和完整性，避免了数据丢失的情况。
>
> 二、自主研发的数据采集产品
>
> 格力电器还获得了一项名为"数据采集变送器"的外观设计专利授权。该数据采集变送器主要用于环境检测的温度、湿度、温湿度传感器外壳，具有独特的设计形状。
>
> 格力电器还自主研发了 GMSensor 系列电气信息智慧采集器，该产品具有六路检测通道，可进行复用式检测，包含线缆温度、剩余电流、三相电流、三相电压等多种参数，为用户提供了更高的安全

保障和多样化选择。同时，该采集器还支持云端自定义报警、预警，并可通过组态监控软件实现云端可视化展示及远程智能管控。

三、ERP系统与数据采集

格力电器主要使用的ERP系统包括SAP ERP、Oracle ERP和金蝶ERP。这些ERP系统具有强大的数据整合能力，能够帮助格力实现跨部门的数据共享和业务协同。通过ERP系统，格力能够实时获取各个部门的运营数据，为数据采集和分析提供了有力支持。

格力电器简道云等低代码开发平台可以辅助数据采集和分析工作。这些平台通过其强大的数据整合和自动化能力，帮助格力实现了特定业务流程的定制化开发，提高了数据采集的效率和准确性。

综上所述，格力电器在数据采集方面采用了多种先进技术和方法，包括发明专利技术、自主研发的数据采集产品以及ERP系统和低代码开发平台等。这些技术和方法共同构成了格力电器高效、准确的数据采集体系。

第三节　数据全生命周期2——数据存储管理

数据存储阶段是数据全生命周期管理中的一个关键阶段，它涉及如何安全、高效地存储和管理采集到的数据。

1. 数据存储内涵与特点

数据存储是指将采集到的数据保存到适当的存储设备或系统中，以便后续进行数据整合、呈现与使用、分析与应用等操作。数据存储是数据管理和分析的基础，它确保了数据的可访问性、完整性和安全性。

数据存储具有多样性、可扩展性、高性能和安全性等特点。

数据存储多样性特点，是指系统能够处理、存储和管理多种类型和格式的数据。其中包括三种数据。结构化数据：这类数据通常遵循固定的格式和模式，如关系数据库中的表格数据。结构化数据易于查询和分析，因为它们是按照预定义的架构组织的。半结构化数据：这类数据具有一定的结构，但不如结构化数据那样严格。例如，XML 和 JSON 文件就属于半结构化数据。它们包含标签或键，使得数据具有一定的层次结构，但仍然允许灵活性和变化。非结构化数据：这类数据没有固定的格式或结构，如文本文件、图像、音频和视频文件等。非结构化数据难以用传统的数据库系统处理，通常需要专门的技术和工具来管理和分析。数据存储系统的多样性特点要求系统能够灵活地适应不同类型的数据，提供适当的存储和处理机制，以满足不同应用场景的需求。

数据存储可扩展性特点，是指数据存储系统能够随着数据量的增长而平滑地扩展，以保持其性能和可用性。这包括两个方面：水平扩展通过增加更多的服务器或节点来扩展系统，水平扩展通常涉及分布式存储系统，其中数据被分散在多个节点上，以实现负载均衡和容错；垂直扩展通过升级现有服务器的硬件（如 CPU、内存和存储）来扩展系统，垂直扩展可能涉及更高效的算法和数据结构，以优化资源利用和性能。数据存储系统的可扩展性特点要求系统能够轻松地添加或移除资源，以应对不断变化的数据需求和负载条件。

数据存储高性能特点，指数据存储系统能够高效地处理大量的读写操作，以支持高并发访问和实时数据处理。这要求系统具备以下特点：低延迟，系统能够快速响应读写请求，减少用户等待时间；高吞吐量，系统能够在单位时间内处理大量的数据操作，以支持高并发的应用场景；数据压缩和索引，通过数据压缩减少存储空间的占用，通过索引加速数据检索过程，提高整体性能；负载均衡，系统能够均匀地分配负载，避免某些节点过载而影响整体性能。数据存储系统的高性能特点要求系统能够优化资源利用，提供快速的响应时间和高效的数据处理能力。

数据存储安全性特点，是指数据存储系统能够保护数据免受未经授权的访问、篡改和泄露等风险。这要求系统采取多种安全措施，包括数据加密即对存储的数据进行加密处理，以确保即使数据被盗或泄露，也无法被未经授权的人员轻易解读；访问控制即通过身份验证和权限管理来限制对数据的访问，只有经过授权的用户才能访问特定的数据；审计日志即记录所有对数据进行的操作，以便在发生安全事件时能够追溯和调查；数据备份和恢复即定期备份数据，并在数据丢失或损坏时能够迅速恢复，以确保数据的完整性和可用性。数据存储系统的安全性特点要求系统能够全面保护数据的安全性，防止数据泄露、篡改和丢失，确保数据的完整性和保密性。

2. 数据存储技术线路

数据存储涉及多种存储技术和架构的选择与应用，这些技术和架构各自具有独特的存储模型、查询语言、扩展性和性能特点，以满足不同应用场景的需求。数据存储技术包括存储技术和架构、数据存储两个方面。

（1）存储技术和架构

存储技术和架构包括关系型数据库、非关系型数据库（NoSQL）、云存储、分布式存储四种方式。

关系型数据库采用表格形式组织数据，每个表由行和列组成，行代表记录，列代表字段。这种模型适用于存储结构化数据，如企业信息、交易记录等。查询语言通常使用SQL（Structured Query Language）作为查询语言，SQL提供了丰富的数据操作功能，包括数据定义、数据查询、数据更新和数据控制等。关系型数据库在扩展性方面可能受到一定的限制，尤其是当数据量非常大时。然而，通过分区、索引等技术手段，关系型数据库仍然可以实现高效的数据访问和处理。在性能方面，关系型数据库通常具有较高的数据一致性和完整性保证。

非关系型数据库采用多种存储模型，如键值对、文档、图、列族等。这些模型更加灵活，适用于存储半结构化或非结构化数据，如社交媒体内容、日志文件等。非关系型数据库通常使用各自特有的查询语言或API，这些语言和API往往更加简洁和高效，适用于特定的应用场景，在扩展性方面通常具有显著优势，可以轻松地实现水平扩展。在性能方面，非关系型数据库往往具有更高的读写速度和更低的延迟，适用于需要处理大量数据和高并发访问的场景。

云存储将数据存储在远程服务器上，用户可以通过互联网访问这些数据。云存储提供了灵活的扩展能力和高可用性，用户可以根据需求随时增加或减少存储容量。云存储通常不提供专门的查询语言，而是通过API或SDK进行数据访问和操作。云存储具有出色的扩展性和性能表现，可以轻松地应对大规模数据存储和高并发访问的需求。同时，云存储还提供了丰富的数据管理和安全保护功能。

分布式存储是将数据分散存储在多台服务器上，通过网络实现数据的共享和访问。这种模型适用于需要处理大规模数据和高并发访问的场景。分布式存储通常使用特定的查询语言或API进行数据访问和操作，这些语言和API往往针对分布式存储的特点进行了优化。分布式存储在扩展性方面具有显著优势，可以轻松地实现水平扩展和垂直扩展。在性能方面，分布式存储通过负载均衡、数据分片等技术手段实现了高效的数据访问和处理。

（2）数据的存储

数据的存储包括数据的组织、索引、压缩、加密、备份和恢复五个方面。

数据组织就是数据在存储之前需要进行合理组织，以便于后续的访问和处理。数据的组织方式取决于存储技术和架构的选择，如关系型数据库采用表格形式组织数据，非关系型数据库则可能采用键值对、文档等形式。

数据索引是加速数据查询的重要手段。通过在数据上建立索引，可以快速地定位到所需的数据位置，从而提高查询效率。不同的存储技术和架构提供了不同的索引机制，如B树索引、哈希索引等。

数据压缩可以减少存储空间的占用并提高数据传输效率。在存储数据时，可以对数据进行压缩处理以节省空间；在传输数据时，可以对压缩后的数据进行传输以提高效率。

数据加密是保护数据安全的重要手段。通过对数据进行加密处理可以防止数据在存储和传输过程中被未经授权的人员访问和篡改。不同的存储技术和架构提供了不同的加密机制和安全保障措施。

数据备份和恢复是确保数据可用性和完整性的重要手段。通过定期备份数据可以在数据丢失或损坏时及时恢复；通过制定完善的恢复计划可以在数据丢失或损坏时迅速恢复业务运行。不同的存储技术和架构提供了不同的备份和恢复机制以满足不同应用场景的需求。

3. 数据存储风险分析

数据存储过程中会产生数据泄露风险、数据损坏或丢失风险、内部威胁风险、加密与密钥管理风险、数据备份与恢复风险等风险。

（1）数据泄露风险

数据泄露风险是指存储的数据可能被未授权的用户访问或窃取。数据泄露可能发生在数据存储的各个环节，包括内部人员故意或无意地泄露敏感数据，以及外部黑客通过病毒、木马、SQL注入等网络攻击手段非法入侵企业内网窃取核心数据。此外，与第三方进行数据交换时，若安全措施不到位，也可能导致数据在传输过程中被截获或泄露。数据泄露可能导致企业面临巨额财产损失，违反保密法、网络安全法等法律法规，知识产权、核心技术流失，以及企业声誉及信任度严重受损，引发舆论危机。

（2）数据损坏或丢失风险

数据损坏或丢失风险是指存储的数据可能因各种原因而遭到破坏或丢失。数据损坏或丢失可能由多种原因引起，如存储介质故障、人为误操作、网络不稳定、黑客攻击等。这些因素都可能导致数据在传输或存储过程中被篡改、损坏或丢失。数据损坏或丢失可能影响企业的正常运营，甚至导致业务中断。此外，如果企业使用了被篡改或损坏的数据进行商业活动，还可能面临法律责任。

（3）内部威胁风险

内部威胁风险是指来自企业内部员工对数据存储安全的威胁。内部威胁可能包括员工故意或无意地泄露敏感数据、滥用权限进行非法操作等。这些行为可能出于经济利益、报复情绪或其他目的。内部威胁可能导致企业敏感数据泄露、知识产权流失等严重后果，甚至可能导致法律纠纷和声誉损失。

（4）加密与密钥管理风险

加密与密钥管理风险是指数据加密过程中可能存在的安全隐患以及密钥管理不当带来的风险。数据加密是保护数据安全的重要手段，但如果加密技术不当或密钥管理不善，就可能导致数据在传输或存储过程中被破解或泄露。密钥管理涉及密钥的生成、存储、使用、更新和报废等环节，任何一个环节出现问题都可能带来安全风险。加密与密钥管理风险可能导致数据泄露、篡改或不可用，给企业带来不可预估的损失。

（5）数据备份与恢复风险

数据备份与恢复风险是指在数据备份和恢复过程中可能遇到的问题和隐患。数据备份是保护数据安全的重要措施，但如果备份策略不当、备份数据损坏或丢失、恢复过程不完整等，就可能导致数据在丢失或损坏时无法及时恢复。此外，备份过程本身也可能占用大量时间和资源，影响系统性能。数据备份与恢复风险可能导致企业在数据丢失或损坏时无法及时恢复业务运营，甚至造成数据永久丢失的严重后果。

4. 数据存储风险管控设计

针对数据存储过程中可能产生的各种风险，综合运用技术、管理和法律等多个方面手段，系统设计数据存储的风险管控体系。

（1）数据分类与标记

数据分类与标记就是识别哪些数据包含个人信息或敏感信息，并对其进行明确标记。实施方法是根据数据的重要性和敏感程度，将数据分为不同级别，如公开数据、内部数据、敏感数据等，并为每类数据制定相应的保护策略。

（2）数据加密与访问控制

数据加密是为了保护数据在存储和传输过程中的机密性。数据加密就是采用先进的加密算法（如 AES-256）对敏感数据进行加密存储。同时，对数据的加密与解密过程进行统一管理，确保只有授权人员才能访问加密数据。

访问控制是为了限制对数据的访问权限，防止未经授权的数据访问。访问控制就是建立严格的访问控制机制，如基于角色的访问控制（RBAC）或基于属性的访问控制（ABAC），确保只有具备相应权限的人员才能访问敏感数据。此外，还可以采用多因素身份验证等技术手段来增强访问控制的安全性。

（3）密钥管理与安全审计

密钥管理是为了保护密钥的安全，防止密钥泄露或被非法使用，即采用密钥管理系统对密钥进行统一管理，包括密钥的生成、存储、分发、更新和销毁等环节。同时，采用硬件安全模块（HSM）等物理安全手段来保护密钥的安全。

安全审计目的是监控和记录数据访问和使用的行为，及时发现并应对安全事件，即建立安全审计系统，对数据的访问、修改、删除等行为进行实时监控和记录。同时，定期对安全审计日志进行分析和评估，以便及时发现并应对潜在的安全风险。

（4）数据备份与恢复

数据备份与恢复目的就是确保在数据丢失或损坏时能够及时恢复数据。数据备份与恢复就是制定完善的数据备份策略，包括备份的频率、备份的存储位置、备份的保留期限等，采用多种备份方式（如全量备份、增量备份、差异备份）来确保备份数据的完整性和可用性。定期对备份数据进行验证和恢复测试，以确保备份数据的有效性和可靠性。

（5）内部威胁防控

内部威胁防控就是防止内部人员故意或无意地泄露敏感数据或进行非法操作。内部威胁防控需要加强员工的安全意识和培训，使员工了解数据安全的重要性以及如何保护敏感数据；建立严格的内部管理制度和流程，规范员工的数据访问和使用行为；定期对内部员工进行安全审查和背景调查，以发现和防范潜在的内部威胁。

（6）法律合规与应急响应

法律合规是确保企业的数据存储和管理活动符合相关法律法规的要求，具体实施方法：定期审查企业的数据存储和管理活动是否符合相关法律法规的要求（如《网络安全法》《数据安全法》等），并及时调整和完善相关政策和流程。

应急响应的目的是在发生数据安全事件时能够迅速响应并减少损失。应急响应就是制定完善的数据安全应急预案，明确应急处置流程和责任人。同时，定期组织应急演练和培训活动，提高员工的应急响应能力。

（7）技术更新与优化

技术更新与优化的目的就是保持风险管控体系的有效性和先进性，如：密切关注数据安全领域的技术发展动态和趋势，及时引入新技术和新方法来提升风险管控体系的能力；定期对风险管控体系进行评估和优化，确保其能够适应不断变化的环境威胁和业务需求。

> **小贴士**
>
> ### 谷歌是如何存储数据的？
>
> 谷歌在数据存储方面采用了多种技术和策略，以满足其庞大且不断增长的数据需求。
>
> 1. 分布式文件系统 GFS（Google File System）
>
> GFS 是谷歌早期开发的分布式文件系统，它通过将文件分割成多个块（每个块通常为 64MB），并将这些块复制到多个数据服务器上，实现了对海量数据的高效存储和管理。
>
> GFS 具有高扩展性、高性能和高可用性。它采用了主从架构，主节点负责元数据管理，从节点负责实际数据存储。GFS 还通过数

据复制和负载均衡技术，提高了数据的可用性和访问速度。

2. 分布式存储系统 Bigtable

Bigtable 是谷歌开发的 NoSQL 数据库，用于处理大规模结构化数据。它被广泛应用于谷歌的多个服务中，如谷歌地图（Google Maps）、谷歌地球（Google Earth）等。

Bigtable 采用了行和列的模型，允许用户根据自己的需求定义表结构。它支持高效的随机读写和批量操作，并提供了强大的数据一致性和高可用性。Bigtable 还使用了谷歌的分布式锁服务 Chubby 来管理元数据，确保了多个副本的一致性。

3. 其他数据库系统

Spanner 全球分布式数据库系统，提供强一致性和高可用性，适用于需要严格一致性和全球分布的应用。

Dremel 交互式分析的分布式系统，用于处理大规模数据集。

F1 关系型数据库系统，主要用于 AdWords 等广告系统。

Megastore 高可用性数据库系统，结合了传统关系型数据库和 NoSQL 数据库的特点，适用于需要高可用性和一致性的应用。

4. 数据中心布局与技术服务

谷歌的数据中心遍布全球，分布在北美、南美、欧洲、亚洲和澳大利亚等地。这些数据中心通过高速网络连接，形成了一个庞大的分布式存储和处理系统。

每个数据中心都配备了大量的服务器，用于存储和处理海量数据。为了提高数据的可用性和访问速度，谷歌采用了数据复制和负载均衡技术。同时，数据中心还采用了先进的冷却和能源管理技术，降低了能耗和运营成本。

5. 数据安全和隐私保护

谷歌采用数据加密技术，确保数据在传输和存储过程中的安全。数据传输采用 TLS（传输层安全）协议，数据存储采用 AES（高级加密标准）算法。

谷歌通过隐私保护政策和技术措施，保护用户的数据隐私。这包括数据匿名化和去标识化技术，以及严格的访问控制和审计机制。

6. 数据备份与恢复

谷歌制定了完善的数据备份策略，包括备份的频率、备份的存储位置、备份的保留期限等。

谷歌定期对备份数据进行验证和恢复测试，以确保在数据丢失或损坏时能够及时恢复数据。

第四节　数据全生命周期 3——数据整合管理

1. 数据整合内涵

数据整合阶段是将来自不同来源、格式和结构的数据进行清洗、转换和合并，以形成一个统一、完整和高质量的数据集的过程。这一过程旨在消除数据冗余、纠正数据错误、解决数据冲突，并确保数据的一致性和准确性。数据的整合具有以下特性。

一是跨系统性与多样性。数据整合需要处理来自不同系统和平台的数据，这些数据可能采用不同的格式、标准和协议，因此数据整合过程需要具备跨系统的能力，能够连接和访问各种数据源，并对数据进行统一的处理和管理。

二是复杂性。数据整合涉及数据的清洗、转换和合并等多个步骤，每个步骤都可能面临复杂的问题和挑战。数据清洗需要处理缺失值、异常值、重复值等问题；数据转换则需要将不同格式的数据转换为统一的格式；数据合并则需要解决数据冲突和一致性问题。

三是实时性与动态性。随着业务的发展和变化，数据也在不断产生和更新，数据整合需要具备实时性和动态性，能够及时捕捉和处理新的数据，确保数据的时效性和准确性。

四是安全性与隐私保护。数据整合过程中涉及大量的敏感信息和隐私数据，因此需要严格遵守相关的安全规定和隐私保护政策，需要采取有效的措施来保护数据的安全性和隐私性，防止数据泄露和滥用。

2. 数据整合技术线路

数据整合在数据全生命周期中具有重要意义。它不仅有助于提高数据的质量和一致性，还为后续的数据分析和应用提供了有力支持。通过数据整合，企业可以更好地利用数据资源，发现数据中的价值，推动业务决策和创新的发展。数据整合包括数据清洗、数据转换和数据合并。在数据整合的过程中，数据清洗、数据转换、数据合并是三个关键的步骤，它们各自具有特定的概念、方式和应用场景。

（1）数据清洗

数据清洗是在数据处理和分析之前，对数据集进行清理和整理的过程。这个过程包括识别并纠正错误的、不完整的、不准确的、不相关的或者是重复的数据，以确保数据的质量和准确性。数据清洗的目的是提高数据的质量，使其更适合进行数据分析或数据挖掘。

数据清洗的方式主要包括以下几种：手动清洗，适用于数据量较小的情况，通过人工检查和修改数据集中的错误、缺失或重复值；自动清洗，利用数据清洗工具或软件，通过预设的规则和算法自动识别和纠正数据集中的问题；人机协作清洗，结合手动清洗和自动清洗的优点，通过人机协作的方式提高数据清洗的效率和准确性。

数据清洗的过程通常包括以下四个步骤：一是数据检查，对原始数据进行全面检查，识别数据集中的问题；二是数据预处理，对原始数据进行必要的预处理，如去除无用的字段、转换数据类型等；三是数据清洗，根据识别出的问题，采用适当的方式进行数据清洗；四是数据验证，对清洗后的数据进行验证，确保数据的准确性和完整性。

数据清洗广泛应用于各种数据处理和分析场景中，如金融、医疗、电商等领域。在这些领域中，数据清洗对于提高数据质量、确保数据分析结果的准确性具有重要意义。

（2）数据转换

数据转换是指将数据从一种格式、结构或类型转换为另一种格式、结构或类型的过程。数据转换通常需要进行数据清洗、数据映射、数据合并、数据拆分等操作，以实现数据的正确性和一致性。

数据转换的方式主要包括以下三种：格式转换，将数据从一种格式转换为另一种格式，如将 CSV 文件转换为 Excel 文件或 JSON 文件；结构转换，将数据从一种结构转换为另一种结构，如将关系型数据库中的数据转换为 NoSQL 数据库中的数据；类型转换，将数据从一种类型转换为另一种类型，如将字符串类型转换为数值类型。

数据转换的过程通常包括以下五个步骤：一是需求分析，明确数据转换的目标和需求；二是数据预处理，对原始数据进行必要的预处理，如去除无用的字段、转换数据类型等；三是数据映射，建立原始数据和目标数据之间的映射关系；四是数据转换即根据映射关系，将原始数据转换为目标数据；五是数据验证即对转换后的数据进行验证，确保数据的正确性和一致性。

数据转换在数据集成、数据迁移、数据分析等场景中发挥着重要作用。例如，在数据集成中，不同数据源之间的数据格式和结构可能存在差异，需要通过数据转换实现数据的整合和共享。

（3）数据合并

数据合并是将来自不同来源、不同格式或不同结构的数据整合到一个统一的数据集合中的过程。数据合并操作属于数据整理过程，旨在提高数据的可用性、可分析性和可比较性。

数据合并的方式主要包括以下两种：物理合并，将不同数据源中的数据物理地合并到一个存储介质中，如将多个数据库中的数据合并到一个数据库中；逻辑合并，在逻辑上将不同数据源中的数据整合在一起，而不改变数据的物理存储位置，如通过视图或联邦数据库等方式实现数据的逻辑合并。

数据合并的过程通常包括以下五个步骤：一是数据源确定，明确需要合并的数据源及其格式、结构等信息；二是数据预处理，原始数据进行必要的预处理，如去除无用的字段、转换数据类型等；三是数据清洗，对原始数据进行清洗，确保数据的准确性和完整性；四是数据合并，根据合并目标和需求，选择合适的合并方式将不同数据源的数据合并到一个统一的数据集合中；五是数据验证，对合并后的数据进行验证，确保数据的正确性和一致性。

数据合并广泛应用于各种需要整合多个数据源的场景中，如企业数据仓库建设、大数据分析等。通过数据合并，企业可以获得更全面、更详细的信息，从而支持更深入的业务分析和决策制定。

3. 数据整合风险分析

数据整合在数据全生命周期中是一个至关重要的环节，可能会在业务运营、数据质量、技术实施、数据安全等多个方面产生风险。以下是对这四类风险的详细分析。

（1）业务与运营风险

业务与运营风险是指在数据整合过程中，由于业务流程变更、运营效率低下等原因导致的业务风险。这些风险可能来源于数据整合对业务流程的影响、整合后的数据未能得到有效利用等因素。

业务与运营风险的具体表现包括：业务流程变更，数据整合可能导致业务流程的变更或调整，如果未能妥善处理这些变更，可能会影响业务的正常运行；运营效率低下，整合后的数据如果未能得到有效利用或管理不善，可能导致运营效率低下或成本增加；决策失误，基于不准确或不一致的整合数据进行业务决策可能导致决策失误，进而影响企业的战略规划和市场竞争力；资源浪费，在数据整合过程中，如果未能合理规划和利用资源（如计算资源、存储资源等），可能导致资源浪费和成本增加。

（2）数据质量风险

数据质量风险是指在数据整合过程中，由于各种原因导致的数据不准确、不完整或不一致的风险。这些风险可能来源于数据源的多样性、数据格式的差异性、数据处理的复杂性等因素。

数据质量风险的具体表现包括：数据不一致性，不同数据源的数据可能存在定义、编码、格式等方面的不一致性，导致整合后的数据难以统一理解和使用；数据冗余与重复，数据整合时未能有效去除重复数据，导致整合后的数据集中存在大量冗余信息，影响数据分析的准确性；数据缺失与不完整，部分数据源可能缺少某些关键字段或记录，导致整合后的数据不完整，影响数据的完整性和可用性；数据错误与异常，数据源中可能存在错误数据或异常值，如果整合过程中未能有效识别和纠正这些问题，将影响数据的准确性和可靠性。

（3）技术实施风险

技术实施风险是指在数据整合过程中，由于技术选择不当、系统配置错误、数据处理能力不足等原因导致的技术风险。这些风险可能来源于技术本身的局限性、系统环境的复杂性等因素。

技术实施风险的具体表现包括：技术兼容性风险，不同数据源可能采用不同的技术标准和协议，导致整合过程中出现兼容性问题；数据转换错误，在数据格式转换或数据映射过程中，可能出现转换错误或映射不准确的问题，影响数据的准确性和一致性；系统性能下降风险，数据整合可能会增加系统的负载和复杂度，导致系统性能下降或响应速度变慢；技术更新与升级风险，随着技术的不断发展，整合系统可能需要不断更新和升级以支持新的数据源和数据格式，这可能带来额外的技术风险和成本。

（4）数据安全风险

数据安全风险是指在数据整合过程中，由于数据泄露、篡改或非法访问等原因导致的数据安全风险。这些风险可能来源于数据整合过程中的不当操作、系统漏洞、恶意攻击等因素。

数据安全风险的具体表现包括：数据泄露风险，在数据整合和传输过程中，如果未采取足够的安全措施，敏感数据可能会被泄露给未经授权的第三方；数据篡改风险，整合过程中的数据可能被恶意篡改或破坏，导致数据的真实性和可信度受到质疑；非法访问风险，未经授权的用户可能通过非法手段访问整合后的数据，造成数据泄露或滥用。

4. 数据整合风险管控设计

针对数据整合的风险，需要从系统架构方面和关键功能方面进行风险管控设计。

（1）系统架构方面的设计

系统架构主要是从数据源层、数据整合层、数据存储层、数据应用层和管理与监控层进行设计和处理。

数据源层方面：一是数据源管理，对所有参与整合的数据源进行统一管理，包括数据源的类型、位置、访问权限等；二是数据预处理，在数据整合前，对数据进行初步清洗、转换和格式化处理，以提高数据质量。

数据整合层方面：一是数据映射与转换，建立统一的数据模型，实现不同数据源之间的数据映射与转换；二是数据清洗，利用自动化工具和人工审核相结合的方式，对数据进行深度清洗，去除冗余、重复和错误数据；三是数据质量监控，实时监控数据整合过程中的数据质量，包括数据的完整性、准确性、一致性等。

数据存储层方面：一是数据仓库、数据湖，建立统一的数据存储平台，用于存储整合后的数据；二是数据安全防护，采用加密、访问控制等技术手段，确保数据存储的安全性。

数据应用层方面：一是数据分析与挖掘，为业务人员提供数据分析与挖掘工具，支持基于整合数据的业务决策；二是风险预警与应对，建立风险预警机制，对潜在的风险进行实时监控和预警，并提供相应的应对措施。

管理与监控层方面：一是系统配置与管理，提供系统配置与管理功能，支持对整合流程、数据模型、安全策略等进行配置和管理；二是日志与审计，记录数据整合过程中的所有操作日志，支持审计和追溯。

（2）关键功能设计

关键功能设计，主要包括数据质量管理、数据安全管理、技术实施风险管控、业务与运营风险管控四个方面。

数据质量管理方面：一是数据校验，通过预设的规则和算法，对整合后的数据进行校验，确保数据的准确性；二是数据修复，对校验过程中发现的问题数据进行自动或手动修复；三是数据质量报告，定期生成数据质量报告，展示数据质量的整体情况和改进建议。

数据安全管理方面：一是权限管理，对访问整合系统的用户进行权限管理，确保只有授权用户才能访问敏感数据；二是数据加密，对敏感数据进行加密存储和传输，防止数据泄露；三是安全审计，对数据安全事件进行审计和追溯，及时发现和处理安全问题。

技术实施风险管控方面：一是技术选型与评估，在数据整合前，对可用的技术进行选型与评估，确保所选技术能够满足整合需求并具有良好的性能和稳定性；二是系统测试与验证，在数据整合前后，对整合系统进行充分的测试与验证，确保系统的可靠性和稳定性；三是技术更新与升级，关注相关技术的发展动态，及时更新和升级整合系统，以支持新的数据源和数据格式。

业务与运营风险管控方面：一是业务流程管理，对数据整合过程中的业务流程进行管理和优化，确保业务流程的顺畅和高效；二是运营监控，对整合系统的运营情况进行实时监控和分析，及时发现和处理运营问题；三是决策支持，基于整合后的数据为业务决策提供支持，确保决策的科学性和准确性。

小贴士

沃尔玛是怎么整合数据的？

沃尔玛在数据整合方面采用了先进的信息技术和管理系统，可以高效地整合包括物流数据、存货数据、销售数据、客户习惯数据等在内的各类数据。以下是对沃尔玛数据整合方式的详细分析。

一、数据整合的技术基础

沃尔玛拥有世界上最先进的电脑管理系统、卫星定位系统和电视调度系统等信息技术，为其数据整合提供了强大的技术支持。这些系统使得沃尔玛能够实时收集、处理和分析来自各个渠道的数据。

二、数据整合的具体方式

1. 物流数据整合

沃尔玛通过完善的物流管理系统，形成了独特的自动配送体系。这一体系推行"统一订货，统一配送"的原则，加快了存货周期，节省了人力和存储空间，并大大降低了成本。

沃尔玛利用信息系统支持开发出先进的供应链体系，在顾客、供应商及合作伙伴之间形成良好的交互关系，实现充分的信息共享，保证及时的供应。这有助于沃尔玛实时掌握物流动态，优化物流路径，提高物流效率。

2. 存货数据整合

沃尔玛采用快速反应系统（QR）和供应商库存管理（VMI）模式进行存货管理。通过与供应商建立战略合作伙伴关系，利用电子数据交换（EDI）等信息技术进行销售时点的信息交换，沃尔玛能够实时监控库存水平，预测需求并优化库存补货。

这种数据驱动的库存管理有助于减少库存积压，同时确保热门商品的充足供应。通过精确的需求预测和连续的库存补充，沃尔玛实现了整个供应链库存水平的最小化。

3. 销售数据整合

沃尔玛利用销售时点数据系统（POS）和电子自动订货系统收集销售数据。这些数据包括门店销售数据、电子商务平台的数据以及供应链和库存数据。

通过整合这些销售数据，沃尔玛能够全面了解各类产品的销售表现及趋势。这有助于沃尔玛制定更精准的营销策略，优化商品组合，提高销售业绩。

4. 客户习惯数据整合

沃尔玛通过客户关系管理系统收集客户数据，包括购买历史、消费模式、偏好等信息。这些数据有助于沃尔玛深入了解客户的购买行为和需求。

通过分析客户数据，沃尔玛可以为不同的客户群体提供个性化的推荐和促销活动，提高客户满意度和忠诚度。同时，这些数据也为沃尔玛的市场营销策略提供了有力的支持。

三、数据整合的效果

1. 提高运营效率

通过数据整合，沃尔玛能够实现不同部门之间的协同工作，如销售部门与供应链部门之间的数据共享，使得整个公司的运营更加高效和顺畅。

2. 优化库存管理

数据整合使得沃尔玛能够更精确地预测商品需求，优化库存管理。通过了解不同地区、不同时间的销售趋势，沃尔玛可以更好地安排库存，避免库存过剩或不足。

3. 提升客户满意度

通过整合客户数据，沃尔玛能够为客户提供更加个性化的购物体验（包括个性化的推荐、有针对性的促销活动等），从而提高客户满意度和忠诚度。

4. 支持决策制定

数据整合为沃尔玛提供了全面的市场洞察和业务分析。这使得沃尔玛能够更准确地预测市场趋势、了解客户需求，并据此制定更明智的决策。

第五节　数据全生命周期4——数据呈现与使用的管理

1. 数据呈现与使用的内涵与特点

数据呈现与使用管理是指将数据以直观、有效的方式展现给相关用户，并支持用户基于这些数据进行决策、分析或其他实际应用的过程。这包括数据可视化、报表制作、数据分析等多个方面。数据呈现旨在帮助用户更好地理解数据，而数据使用则是指将这些数据转化为实际的价值和行动。

数据呈现与使用具有以下特点。

直观性。数据呈现通常通过图表、图像等直观形式来展示数据，使得用户可以快速、准确地理解数据背后的信息和趋势。

交互性。现代数据呈现工具往往具备交互功能，用户可以通过点击、拖动等方式与数据进行交互，从而获取更深入的分析结果。

实时性。在数据使用管理中，实时性是一个重要的特点。用户需要能够随时访问到最新的数据，以便做出及时的决策。

安全性。数据呈现与使用管理需要确保数据的安全性，防止数据泄露或被非法访问。这包括对数据的加密、访问控制等措施。

合规性。数据的使用需要遵守相关法律法规和企业的内部规定，确保数据的合规性使用。

数据呈现与使用管理的一个重要目的是为企业的决策提供有力支持。通过数据分析，企业可以发现潜在的机会和风险，从而制定更有效的战略。

2. 数据呈现与使用的技术线路

在数据全生命周期管理中，数据呈现与使用管理的方法主要包括以下几个方面。

（1）数据呈现的方法

数据可视化呈现包括以下三种类型。图表呈现：利用柱状图、折线图、饼图、散点图等图表形式直观展示数据。地图呈现：通过地理信息系统（GIS）将数据与地理位置关联，实现空间数据的可视化。仪表板呈现：构建包含多个图表和指标的仪表板，提供综合数据视图。

报表制作呈现包括以下两种类型。定期报表：根据业务需求，定期生成包含数据汇总、趋势分析等内容的报表。自定义报表：允许用户根据自己的需求，选择数据字段、设置过滤条件等，生成个性化的报表。

数据故事讲述：通过数据可视化、文本解释等方式，将数据转化为具有逻辑性和吸引力的故事，帮助用户更好地理解数据背后的意义。

（2）数据使用管理的方法

数据访问控制包括以下两种类型。权限管理：根据用户的角色和职责，分配不同的数据访问权限，确保数据的安全性和合规性；审计跟踪：记录数据的访问、修改等操作日志，便于追溯和审计。

数据分析与挖掘包括以下两种类型。统计分析：运用统计学方法对数据进行分析，揭示数据的内在规律和趋势。数据挖掘：采用机器学习、深度学习等技术，从大量数据中发现潜在的模式和知识。

数据决策支持包括以下两种类型。预测分析：基于历史数据建立预测模型，对未来趋势进行预测。优化分析：通过数据分析，找出业务流程中的瓶颈和优化点，提出改进建议。

3. 数据呈现与使用的风险分析

数据呈现和使用中一般会存在数据泄露、数据不完整、数据滥用以及算法偏见等风险，现将四大风险分析如下。

（1）数据泄露风险

数据泄露是指敏感数据在未经授权的情况下被访问、使用或披露，可能导致个人隐私、企业机密或国家安全受到威胁。

个人隐私泄露可能导致身份盗用、欺诈等；企业机密泄露可能引发竞争劣势、财产损失和声誉损害；国家安全信息泄露可能危及国家安全和社会稳定。

（2）数据不完整风险

数据的完整性是指数据的准确性和一致性。在数据呈现和使用过程中，数据可能被篡改、删除或损坏，导致数据不完整问题。

数据不完整可能会导致业务决策基于错误数据，继而导致法律合规问题，如财务数据不准确可能引发审计失败、损害企业声誉和客户信任。

（3）数据滥用风险

数据滥用是指数据未经授权或被用于不合法的目的，如非法分析、营销、监视等。

数据滥用可能会导致个人隐私被侵犯或用户权益被损害。滥用用户数据可能会导致企业面临法律诉讼和罚款、市场竞争秩序被破坏和消费者权益被损害。

（4）算法偏见风险

算法偏见是指在数据呈现和使用过程中，由于算法设计不当或数据集存在偏差，导致结果存在偏见或歧视问题。

算法偏见会导致社会不公平和歧视问题，如性别、种族歧视等，会损害企业声誉和品牌形象。

4. 数据呈现与使用的风险管控设计

针对数据呈现与使用中的各种风险，我们需要采取以下管控措施。

（1）加强数据访问控制

在数据访问中，实施严格的访问控制策略是确保数据安全的关键。这一策略应基于最小权限原则，每个用户只能获得完成其工作所需的最低权限。

具体措施包括：一是多因素身份验证，除了传统的用户名和密码外，还可以结合生物特征（如指纹、面部识别）、硬件令牌（如智能卡）、动态口令等方式进行身份验证。这种多因素的身份验证方式可以大大提高系统的安全性，防止未经授权的用户访问数据。二是细粒度权限管理，根据用户的角色和职责，为其分配相应的数据访问权限。这些权限应精确到具体的数据项和操作类型，如读取、写入、删除等。通过细粒度的权限管理，可以限制数据访问范围，防止数据泄露和滥用。三是定期审查和调整用户的访问权限，确保权限的准确性和有效性。同时，对于敏感数据的访问，应实施额外的安全控制措施，如加密传输、审计日志记录等。

（2）强化数据加密与保护

在数据呈现和使用中，对敏感数据进行加密存储和传输是保护数据安全的重要手段。

具体措施包括：一是使用高级加密技术，应采用如 AES（高级加密标准）、RSA（Rivest-Shamir-Adleman）等高级加密技术，这些技术已被广泛认可并应用于各种安全领域。二是通过加密处理，可以确保数据在存储和传输过程中的机密性和完整性。加密存储，对于存储在数据库或文件系统中的敏感数据，应使用加密技术进行保护。即使数据被盗或泄露，攻击者也难以获取有用的信息。三是加密传输，在数据传输过程中，应使用 SSL/TLS（安全套接层/传输层安全）等协议进行加密保护。这可以确保数据在传输过程中不被窃取或篡改。四是定期更新加密算法和密钥，以提高数据的安全性。同时，对于加密密钥的管理也应严格控制，确保密钥不被泄露或滥用。

（3）建立数据完整性验证机制

在数据呈现和使用中，确保数据的完整性和准确性是至关重要的。

具体措施包括：一是数字签名，使用数字签名技术可以对数据进行验证和认证。数字签名可以确保数据的来源和完整性，防止数据被篡改或伪造。二是哈希校验即通过计算数据的哈希值（如 MD5、SHA-256 等），可以快速地检测数据是否被篡改。哈希值是一种固定长度的字符串，它根据数据的内容生成，并具有唯一性。当数据发生变化时，其哈希值也会相应变化。三是定期对数据进行完整性验证和审计，及时发现并处理数据篡改或破坏事件。对于重要数据，可以实施实时监控和报警机制，以便在数据发生异常时及时响应和处理。

（4）规范数据使用行为

在数据呈现和使用中，制定并执行严格的数据使用政策是确保数据合规性的关键。

具体措施包括：一是明确数据使用政策，应制定详细的数据使用政策，明确数据的允许用途和禁止行为。这些政策应涵盖数据的收集、存储、使用、共享和销毁等方面，并确保与相关的法律法规和行业标准相符。二是定期审查和监督，应对数据使用情况进行定期审查和监督，以确保数据的合规性。这包括对数据访问记录、使用记录等进行审计和分析，以及时发现并纠正违规行为。三是加强员工的数据安全意识和培训，提高他们对数据合规性的认识和重视程度。同时，对于违反数据使用政策的行为，应建立相应的惩罚机制。

（5）消除算法偏见

在数据呈现和使用中，消除算法偏见是确保数据公正性和准确性的重要措施。

具体措施包括：一是使用多元化和代表性强的数据集，在训练算法时，应使用包含不同性别、种族、年龄、文化背景等特征的数据集。这样可以确保算法在处理不同群体的数据时具有公正性和准确性。二是定期审查和测试算法，应对算法进行定期的偏见审查和测试，以识别并消除潜在的偏见。这包括对算法的输出结果进行分析和评估，以及时发现并纠正不公平或歧视性的决策。三是提高算法透明度，应提高算法决策过程的透明度，允许外部审核和监督。这可以通过公开算法的原理、实现方式和决策逻辑等信息来实现。同时，还应建立相应的问责机制，对算法决策的结果负责。四是强算法研发人员的培训和教育，提高他们的数据伦理和责任意识。同时，对于存在严重偏见的算法，应及时进行修正或替换，以确保数据的公正性和准确性。

小贴士

黑人不是人？——医疗中心人工智能算法的种族偏见问题

一、案例背景

在一家大型医疗中心，人工智能算法被应用于筛选需要额外护理的病人。然而，根据加州大学伯克利分校公共卫生学院的研究及行业估计，这一算法被证明存在显著的种族偏见。

二、案例描述

1. 算法应用

该医疗中心使用的人工智能算法旨在通过数据分析，识别出那些需要额外医疗护理的患者。算法依据患者的疾病状况、病史等因素进行筛选，以确定哪些患者符合纳入研究的标准。

2. 种族偏见表现

研究发现，算法在筛选过程中对不同种族的患者存在不公平的待遇。具体而言，黑人患者必须达到更高的疾病阈值，病情更为严重，才会被算法考虑纳入研究。这意味着，在相同病情下，黑人患者相比其他种族的患者更难以获得额外的医疗护理。

三、影响分析

1. 个体层面

这种偏见导致最需要关怀的黑人患者可能无法得到及时的医疗护理，从而增加他们的健康风险。黑人患者可能因此错过最佳治疗时机，导致病情恶化或治疗效果不佳。

2. 社会层面

算法偏见加剧了医疗领域的不平等现象，破坏了医疗资源的公平分配。长期来看，这种偏见可能引发社会矛盾和冲突，影响社会的和谐与稳定。

第六节　数据全生命周期5——数据分析与应用的管理

1. 数据分析与应用的内涵与特点

（1）数据分析与应用的内涵

数据分析与应用是数据全生命周期中的重要环节，它涉及对数据进行收集、处理、分析和应用的一系列活动。

数据分析是指通过特定的计算方法对收集到的大量数据进行处理，以提取有用信息和形成结论的过程。它旨在揭示数据背后的模式、趋势和关联，为决策提供支持。

数据分析通常包括数据清洗（去除错误和不一致数据）、数据集成（合并不同来源的数据）、数据转换（将数据转换为适合分析的形式）和数据挖掘（从大量数据中提取有价值的信息）等步骤。

数据分析过程中常用的技术包括统计学（如描述性统计、推断性统计）、机器学习（如线性回归、逻辑回归、决策树等）和数据挖掘技术（如关联规则学习、聚类分析、异常检测等）。

数据应用是将数据分析的结果应用于实际业务场景，以支持决策制定、优化业务流程和提高竞争力的过程。

数据应用广泛存在于各个领域，如金融、医疗、零售等。在金融领域，数据分析可用于风险管理、投资决策等；在医疗领域，数据分析可用于疾病预测、诊断辅助等；在零售领域，数据分析可用于市场分析、顾客行为研究等。

（2）数据分析与应用的特点

数据分析与应用具有数据量大、跨学科、技术驱动、注重实效等特点。

数据分析与应用的前提是拥有大量的数据。这些数据可能来自不同的来源和渠道，如企业内部的业务数据、外部的市场调研数据等。通过整合和分析这些数据，企业可以揭示出隐藏在数据背后的规律和趋势。

数据分析与应用是一个跨学科的领域，它涉及统计学、计算机科学、数学、经济学等多个学科的知识和方法。因此，从事数据分析与应用工作需要具备跨学科的知识背景和技能储备。

数据分析与应用是一个技术驱动的过程。它需要借助各种数据分析工具和技术来提取和处理数据，以及进行模型构建和预测。随着技术的不断发展，数据分析与应用的方法和手段也在不断更新和升级。

数据分析与应用的目标是为实际业务场景提供支持和指导。因此，它非常注重实效性和实用性。数据分析的结果需要能够直接应用于业务决策和流程优化中，以产生实际的价值和效益。

2. 数据分析与应用的技术线路

数据全生命周期中的数据分析与应用是一个复杂而系统的工程，它涉及多个环节和多种技术。以下是对这一过程的详细阐述。

（1）明确业务需求

在数据分析与应用的初期，首先需要明确业务需求。这包括与业务利益相关者进行深入沟通，了解他们的痛点和期望，以及确定数据分析的目标和范围。

（2）数据的收集与整合

根据业务需求，收集相关的内部和外部数据。数据可能来自不同的来源，如数据库、API、日志文件、第三方数据提供商等。

对收集到的数据进行清洗、整合和转换，以确保数据的准确性、一致性和完整性。这一步骤对于后续的数据分析至关重要。

数据采集技术使用 SQL、Python 等编程语言和工具，从数据库、API、日志文件等数据源中提取数据，或者利用爬虫技术收集互联网上的公开信息，以丰富数据集。

（3）数据的预处理与特征工程

在数据清洗的基础上，进一步进行数据预处理，如缺失值填充、异常值处理、数据标准化等。

进行特征工程，提取和构造对业务问题有解释力和预测力的特征。

这一步骤对于提高模型性能和准确性具有关键作用。

数据预处理与特征工程技术包括使用 Pandas、Numpy 等 Python 库进行数据清洗、整合和转换，以及利用特征选择、特征编码、降维等技术进行特征工程，以提高模型性能。

（4）数据分析与模型构建

利用统计学、机器学习等技术对数据进行深入分析，探索数据的特征和潜在模式。

基于清洗和预处理后的数据，构建机器学习或深度学习模型，并进行训练和优化。选择合适的算法和参数，以提高模型的准确性和泛化能力。

数据分析与建模技术包括使用 Matplotlib、Seaborn 等可视化工具进行数据的统计分析和可视化展示，利用 Scikit-learn、TensorFlow、PyTorch 等机器学习和深度学习框架进行模型构建和训练。

（5）模型评估与验证

使用测试集对模型进行评估，计算准确率、精准率、召回率等指标，以验证模型的性能和稳定性。

与业务利益相关者沟通评估结果，确认模型的部署可行性，并根据反馈进行必要的调整和优化。

模型评估与验证技术包括使用交叉验证、A/B 测试等方法对模型进行全面评估，以及计算准确率、精准率、召回率等评估指标，以量化模型的性能和稳定性。

（6）模型部署与维护

将经过验证的模型部署到生产环境中，与业务流程进行集成。

建立监控系统，实时跟踪模型的表现，并定期更新或重新训练模型，以应对数据漂移或业务变化。

模型部署与维护技术包括：使用 Docker、Kubernetes 等容器化技术将模型部署到生产环境中；利用 Flask、Django 等 Web 框架构建 API 接口，实现模型与业务流程的集成；建立监控和日志系统，实时跟踪模型的表现，并及时进行更新和优化。

3. 数据分析与应用的风险分析

数据全生命周期管理中，数据分析与应用方面的风险涉及多个维度，以下是对这些风险的系统分析。

（1）数据质量风险

数据质量风险指的是在数据分析与应用过程中，数据本身存在的问题（如不完整、不一致、有异常值等）导致的分析结果不准确或不可靠的风险。

数据质量风险涵盖数据的完整性、准确性、一致性和时效性等方面。数据质量风险主要来源于数据采集、存储、处理等环节中的错误或疏忽。

数据质量风险具有隐蔽性、累积性和传播性，不易被及时发现，且一旦存在，会累积并传播到后续的分析和应用中。数据质量风险可能导致分析结果偏离实际情况，进而影响决策的科学性和有效性。

在数据分析过程中，如使用不完整或错误的数据进行模型训练，可能导致模型预测结果不准确。

（2）模型风险

模型风险指的是在数据分析与应用过程中，模型选择、构建或应用不当导致的分析结果不准确或不可靠的风险。

模型风险涵盖模型选择、参数设置、训练数据以及模型解释性等方面。模型风险主要来源于对业务理解不足、模型选择不当、参数设置不合理以及缺乏模型验证和评估。

模型风险具有复杂性和不确定性，模型的选择和构建涉及多个因素，且结果具有不确定性。模型风险可能导致分析结果偏离实际情况，进而影响决策的科学性和有效性，甚至造成经济损失。

在利用机器学习模型进行预测时，如模型选择不当或参数设置不合理，可能导致预测结果不准确。

（3）操作风险

操作风险指的是在数据分析与应用过程中，人为操作不当或系统故障导致的数据丢失、损坏或分析结果错误的风险。

操作风险涵盖数据处理、模型训练、结果输出等各个环节中的操作失误和系统故障。操作风险主要来源于人为因素（如操作失误、恶意破坏）和系统因素（如硬件故障、软件漏洞）。人为操作风险源于操作人员失误、恶意破坏或不当操作导致的风险。系统故障风险源于硬件故障、软件漏洞或网络攻击导致的风险。

操作风险具有突发性和难以预测性，往往难以提前预防和控制。操作风险可能导致数据损坏、分析结果错误以及业务中断等严重后果。

在数据分析过程中，如操作人员误删除重要数据或模型训练过程中发生系统崩溃，可能导致分析结果无法得出或错误。

（4）隐私泄露风险

隐私泄露风险指的是在数据分析与应用过程中，个人或企业的敏感信息被非法获取、使用或泄露的风险。

隐私泄露风险涉及个人身份信息、财务数据、交易记录等敏感信息的保护。

隐私泄露风险主要来源于数据访问权限管理不当、数据加密措施不足以及数据共享和传输过程中的漏洞。权限设置不当会导致未经授权的用户能够访问敏感数据。数据加密措施不足会导致数据在传输或存储过程中被窃取。数据共享和传输过程中存在漏洞会导致数据被非法获取。

隐私泄露风险具有不可逆性和广泛性，一旦泄露，很难完全挽回损失，且可能波及大量用户。隐私泄露风险可能导致个人或企业的财产损失、信誉损害以及法律纠纷。

在数据分析过程中，如未对敏感数据进行脱敏处理，可能会导致隐私泄露。

4. 数据分析与应用的风险管控设计

针对数据全生命周期中数据分析与应用中的风险，以下是一些具体的风险控制对策。

（1）数据质量风险控制

建立数据质量管理体系：依据行业标准和最佳实践，制定数据质量管理制度和流程。实施数据治理：明确数据所有权、责任和管理流程，确保数据的准确性、一致性和完整性。

利用数据清洗工具和技术，如数据去重、异常值处理、缺失值填充等，提高数据质量；通过数据校验、审计和异常检测等方法，确保数据的准确性和可靠性；制定数据标准，如数据格式、单位、编码等，确保数据的一致性和可比性。

比如在金融领域：利用数据清洗和验证技术，对客户的信用记录、交易数据等进行清洗和验证，确保数据分析结果的准确性，降低信贷风险。

（2）模型风险控制

根据业务场景和数据特点，选择适合的机器学习模型进行数据分析；利用交叉验证、A/B测试等方法对模型进行验证和评估，确保模型的准确性和稳定性。

通过网格搜索、随机搜索等方法对模型参数进行调优，提高模型性能；对原始数据进行特征提取和选择，提高模型的预测能力。

比如在电商领域：利用机器学习模型对用户的购买行为进行预测。通过选择合适的模型、进行参数调优和特征工程等手段，提高预测的准确性，从而制定更精准的营销策略。

（3）操作风险控制

加强人员培训和管理，定期对数据分析人员进行培训和教育，提高他们的操作技能和风险意识；建立故障恢复机制，制订故障恢复计划和应急预案，确保在系统故障时能够及时恢复数据和分析结果。

定期对数据进行备份，并建立恢复机制，确保在数据丢失或损坏时能够及时恢复；对数据分析过程中的操作进行审计和监控，记录操作日志，及时发现和处理异常操作。

比如在银行领域：建立严格的数据备份和恢复机制，确保在系统故障或数据丢失时能够及时恢复数据。

（4）合规性风险控制

遵循法律法规和行业标准，确保数据分析和应用过程符合相关法律法规和行业标准的要求；建立合规性审查机制，定期对数据分析和应用过程进行合规性审查，及时发现和处理合规性问题。

采用先进的加密技术和隐私保护手段，确保数据在分析和应用过程中的安全性和隐私性；开展合规性培训和教育，定期对数据分析人员进行合规性培训和教育，提高他们的合规意识和能力。

比如在金融领域：确保数据分析和应用过程符合相关法律法规和行业标准的要求，如《个人信息保护法》《数据安全法》等。同时，建立合规性审查机制和数据加密机制，确保数据的安全性和隐私性。

> **小贴士**
>
> ### 微软大数据成功预测奥斯卡奖
>
> 大卫·罗斯柴尔德是微软纽约研究院的经济学家，在数据分析和预测领域有着深厚的造诣。利用大数据预测奥斯卡奖项，是他将数据分析技术应用于娱乐行业的一次大胆尝试。
>
> 罗斯柴尔德团队通过收集赌博市场、好莱坞证券交易所、用户自动生成信息等大量公开数据，建立了丰富的数据基础。他们利用这些数据构建了预测模型，该模型能够分析各种数据之间的关联性，并据此预测奥斯卡奖项的归属。预测结果并非一成不变，该模型会随着时间和新数据的加入而自动实时更新，从而确保预测的准确性和时效性。
>
> 罗斯柴尔德团队成功预测了第85届奥斯卡金像奖24个奖项中的19个，引起了广泛关注。他们再接再厉，又成功预测了第86届奥斯卡金像奖24个奖项中的21个，进一步巩固了其在大数据预测领域的地位。
>
> 罗斯柴尔德团队的预测准确性高达80%以上，这在大规模数据

分析和预测领域是非常罕见的。他们的预测覆盖了奥斯卡的所有主要奖项，包括最佳影片、最佳导演、最佳男女主角等。通过动态数据挖掘和实时更新预测结果，他们能够及时反映市场和数据的变化。

罗斯柴尔德团队的预测展示了大数据技术在娱乐行业的应用潜力，为其他行业提供了有益的借鉴。对于电影制作方、发行方以及影迷来说，这些预测结果具有一定的参考价值，有助于他们做出更明智的决策。这一案例推动了数据分析和挖掘技术在更多领域的应用和发展，为大数据技术的商业化应用开辟了新的道路。

罗斯柴尔德团队的预测研究不仅局限于奥斯卡奖项，他们还涉及了各大体育和政治事件结果的预测。用户可以通过PredictWise网站查看他们的各项预测结果。罗斯柴尔德表示，他希望将研究延伸到经济和商业领域，向大家展示预测工作的价值，帮助人们有效分配资源。

第七节　数据全生命周期6——数据挖掘的管理

数据挖掘阶段是数据全生命周期中非常重要的一环，具有很强的技术性、探索性和价值发现能力。这个环节承上启下，利用前面的成果，为后续提供数据分析应用和流通提供支撑。

1. 数据挖掘的内涵和特点

（1）数据挖掘的内涵

数据挖掘是从大量的、不完全的、有噪声的、模糊的、随机的数据中，提取隐含在其中的、人们事先不知道的、但又是潜在有用的信息和知识的过程。它涉及数据库技术、统计学、机器学习、人工智能等多个领域的知识和技术，旨在通过算法和分析方法揭示数据中的模式、趋势和关联，从而为决策提供支持。

（2）数据挖掘的特点

数据挖掘阶段在整个数据全生命周期中具有以下显著特点：

一是高度依赖前期处理。数据挖掘的成功与否很大程度上依赖于数据采集、存储、整合、呈现与使用等前期阶段的处理质量。如果前期数据不准确、不完整或存在噪声，那么数据挖掘的结果可能会受到严重影响。

二是技术性强。数据挖掘需要使用各种复杂的算法和模型，如聚类分析、关联规则挖掘、分类与预测等，这些技术需要专业的知识和技能才能有效应用。

三是探索性强。数据挖掘通常是一个探索性的过程，分析师需要通过不断尝试和调整算法模型来发现数据中的隐藏模式。这个过程可能需要多次迭代和验证，直到找到有意义的结果。

四是高价值性。数据挖掘的核心目标是发现数据中的价值，这包括识别新的市场机会、优化业务流程、提高决策效率等。通过数据挖掘，企业可以从海量数据中提取出有用的信息和知识，从而为其业务发展提供有力支持。

五是结果多样性。数据挖掘的结果可能是多种多样的，包括模式、趋势、关联规则、分类模型等。这些结果可以用于不同的应用场景，如市场营销、风险评估、客户关系管理等。

2. 数据挖掘的技术线路

数据挖掘涉及从大量数据中提取有用信息和模式的过程。数据挖掘阶段的实施过程和技术路线如下。

（1）数据准备

数据清洗：去除重复数据、处理缺失值、纠正错误数据等，以确保数据的准确性和完整性。数据集成：将来自不同数据源的数据整合到一起，形成一个统一的数据集。数据变换：对数据进行标准化、归一化等处理，以便后续的数据挖掘算法能够更好地处理和分析数据。数据规约：通过降维、数据抽样等技术减少数据集的规模，提高数据挖掘的效率。

（2）数据挖掘算法选择

根据具体的数据挖掘任务（如分类、聚类、关联规则挖掘等）选择合适的算法。例如，对于分类任务，可以选择决策树、支持向量机、朴素贝叶斯等算法；对于聚类任务，可以选择K-means、层次聚类等算法。对算法进行参数调优，可以提高数据挖掘的准确性和效率。

如决策树、支持向量机、朴素贝叶斯、K-means聚类、关联规则挖掘等传统数据挖掘技术已经相对成熟，并在各个领域得到了广泛应用。

随着深度学习技术的快速发展，其在数据挖掘领域的应用也越来越广泛。例如，卷积神经网络（CNN）在图像识别领域取得了显著成效，循环神经网络（RNN）在自然语言处理领域具有独特优势。

集成学习技术可以通过组合多个数据挖掘模型来提高预测的准确性和泛化能力。Bagging、Boosting等方法都是常见的集成学习技术。

针对大规模数据集的数据挖掘任务，需要采用分布式计算框架（如Hadoop、Spark等）和高效的数据存储与管理技术（如NoSQL数据库、列式存储等）来等大数据处理技术提高数据处理的效率。

（3）数据挖掘模型训练

使用训练数据集对选定的数据挖掘算法进行训练，以构建数据挖掘模型。在训练过程中，可能需要多次迭代和调整算法参数，以获得最优的模型性能。

（4）模型评估与验证

使用测试数据集对训练好的数据挖掘模型进行评估和验证，以检验模型的准确性和泛化能力。

（5）知识表示与解释

将数据挖掘模型发现的知识以易于理解的方式表示出来，如可视化展示、生成报告等。对发现的知识进行解释和说明，以使用户能够更好地理解和应用这些知识。

3. 数据挖掘的风险分析

在数据全生命周期中，数据挖掘阶段是一个至关重要的环节，它涉及从大量数据中提取有价值的信息和知识，其涉及的主要风险如下。

（1）数据质量风险

数据质量风险指数据挖掘过程中所使用的数据存在不完整、不准确、不一致等问题，从而影响挖掘结果的准确性和可靠性。数据质量风险的内容包括数据缺失、数据错误、数据冗余、数据不一致等。

数据质量风险可能来源于数据采集、存储、处理等多个环节，如传感器故障、人为录入错误、数据同步问题等。

数据质量风险的隐蔽性高，难以直接通过观察发现；对挖掘结果的影响深远，可能导致决策失误。基于不准确的数据进行挖掘，可能会导致错误的结论和决策，进而影响企业的业务运营和战略规划。

在金融风控领域，如果用于挖掘的数据不准确，可能会导致对风险的误判，进而影响贷款审批、信用评估等决策的准确性。

（2）隐私泄露风险

隐私泄露风险指数据挖掘过程中可能导致的个人隐私信息泄露。隐私泄露风险包括个人身份信息、交易记录、行为习惯等敏感数据的泄露。

隐私泄露风险可能来源于数据挖掘算法的设计缺陷、数据存储和传输过程中的安全漏洞等。一旦发生，后果严重，可能引发法律纠纷和企业声誉损失。隐私泄露不仅侵犯了个人隐私权，还可能被不法分子利用，进行诈骗等犯罪活动。

在电商领域，如果数据挖掘算法未能妥善处理用户数据，可能会导致用户购买记录、浏览习惯等隐私信息的泄露。

（3）模型过拟合风险

模型过拟合风险指数据挖掘模型在训练数据上表现过好，但在新数据上表现不佳的现象。模型过拟合风险是由于模型过于复杂，捕捉到了训练数据中的噪声和异常，导致泛化能力下降。

模型过拟合风险可能来源于模型选择不当、参数设置不合理、训练数据不足或质量不高等。

模型过拟合风险特点是在训练数据上表现优异，但在实际应用中效果不佳。过拟合的模型无法准确反映数据的真实分布，可能导致决策失误和业务损失。

在医疗诊断领域，如果诊断模型过拟合于训练数据，可能会导致对新病例的诊断准确率下降。

（4）算法偏差风险

算法偏差风险指数据挖掘算法在训练过程中可能产生的对某些群体或类别的偏见。算法偏差风险中算法可能由于训练数据的不均衡或存在偏见，导致对某些群体或类别的预测结果不准确。

算法偏差风险可能来源于训练数据的选择、预处理、特征工程等多个环节。该风险隐蔽性高，难以直接通过观察被发现，对特定群体或类别的影响显著。

算法偏差风险中算法偏差可能导致会不公平的决策结果，损害特定群体的利益，引发社会争议和法律风险。

在招聘领域，如果简历筛选算法存在偏差，可能会导致对某些群体的歧视性筛选。

（5）解释性差风险

解释性差风险指数据挖掘模型的结果难以被解释和理解，挖掘模型的决策过程不透明，无法清晰地说明为何得出某个结论。

解释性差风险可能来源于模型的复杂性、特征的非线性关系等。风险特点为模型的决策过程黑箱化，缺乏可解释性。

解释性差可能导致决策的不被信任和接受，影响模型的实际应用效果。

在金融风控领域，如果风险评估模型的解释性差，可能会导致风控人员无法信任模型的决策结果，进而影响风控策略的制定和执行。

4. 数据挖掘风险的管控设计

针对数据挖掘的风险，我们需要进行对数据质量管理、模型验证和调优、计算资源优化、数据多样性风险等方面管控。

（1）数据质量管理

数据质量管理是数据挖掘风险控制的基础。高质量的数据可以显著提高数据挖掘的准确性和效率，降低误差和偏差。

高质量数据的"三性"：一是数据完整性，确保数据没有缺失值或重复值，所有必要的字段都已被填充；二是数据准确性，验证数据的真实性和准确性，避免使用错误或误导性的数据；三是数据一致性，确保不同来源或不同时间点的数据保持一致，避免数据冲突或矛盾。

重质量的数据需要：数据清洗即去除重复数据、处理缺失值、纠正错误数据等；数据转换即将数据转换为适合分析的格式，如将文本数据转换为数值数据；数据标准化即对数据进行统一处理，如将日期格式、货币单位等标准化。

在金融行业的信贷审批过程中，数据质量管理至关重要。某银行通过实施严格的数据清洗和标准化流程，对客户的收入证明、信用记录等关键数据进行校验和修正，确保了数据的准确性和一致性。这有效降低了因数据错误导致的信贷审批失误率，提高了审批效率和客户满意度。

（2）模型验证和调优

模型验证和调优是确保数据挖掘结果准确性和可靠性的关键步骤。

模型验证和调优的关键点：一是进行交叉验证，将数据集划分为多个子集，轮流进行训练和测试，以评估模型的泛化能力；二是性能评估，使用准确率、召回率、F1分数等指标来评估模型的性能；三是超参数调优，通过调整模型的超参数（如学习率、迭代次数等）来优化模型的性能。

模型验证和调优的方法：一是网格搜索，在指定的参数网格中进行穷举搜索，找到最优的参数组合；二是随机搜索，在指定的参数空间中随机选择参数组合进行训练，以提高搜索效率；三是贝叶斯优化，利用贝叶斯定理来指导搜索过程，更快地找到最优参数组合。

在电商推荐系统中，模型验证和调优对于提升用户体验和销售额至关重要。某电商平台采用A/B测试的方法，将用户随机分为两组，分别展示基于不同推荐算法的商品列表。通过对比两组用户的点击率、转化率等指标，该平台评估了不同推荐算法的性能。最终，该平台选择了表现最优的算法，并通过正则化和超参数调优等手段进一步提升了模型的准确性。这有效提高了用户的购买意愿和平台的销售额。

（3）计算资源优化

在数据挖掘过程中，计算资源的消耗是一个必需的过程。优化计算资源可以提高数据挖掘的效率和成本效益。

计算资源优化的关键点：一是算法选择，选择计算效率较高的算法进行数据挖掘；二是并行计算，利用多核处理器或分布式计算集群来加速计算过程；三是硬件升级，采用高性能的计算硬件，如 GPU、TPU 等，来提高计算速度。

计算资源优化的关键点方法：一是算法优化，对算法进行改进，减少不必要的计算开销；二是负载均衡，将计算任务分配到多个处理器或节点上，以平衡计算负载；三是资源监控，实时监控计算资源的使用情况，及时调整资源分配策略。

基因测序数据分析是一个计算密集型任务，需要消耗大量的计算资源。某生物科技公司通过采用分布式计算架构和优化的算法，实现了基因测序数据的快速处理和分析。该公司利用云计算平台提供的弹性计算资源，根据任务需求动态调整计算资源的使用量，有效降低了计算成本并提高了处理效率。这使得该公司能够更快地为客户提供基因测序数据分析服务，赢得了市场竞争优势。

（4）数据多样性风险管控

数据挖掘中数据多样性风险管控旨在确保数据挖掘结果不受数据偏差或歧视的影响。

数据多样性风险管控的关键点：一是数据收集，确保数据来源于多个渠道和群体，避免单一来源或群体的数据偏差；二是数据预处理，在数据预处理过程中识别和纠正潜在的偏差或歧视性问题；三是模型评估，在模型评估阶段检查模型是否对不同群体或类别存在偏见。

数据多样性风险管控方法：一是数据增强，通过生成或收集更多样化的数据来增强数据集的多样性；二是公平性约束，在模型训练过程中加入公平性约束条件，以减少模型对不同群体的偏见；三是后处理校正，在模型预测后对结果进行校正，以消除潜在的偏差或歧视性问题。

在自动驾驶车辆的训练过程中，数据多样性风险管控对于提高模型的泛化能力和安全性至关重要。某自动驾驶公司通过收集来自不同地域、不同天气条件、不同交通场景的数据，构建了一个多样化的数据集。同时，该公司还采用了数据增强技术，通过对原始数据进行旋转、翻转、缩放等操作，进一步增加了数据的多样性。这些措施有效降低了模型对特定场景的依赖性，提高了模型在不同环境下的适应性和安全性。

小贴士

谷歌流感趋势预测（Google Flu Trends, GFT）

谷歌作为全球最大的搜索引擎公司之一，拥有海量的用户搜索数据。这些数据中蕴含着丰富的信息，包括用户的健康状况、疾病关注等。谷歌流感趋势预测正是基于这一背景，旨在通过分析用户搜索行为来预测流感疫情的传播趋势。

谷歌流感趋势预测的原理相对朴素但有效。它基于一个假设，用户在搜索引擎中输入的与流感相关的关键词可能与流感疫情的传播存在相关性。通过分析这些关键词的搜索频率、地域分布等信息，谷歌能够实时地监测流感疫情的传播趋势，并预测未来一段时间内流感疫情的可能发展情况。

谷歌流感趋势预测能够提供全球范围内的流感疫情地图和趋势分析。用户可以通过谷歌流感趋势预测系统查看不同地区的流感疫情传播情况，包括疫情的传播范围、强度、爆发时间和高峰期等关键信息。

该产品广泛应用于公共卫生领域，帮助公共卫生机构及时监测和预防疾病的传播。通过谷歌流感趋势预测，公共卫生机构可以更快地响应流感疫情，采取有效的防控措施，降低疫情的传播风险和影响。

谷歌流感趋势预测能够实时地收集和分析用户搜索数据，提供最新的流感疫情预测结果。这有助于公共卫生机构及时获取疫情信息，做出快速响应。

谷歌流感趋势预测覆盖全球范围内的流感疫情，能够提供不同地区的疫情预测结果。这有助于公共卫生机构了解全球疫情动态，加强国际合作和协调。

谷歌流感趋势预测在推出初期取得了显著的成功，其预测结果与美国疾病控制与预防中心（CDC）等官方机构的监测数据高度相关。然而，随着时间的推移和流感病毒的变异等因素的影响，预测结果的准确性可能会受到一定影响。

谷歌流感趋势预测自2008年推出以来，经历了多次算法优化和模型调整。为了提高预测准确性，谷歌不断引入新的相关变量和更先进的机器学习算法。同时，谷歌还与其他公共卫生机构和学术研究机构建立了合作关系，共同开展流感疫情监测和预测研究。

谷歌流感趋势预测展示了数据挖掘技术在公共卫生领域的应用潜力，为公共卫生机构提供了有力的决策支持工具。该产品的成功推出促进了大数据技术的发展和应用，为其他领域的大数据应用提供了有益的借鉴和启示。但与此同时，谷歌流感趋势预测还引发了一些伦理和社会问题的讨论，如用户隐私保护、数据滥用等。这些问题需要得到充分的关注和解决，以确保大数据技术的健康发展。

谷歌流感趋势预测系统已经过多次升级和优化。目前，该系统仍在使用中，但预测准确性可能受到多种因素的影响。随着大数据技术和人工智能技术的不断发展，谷歌流感趋势预测有望实现更准确的预测结果和更广泛的应用场景。同时，如何平衡公共利益和个人权利、保护用户隐私和数据安全等问题也将成为未来发展的重要方向。

第八节　数据全生命周期 7——数据流通管理

1. 数据流通的内涵和特点

在数据全生命周期的框架内，数据流通是一个至关重要的阶段，它涉及数据在不同实体或系统之间的传递和交换。

（1）数据流通的内涵

数据流通是按照一定规则，将存储的数据或者数据分析、挖掘得到的信息作为流通对象，从供应方传递到需求方的过程。这一过程是数据价值实现的关键环节，它使得数据能够在更广泛的范围内被利用，从而推动数据价值的最大化。

（2）数据流通的特点

数据流通具有五大特点：一是高流动性。数据流通打破了数据的地域和组织界限，使得数据能够在全球范围内快速流动。这种高流动性是大数据时代的一个重要特征，也是数据价值得以充分发挥的基础。二是价值传递。通过数据流通，数据的价值能够在不同的实体之间传递和共享。数据接收方可以利用这些数据来改进决策、优化运营或开发新的数据产品，从而实现数据的增值。三是安全性挑战。随着数据流通的加速，数据安全问题也日益凸显。数据在流通过程中可能面临泄露、篡改或非法访问等风险，因此需要采取有效的安全措施来保护数据的安全性和隐私性。四是规则与监管。为了确保数据流通的合法性和合规性，需要建立健全的数据流通规则和监管机制。这些规则和机制应明确数据流通的条件、方式、范围以及参与方的权利和义务等。五是技术依赖。数据流通高度依赖于信息技术的发展和应用。例如，数据交换协议、数据加密技术、区块链技术等都是数据流通中不可或缺的技术手段。

2. 数据流通的技术线路

在数据全生命周期中，数据流通是释放数据价值、促进数字经济发展的关键环节。以下是数据流通的基本原理、实施过程和技术路线的详细介绍。

（1）数据流通的基本原理

首先是可以让数据价值得到释放，数据具有外部性，同一组数据可以在不同的维度上产生不同的价值和效用。通过数据流通，数据可以在不同的数据接受者一方与自有数据汇聚，不断开拓使用维度，从而释放更大的数据价值。其次是可以解决数据分布不均衡问题。企业采集的数据通常具有较强的行业属性，特征不够全面，同时中小型企业收集的数据样本量较少，难以支撑业务。数据流通有助于利用数据的外部性，解决数据分布不均衡的问题，使数据资源得到更充分的利用。最后是可以促进数字经济生态的完善。数据流通需要充分发挥各阶段利益相关者的积极性，并全面保障其权益，从而实现数据流通的价值最大化，形成健康的数字经济生态。

（2）数据流通的实施过程

第一是数据收集。数据流通的起点是收集原始数据。这些数据可以来自内部系统、外部来源或手动输入。收集过程中需要确保数据的准确性、完整性、一致性和有效性。

第二是数据处理。该过程指对收集到的数据进行清洗、整理、分析和利用等工作。它包括去除无效数据、统一数据格式、数据转换等步骤，以确保数据的准确性和可用性。

第三是数据存储。该过程指将处理后的数据安全且高效地存储在数据库或其他存储系统中。同时，该过程需要考虑数据的备份和恢复机制，以避免数据丢失或损坏。

第四是数据访问控制。在数据流通过程中，建立严格的数据访问控制机制很有必要，这样才能确保只有授权用户才能访问和使用数据。这有助于保护数据的安全性和隐私性。

第五是数据交换与交易。数据可以在不同的控制者之间进行交换或交易。它包括数据定价、合同签署、数据交付等环节。通过数据交换与交易，数据可以在不同的应用场景中发挥更大的价值。

第六是数据使用。数据被使用方应用于实际业务场景并创造价值。在供应链管理中,订单数据实时流通到供应商处,供应商可以立即安排生产排期,提高生产效率和交付速度。

(3)数据流通的技术路线

一是数据加密与隐私保护。在数据流通过程中,使用方需要采用先进的加密算法和技术来保护数据的安全性和隐私性。例如,利用区块链的去中心化、不可篡改等特点,企业可以构建安全可信的数据交易环境。

二是数据集成平台。企业要建立一个统一的数据集成平台,将涉及产品生命周期的各个环节的数据进行整合和统一管理。这有助于实现数据的无缝传递和共享,提高数据流通的效率。

三是大数据处理与分析技术。企业要利用大数据处理与分析技术,对海量数据进行实时处理和分析,提取有价值的信息和知识。这有助于其更好地理解和利用数据,提高数据流通的价值。

四是数据治理技术。企业要建立完善的数据治理体系,包括数据质量管理、数据分类分级管理、数据安全审计等方面。这有助于确保数据的准确性、完整性、安全性和合规性,为数据流通提供坚实的基础。

3. 数据流通的风险分析

(1)数据泄露风险

数据泄露是指在数据流通过程中,敏感信息被未经授权的人员或系统访问,导致数据被非法获取或曝光。数据泄露主要来源于以下几种途径:一是黑客攻击。黑客利用网络漏洞或弱点,非法侵入系统并窃取数据。二是内部人员泄露。员工因安全意识不足、恶意行为或不当操作,导致数据泄露。三是不安全的传输协议。使用未加密或弱加密的传输协议,使数据在传输过程中容易被截获。

数据泄露具有隐蔽性。数据泄露往往不易被察觉,直到敏感信息被滥用或曝光才被发现。数据泄露也具有持续性,一旦数据泄露,敏感信息息可能持续被非法获取和利用。

数据泄露可能导致经济损失。数据泄露可能导致企业面临巨额罚款、赔偿损失，甚至影响股价和市值，也可能会损害企业的形象和声誉，降低客户信任度，还可能导致企业违反相关法律法规，面临法律诉讼和处罚。

例如电商公司因服务器安全漏洞被黑客攻击，导致大量用户信息泄露。

（2）数据篡改风险

数据篡改是指在数据流通过程中，数据被恶意修改或损坏，导致数据的完整性和准确性受损。数据篡改主要来源如下。中间人攻击：攻击者在数据传输过程中拦截并篡改数据。数据注入攻击：攻击者通过向系统注入恶意数据，破坏数据的完整性和准确性。内部人员篡改：员工因恶意行为或不当操作，故意篡改数据。

数据篡改具有破坏性。数据篡改会破坏数据的完整性和准确性，导致业务决策失误；同时还难以被检测，篡改后的数据可能难以被察觉，直到产生严重后果才被发现。

数据篡改的后果：一是业务决策失误。基于篡改后的数据做出的决策可能导致业务失败或损失。二是经济损失。数据篡改可能导致企业面临赔偿损失、失去客户信任等经济后果。三是法律责任。企业可能因数据篡改而违反相关法律法规，面临法律诉讼和处罚。

（3）数据丢失风险

数据丢失是指在数据流通过程中，由于各种原因导致数据无法被正常访问、使用或恢复。数据在流通中丢失，主要有以下三个原因。网络故障：网络不稳定或中断可能导致数据传输失败或丢失。硬件故障：存储设备或传输介质的硬件故障可能导致数据丢失。人为错误：员工因操作失误或疏忽导致数据丢失。

数据丢失具有突发性和不可逆性。数据丢失往往突然发生，难以预测和防范；一旦数据丢失且无法恢复，将对企业造成永久性的损失。

数据丢失可能会导致业务流程中断，影响企业的正常运营，也可能会导致企业面临赔偿损失、失去客户信任等经济后果，还有可能导致丢失数据无法从备份中被恢复，继而对企业造成重大损失。

（4）数据格式不兼容风险

数据格式不兼容指的是在数据交换和共享过程中，由于不同系统、平台或应用程序采用的数据格式、编码方式或数据结构存在差异，导致数据无法被正确识别、解析和处理。

数据格式不兼容的原因如下：缺乏统一的数据标准和规范，系统、平台或应用程序的升级或更新导致数据格式产生变化，不同厂商或开发者采用的数据格式不一致。

数据格式不兼容是数据流通过程中常见的问题，解决数据格式不兼容问题可能需要企业投入大量的时间和资源。数据格式不兼容问题可能在日常运营中不易被发现，具有隐蔽性，但在关键时刻却可能导致业务中断。

数据格式不兼容会导致：数据无法流通和共享，形成数据孤岛；企业基于不兼容数据做出的业务决策可能不准确，导致业务失败；增加数据管理和维护的成本。

例如企业在进行数据迁移时，发现旧系统与新系统的数据格式不兼容，导致大量数据无法迁移到新系统。这样不仅影响了企业的正常运营，还增加了数据迁移的成本和时间。

（5）数据传输延迟风险

数据传输延迟指的是在数据从发送端到接收端的传输过程中，由于网络拥堵、设备性能不足、数据量过大等原因，导致数据无法及时到达接收端。

数据传输延迟的原因主要有：网络带宽限制和拥堵，或者传输设备性能不足或故障；数据量过大，超出传输设备的处理能力；网络状况、设备性能等多种波动因素；在多个节点或链路中传输延迟的累积。

数据传输延迟会造成影响业务的实时性和响应速度，降低用户体验和满意度，在关键时刻可能导致业务中断或失败。

例如在线交易平台中，由于网络拥堵导致数据传输延迟，用户无法及时查看和确认交易信息。这不仅会影响用户的交易体验，还可能导致用户错过最佳交易时机，造成经济损失。

（6）数据合规性风险

数据合规性风险指的是在数据流通过程中，企业可能违反相关数据保护法规、隐私政策或行业标准，导致面临法律诉讼、罚款、声誉损害等风险。

数据合规性风险可能由多种原因造成：不同国家和地区的数据保护法规差异，行业特定的隐私政策和标准要求，企业内部数据管理和保护措施的不足。

数据合规性风险因为不同国家和地区的数据保护法规而变得多样且复杂。违反数据保护法规可能导致严厉的处罚，包括罚款、业务暂停等。数据合规性风险是持续存在的。

数据合规性风险可能会导致企业因违反数据保护法规而面临法律诉讼和罚款。数据泄露或滥用可能导致企业声誉受损，影响客户信任和忠诚度。违反数据保护法规可能导致企业的业务受到限制或禁止。

例如跨国企业在处理用户数据时，未遵守某国家的数据保护法规，导致用户数据泄露。这不仅会给企业带来经济损失和声誉损害，还可能导致该企业在该国家的业务受到限制或禁止。同时，该企业还可能面临法律诉讼和罚款的风险。

（7）数据权限滥用风险

数据权限滥用风险指的是在数据流通过程中，由于授权访问控制、权限管控等安全措施的缺失或不当，导致数据被未授权或超出授权范围使用、加工的风险。

数据权限滥用一般是由于缺乏有效的授权访问控制和权限管控机制、内部人员的恶意行为或疏忽或者外部黑客的攻击或非法访问而造成的。

数据权限滥用往往不易被察觉，可能长期存在而不被发现，涉及数据的收集、存储、处理、传输等各个环节，可能会导致数据泄露、数据篡改等严重后果。

数据权限滥用会对企业或者个人造成损失。对企业而言，数据权限滥用可能导致商业秘密泄露、经济损失和法律纠纷；对个人而言，数据权限滥用可能侵犯个人隐私权，导致个人信息泄露和滥用。

例如公司员工擅自将公司客户数据泄露给竞争对手，导致公司遭受重大经济损失和法律诉讼。

（8）数据价值评估风险

数据价值评估风险指的是在数据流通过程中，由于数据质量、数据完整性、数据时效性等因素的影响，导致数据价值被高估或低估的风险。数据价值评估风险主要有三种：一是数据错误、重复、不完整、质量不高；二是数据时效性差，比如数据过时或更新不及时；三是缺乏有效的数据价值评估方法和标准。

数据价值评估风险具有主观性和不确定性特性。数据价值的评估往往受到评估者主观因素的影响；同时数据价值可能随着市场环境、技术进步等因素的变化而变化。

对企业而言，数据价值评估风险可能导致投资决策失误、资源浪费和市场竞争力下降；对个人而言，数据价值评估风险可能影响个人隐私权的保护和个人信息的安全。

例如企业在购买一批用户数据时，未对数据质量进行深入分析，导致购买的数据中存在大量重复和无效信息，使得数据价值远低于预期。

4. 数据流通的风险管控设计

（1）数据泄露风险管控

数据泄露风险管控主要是对数据进行加密、定期审计等。

具体措施有：一是强化数据加密、访问控制及监控审计。采用高级加密标准（AES）对数据进行加密，确保数据在传输和存储过程中的安全性；实施严格的访问控制策略，如最小权限原则，确保用户仅拥有完成工作所必需的数据访问权限；使用SSL/TLS协议加密数据传输；部署防火墙和入侵检测系统，及时发现并响应潜在威胁。二是定期进行数据访问审计和监控，发现异常访问行为及时进行处理。三是对员工进行数据安全意识和技能培训，提高其数据保护意识。

例如金融机构通过采用 AES 加密和 SSL/TLS 协议，结合严格的访问控制和监控审计措施，可以成功防止数据泄露事件。

（2）数据篡改风险管控

数据篡改风险管控指的是实施数据完整性校验和版本控制。

具体措施包括：一是采用哈希算法对数据进行完整性校验，确保数据未被篡改；使用版本控制系统记录数据的修改历史和操作记录。二是在数据传输过程中使用数字签名技术，确保数据的真实性和完整性；定期对数据进行校验，发现数据异常及时处理。三是限制对数据的修改权限，只有授权用户才能对数据进行修改；建立数据审计和监控机制，对修改记录进行追踪和审计。

例如电商平台通过实施数据完整性校验和版本控制策略，结合数字签名技术和严格的修改权限控制，可以成功防止内部员工恶意篡改用户订单数据的事件。

（3）数据丢失风险管控

数据丢失风险管控指的是建立数据备份和恢复机制。

具体措施包括：一是定期对数据进行备份，确保在数据丢失时能够及时恢复；采用冗余存储技术，如 RAID 阵列，提高数据的可靠性。二是建立数据恢复机制，包括数据恢复计划和恢复流程；定期对备份数据进行测试，确保备份数据的可用性和完整性。三是建立数据容灾备份机制，确保在灾难性事件发生时能够迅速恢复数据；记录数据访问日志，便于追踪数据丢失的原因和责任人。

例如企业通过建立数据备份和恢复机制，结合冗余存储技术和定期的数据备份测试，可以成功防止因硬件故障导致的数据丢失事件。

（4）数据格式不兼容风险管控

数据格式不兼容风险管控指的是制定统一的数据格式标准和转换机制。

具体措施包括：一是制定统一的数据格式标准，确保不同系统之间的数据能够互相识别和解析；建立数据格式转换机制，实现不同格式数据之间的转换。二是采用国际通用的数据交换标准，如 XML、JSON 等；定期对数据格式进行审查，发现不兼容问题及时进行处理。三是开发或使用数据格式转换工具，实现不同格式数据之间的自动转换；对数据处理人员进行数据格式培训，提高他们对不同数据格式的理解和处理能力。

例如政府机构通过制定统一的数据格式标准和转换机制，结合国际通用的数据交换标准和定期的数据格式审查，可以成功解决不同部门之间数据格式不兼容的问题，提高数据共享和处理的效率。同时，通过开发数据格式转换工具和对数据处理人员的培训，可以进一步确保数据格式的兼容性和处理效率。

（5）数据传输延迟风险管控

数据传输延迟风险管控指的是优化网络架构与传输协议，提升数据传输效率。

具体措施包括：一是采用高性能网络设备，优化网络拓扑结构，减少数据传输延迟。二是选择适合的传输协议，如 TCP/IP，并根据实际需求调整协议参数，以提高传输效率；同时，利用压缩技术减少数据量，降低传输延迟。三是部署网络监控工具，实时监控网络性能和数据传输状态，及时发现并解决延迟问题。

例如，电商平台在高峰期遭遇数据传输延迟，通过优化网络架构、调整传输协议参数以及部署网络监控工具，可以成功降低数据传输延迟，提升用户体验。

（6）数据合规性风险管控

数据合规性风险管控指的是加强数据合规管理，确保数据流通符合法律法规要求。

具体措施包括：一是建立完善的数据合规管理制度，明确数据合规要求和责任。二是定期对数据进行合规性审查，确保数据收集、存储、处理和传输等环节符合相关法律法规要求；同时，加强员工数据合规培训，提高全员数据合规意识。三是采用数据合规管理工具，如数据分类分级、数据加密、数据脱敏等，确保数据的合规性。

例如跨国企业在全球范围内开展业务，面临不同国家和地区的数据合规要求。通过建立完善的数据合规管理制度、定期进行合规性审查以及采用数据合规管理工具，其可以成功确保数据在全球范围内的合规流通。

（7）数据权限滥用风险管控

数据权限滥用风险管控指的是实施严格的数据权限管理，防止数据权限滥用。

具体措施包括：一是建立数据权限管理制度，明确数据权限的分配、使用和监控要求。二是采用角色基访问控制（RBAC）或基于属性的访问控制（ABAC）等模型，对数据权限进行精细化管理；同时，加强数据权限的审计和监控，及时发现并处理权限滥用行为。三是使用数据权限管理工具，如数据访问日志、数据操作审计等，对数据权限的使用情况进行记录和监控。

例如金融机构内部员工滥用数据权限，泄露客户敏感信息。该机构可通过实施严格的数据权限管理制度、采用RBAC模型对数据权限进行精细化管理以及使用数据权限管理工具进行记录和监控，成功防止类似事件的再次发生。

（8）数据价值评估风险管控

数据价值评估风险管控指的是建立科学的数据价值评估体系，确保数据流通的公平性和合理性。

具体措施包括：一是制定统一的数据价值评估标准，结合数据的质量、稀缺性、时效性等因素，综合评估数据的价值。这一标准可以参考行业内的最佳实践，如数据交易平台的评估模型。二是引入第三方专业机构进行数据价值评估，确保评估的客观性和公正性。这些机构可以具备丰富的数据评估经验和专业的评估团队。三是采用机器学习等技术手段，对历史数据进行分析和挖掘，建立数据价值评估模型。该模型可以基于大量历史交易数据和学习算法，自动计算数据的价值。四是定期对数据价值评估结果进行复审和调整，以适应市场变化和数据需求的变化。这可以确保评估结果的时效性和准确性。五是建立数据价值评估数据库，记录历次评估的结果和数据，便于追踪和比对。这有助于发现评估中的异常和偏差，并及时进行纠正。六是加强数据价值评估的监管和审计，确保评估过程的合规性和透明度。这可以防止评估中的舞弊和欺诈行为，保障数据流通的公平性。

例如企业希望购买某供应商的数据服务，但需要对数据价值进行评估以确定购买价格。企业可以采用机器学习等技术手段建立数据价值评估模型，对供应商提供的数据进行价值评估，从而制定合理的采购策略。

小贴士

欧美数据流通管理的思想和方式比较

一、欧盟数据流通的主要法律框架

《通用数据保护条例》（GDPR）是欧盟数据保护法律的核心，为欧盟境内个人数据的处理提供了统一的标准和规则。

主要内容包括：确立了个人数据保护的基本原则，包括合法性、目的限制、数据最小化、准确性、存储限制、完整性和保密性等；规定了数据主体的权利，如访问权、更正权、删除权（被遗忘权）、限制处理权、数据可携带权以及反对权等；设立了数据保护官（DPO）制度，要求某些组织任命DPO来监督数据保护合规性；对跨境数据传输进行了严格规定，要求数据出口国确保数据进口国提供充分的数据保护水平，或者通过其他合法机制（如标准合同条款、有约束力的公司规则等）进行数据传输。

《非个人数据在欧盟境内自由流动条例》旨在促进非个人数据在欧盟境内的自由流动，同时确保数据安全。

欧盟数据流通的技术特点：一是高标准的数据保护。欧盟数据保护法律设定了高标准的数据保护要求，包括数据加密、访问控制、数据最小化等原则，以确保个人数据的安全和隐私。二是技术中立性。GDPR等法律在制定时强调保持技术中立性，以适应不断变化的技术环境。这意味着法律框架应能够适应新技术的发展，而不会因为技术变革而产生漏洞。三是数据可携带性。GDPR赋予了数据主体数据可携带权，即数据主体有权要求数据控制者将其个人数据以结构化、常用和机器可读的格式提供给其他数据控制者。这一权利促进了数据的互操作性和可携带性。

二、欧盟数据流通的行业特点

第一是严格的监管和执法。欧盟数据保护机构负责监督数据保护法律的执行，并对违规行为进行处罚。这种严格的监管和执法机制确保了数据保护法律的有效实施。第二是行业自律和主动管理。GDPR等法律鼓励网信产业自律和主动管理，通过制定行为指南、建立数据保护认证机制等方式，促使企业加强数据保护合规性。第三是关注中小微企业利益。欧盟数据保护法律在制定时特别关注了中小微企业的利益，避免对其形成过重的合规负担。例如，GDPR在制定违规罚则时采用了具体金额和全球年营业额百分比的双标准制，以减轻中小微企业的经济压力。第四是推动数据跨境流动。在确保数据保护水平的前提下，欧盟也积极推动数据的跨境流动。通过与其他国家和地区签订数据保护协议、建立数据流通安全区等方式，促进数据的国际交流和合作。

欧盟数据流通的规则及特点主要体现在其完善的法律框架、高标准的数据保护要求、技术中立性、数据可携带性以及严格的监管和执法机制等方面。这些规则和特点共同构成了欧盟数据保护法律体系的核心，确保了个人数据的安全和隐私，同时也促进了数据的自由流动和国际交流。

美国数据流通的核心法律如下。《个人隐私保护法》：这是美国对于个人数据保护的核心法律，主要规定了个人数据在跨境流动时的合法性和权限问题，确保了数据流通的合法性。《数字千年版权法》：该法律对数据跨境流动也做出了相关规定，保护了数字版权所有者的权益，防止数据在流通过程中被非法复制或传播。美国通过《安全港协议》《隐私盾协议》以及《欧美数据隐私框架协议》等制度安排，与欧洲等国家和地区就跨境数据流动达成了协议。这些协议旨在确保数据在跨境传输过程中的安全性和合规性。美国在跨境数据流动上持开放态度，强调数据自由流动的重要性，并致力于推动全球数据流动和贸易的发展。

美国数据流通的行政监管方面，美国贸易代表办公室（USTR）和国际贸易委员会（ITC）等机构负责处理与管理与数据跨境流动相关的贸易协定和纠纷，确保数据流通的顺畅和合规。美国政府还通过CLOUD法等法律，扩大了对域外数据的行政管辖权，可基于调查犯罪或国家安全事项而获取海外数据。

美国数据中心普遍采用先进的数据传输协议，如HTTP/2、QUIC等。这些协议通过减少网络延迟、改善拥塞控制和提升传输安全性，优化了数据的传输速度和可靠性，为数据流通提供了技术支持。CDN是美国数据中心广泛采用的一项关键技术。通过在全球多个地点部署缓存服务器，CDN将数据和应用程序靠近用户，从而加快访问速度并降低带宽成本。这种分布式计算模式对于提高数据流通效率具有重要意义。美国数据中心在与全球进行数据交换时，严格遵守国际数据保护法规，并采取加密传输、身份验证和访问控制等多种安全措施，以保护数据在传输过程中的安全和隐私。

美国电商市场的蓬勃发展推动了数据流通的快速增长。根据FTI咨询公司公布的《2024年在线零售报告》，美国在线零售额持续增长，电商市场所占份额也在不断扩大。这种增长趋势促进了数据的流通和交易。美国拥有全球领先的数据中心和云计算技术。硅谷、北弗吉尼亚和芝加哥等地区拥有丰富的网络资源和先进的数据中心设施，为数据流通提供了强大的基础设施支持。同时，云计算技术的广泛应用使得数据处理更加灵活高效，推动了数据流通的进一步发展。社交电商在美国逐渐兴起，成为数据流通的新渠道。年轻一代消费者越来越依赖社交媒体上的商品信息和优惠进行购物决策，这推动了数据在社交电商平台的流通和交易。同时，随着物联网（IoT）和5G技术的发展，边缘计算等新技术也逐渐应用于数据流通领域，提高了数据处理的效率和实时性。

总之，美国数据流通的规则及特点体现在法律层面的严格监管和开放态度、技术层面的先进传输协议和安全措施，以及行业层面的蓬勃发展和新兴趋势。这些因素共同推动了美国数据流通的快速发展和全球化进程。

第九节　数据全生命周期8——数据归档和销毁管理

1. 数据归档和销毁的内涵和特点

（1）数据归档的内涵及特点

数据归档（Data Archiving）是指将不活跃或很少访问的数据移动到单独的存储位置以进行长期保留的过程。归档数据通常被转移到成本较低的存储介质上，比如云存储。企业在需要时可以访问归档数据，但不会消耗主存储系统上的宝贵资源。归档数据通常以压缩和加密的格式存储，以减少存储空间需求并提高安全性。数据归档可以帮助企业在控制成本的同时管理数据的增长。

数据归档具有以下四个特点：一是成本效益。将数据移动到较低成本的存储介质，可以显著降低存储成本；同时，释放主存储系统的空间，提高系统性能。二是数据保留与合规性。数据归档可以确保有价值的信息得到长期保留，进而满足法律、法规或业务需求的合规性要求。

三是数据安全性。归档数据通常采用加密和压缩技术存储，该方式可提高数据的安全性，防止数据泄露或损坏。四是数据可访问性。尽管归档数据不活跃，但仍需要保留其可访问性，以便在需要时进行检索和恢复。

（2）数据销毁的内涵及特点

数据销毁（Data Destruction）是指通过对数据及数据的存储介质通过相应的操作手段，使数据彻底消失且无法通过任何手段恢复的过程。随着存储成本的进一步降低，越来越多的企业采取了"保存全部数据"的策略，但从价值成本角度来看，存储超出业务需求的数据未必是最佳选择。数据销毁是确保数据安全、降低法律风险的重要手段。

数据销毁具有以下四个特点：一是安全性。数据销毁可确保敏感信息彻底消失，防止数据泄露或被恶意恢复，保护企业和个人的隐私安全。二是法律合规性。行业或法规要求企业必须定期销毁过时或不再需要的数据，以遵守相关法律和法规。三是资源释放。数据销毁可以释放存储空间和其他资源，提高系统性能，降低运营成本。四是不可逆性。数据销毁是一个不可逆的过程，一旦执行，被销毁的数据将无法恢复。因此，在执行数据销毁操作前，企业必须进行谨慎的评估和决策。

2. 数据归档和销毁的线路

（1）数据归档及过程

数据归档的基本原理是将不常访问但仍然重要的数据从主存储系统中迁移出来，存放到专门的归档存储系统中。这样做可以优化存储资源的使用，提高主存储系统的性能，同时确保归档数据的长期可访问性和安全性。归档过程通常涉及数据的分类、筛选、迁移、索引和存储等步骤。

数据归档包括六个阶段：一是需求评估。首先需要对组织的存储需求进行评估，确定哪些数据需要归档，以及归档的频率和策略。二是数据分类与筛选。根据数据的重要性、访问频率和业务需求，将数据分类并筛选出需要归档的数据。三是迁移准备。选择合适的归档存储系统和迁移工具，确保数据在迁移过程中的完整性和安全性。四是数据迁移。将筛选出的数据从主存储系统迁移到归档存储系统中。迁移过程中可能需要对数据进行压缩、加密和索引处理。五是验证与测试。迁移完成后，需要对归档数据进行验证和测试，确保数据的完整性和可访问性。六是管理与维护。归档数据需要进行定期的管理和维护，包括数据的备份、恢复和更新等。

数据归档的技术路线包含四部分内容：一是存储技术。选择合适的归档存储系统，如磁带库、云存储等。二是迁移工具。使用高效的数据迁移工具，确保数据在迁移过程中的完整性和安全性。三是数据压缩与加密。对归档数据进行压缩和加密处理，减少存储空间需求并提高数据的安全性。四是索引与搜索。建立归档数据的索引和搜索机制，提高数据的检索效率。

（2）数据销毁及过程

数据销毁的基本原理是通过物理或逻辑手段彻底删除或破坏数据，使其无法被恢复。数据销毁是确保数据安全、降低法律风险的重要手段。销毁过程需要遵循相关法规和标准，确保数据被彻底删除且无法恢复。

数据销毁实施过程包括五个阶段：第一阶段是需求评估。首先需要对组织的数据销毁需求进行评估，确定哪些数据需要销毁以及销毁的原因和合规性要求。第二阶段是数据分类与筛选。根据数据的重要性、敏感性和法规要求，将数据分类并筛选出需要销毁的数据。第三阶段是销毁准备。选择合适的销毁方法和工具，确保数据在销毁过程中的彻底性和安全性。第四阶段是数据销毁。执行数据销毁操作，包括物理销毁（如磁盘破碎、磁带消磁）和逻辑销毁（如数据覆盖、加密删除等）。第五阶段是验证与记录。销毁完成后，需要对销毁结果进行验证和记录，确保数据被彻底销毁且无法恢复。同时，需要保留销毁记录以备审计和合规性检查。

数据销毁的技术路线通常有以下三个方面：一是物理销毁。使用物理手段彻底破坏数据存储介质，如磁盘破碎、磁带消磁等。二是逻辑销毁。使用逻辑手段彻底删除数据，如数据覆盖、加密删除等。数据覆盖是通过多次写入无关数据来覆盖原数据，使其无法被恢复。加密删除则是对数据进行加密处理后再删除密钥，使数据即使被恢复也无法被读取。三是遵循安全与合规性。在数据销毁过程中，需要严格遵守相关法规和标准，确保数据销毁的彻底性和安全性。同时，需要保留销毁记录以备审计和合规性检查。

3. 数据归档和销毁的风险分析

（1）数据归档的风险分析

数据归档风险主要指的是在数据归档过程中可能出现的数据丢失、损坏、泄露或无法访问等问题。

数据归档风险主要来源于三个方面：一是归档策略不当。归档策略未充分考虑数据的访问频率、重要性及业务需求，导致数据归档不合理。二是归档工具问题。归档工具存在缺陷或兼容性问题，可能导致数据在归档过程中丢失或损坏。三是存储介质故障。归档存储介质（如磁带、磁盘等）出现故障，导致数据无法访问或丢失。

数据归档风险具有长期性和复杂性。长期性是指归档数据通常被长期保存，风险可能长期存在且不易被察觉。复杂性是指归档数据可能涉及多种格式和类型，增加了管理的复杂性。

数据归档风险危害包含两方面内容：一是数据丢失。重要数据无法恢复，影响业务连续性。二是合规性问题。数据丢失或损坏可能导致组织违反相关法规和标准。

例如组织在数据归档过程中，由于归档策略不当，将频繁访问的数据归档至低性能存储介质，导致数据访问延迟增加，影响业务效率。

（2）数据销毁风险

数据销毁风险主要指的是在数据销毁过程中可能出现的数据泄露、残留或无法彻底销毁等问题。

数据销毁风险主要来自三个方面：一是销毁方法不当。选择的销毁方法不彻底或存在缺陷，导致数据可以被恢复。二是人为因素。操作人员疏忽或恶意行为导致数据泄露或残留。三是技术与设备限制。某些数据可能由于技术或设备限制而无法彻底销毁。

数据销毁风险具有敏感性和不可逆性。敏感性是指销毁的数据往往包含敏感信息，泄露后可能造成严重后果。不可逆性是指一旦数据被不当销毁或泄露，可能无法挽回。

数据销毁风险造成危害包含两方面内容：一是数据泄露。敏感信息被未授权方获取，导致隐私泄露、财产损失等。二是法律风险。数据销毁不当可能导致组织违反相关法律法规，面临法律处罚。

例如组织在数据销毁过程中，由于操作人员疏忽，未将待销毁数据从生产环境中完全隔离，导致数据在销毁前被泄露。

4. 数据归档和销毁的风险管控设计

（1）数据归档的风险管控

根据数据归档的风险的特性，企业需要从以下几个方面进行管控设计。

第一，应建立严格的归档管理制度。建立严格的归档管理制度主要包括：一是明确归档数据的范围，根据业务需求和法规要求，明确哪些数据需要归档、哪些数据可以删除或忽略。制定详细的数据分类标准，确保所有重要数据都被纳入归档范围。二是制定归档标准，为归档数据制定统一的标准，包括数据格式、命名规则、存储期限等。建立数据归档指南或手册，供归档人员参考和执行。三是规范归档流程，制定清晰、规范的归档流程，包括数据收集、整理、存储、检索等步骤。通过流程图、操作手册等形式，确保归档流程的标准化和一致性。四是明确责任分工，明确归档过程中各个环节的责任人，确保归档工作的顺利进行。建立归档工作小组或指定专人负责归档工作，并定期进行监督和评估。

第二，应采用可靠的归档技术。采用可靠的归档技术主要是以下几点：一是选择合适的归档存储系统，根据数据量和访问需求，选择适合的归档存储系统。考虑存储系统的可扩展性、性能、安全性等因素，确保存储系统能够满足业务需求。二是使用验证过的迁移工具，选择经过验证的数据迁移工具，确保数据在迁移过程中的完整性和安全性。在迁移前对工具进行测试和验证，确保工具的稳定性和可靠性。三是实施数据加密和压缩，对归档数据进行加密和压缩处理，提高数据的安全性和存储效率。采用先进的加密算法和压缩技术，确保数据在存储和传输过程中的安全性。

第三，应加强存储介质管理。存储介质管理主要关注以下几点：一是定期检查和维护存储介质，定期对存储介质进行检查和维护，确保其正常运行和数据的可读性。制定存储介质检查和维护计划，包括定期检查存储介质的物理状态、读取速度等指标。二是安全存放物理存储介质，对于物理存储介质，要存放在安全的环境中，防止损坏或丢失。选择防火、防水、防尘的存储环境，并严格控制存储介质的访问权限。三是实施存储介质轮换和备份，定期轮换和备份存储介质，防止因介质老化或损坏导致数据丢失。制订存储介质轮换和备份计划，确保新介质与旧介质的顺利过渡和数据的完整备份。

例如银行采用先进的归档存储系统和迁移工具，对海量交易数据进行高效归档。同时，银行还建立了严格的归档管理制度，明确了归档数据的范围、标准和流程。通过这些措施，银行确保了归档数据的完整性和安全性，为业务决策提供了有力支持。

（2）数据销毁风险管控设计

根据数据销毁的风险的特性，企业需要从以下几个方面进行管控设计。

第一，应制定明确的数据销毁政策。数据销毁政策主要关注以下几点：一是法律法规遵循，深入研究并遵循国家及行业相关的数据安全法律法规，如《数据安全法》《个人信息保护法》等，确保数据销毁政策的合法性。与法律顾问或合规团队紧密合作，定期审查并更新数据销毁政策，以适应法律法规的变化。二是业务需求对接，根据企业的业务需求和数据生命周期管理策略，制定符合实际的数据销毁标准、流程和责任分配。与业务部门紧密沟通，明确哪些数据需要销毁、何时销毁以及如何销毁，确保数据销毁政策与业务需求相一致。三是政策宣贯与培训，确保所有相关人员都充分理解并遵守数据销毁政策。组织定期的培训和宣传活动，提高员工的数据安全意识和政策执行力。

第二，应采用彻底的数据销毁技术。数据销毁技术主要以下几种：一是验证销毁方法，选择经过广泛验证和认可的数据销毁方法，如数据覆盖、消磁、物理销毁等。在采用新的销毁方法前，进行充分的测试和验证，确保其彻底性和安全性。二是针对不同类型的数据选择合适的销毁方式，根据数据的类型和敏感性，选择合适的销毁方式。例如，对于纸质文件，可以采用碎纸机进行物理销毁；对于电子数据，可以采用数据覆盖或消磁技术。建立数据分类和销毁方式对应表，明确各类数据的销毁要求和方法。三是引入专业销毁服务，对于高度敏感或大规模的数据销毁任务，考虑引入专业的数据销毁服务提供商。选择具有相关资质和良好口碑的服务提供商，并与其签订严格的保密协议和数据销毁合同。

第三，应加强销毁过程监控和记录。加强销毁过程监控和记录主要以下几点：一是全程监控，对数据销毁过程进行全程监控，确保销毁操作的合规性和彻底性。采用视频监控、远程监控等技术手段，对销毁现场进行实时监控和记录。二是详细记录，对销毁操作进行详细的记录，包括销毁时间、地点、方式、参与人员等信息。建立数据销毁记录系统，确保每条销毁记录都可追溯和核查。三是审计与检查，定期对数据销毁记录进行审计和检查，确保销毁操作的合规性和有效性。成立专门的审计团队或委托第三方机构进行审计和检查，及时发现并纠正问题。四是应急处理，建立数据销毁应急处理机制，以应对可能出现的突发事件或数据泄露风险。制定应急处理预案，明确应急响应流程、责任分工和处置措施，确保在紧急情况下能够迅速、有效地应对。

例如某政府部门在数据销毁过程中，采用了先进的数据覆盖和消磁技术，确保敏感数据被彻底删除。同时，该政府部门还建立了严格的销毁过程监控和记录机制，对销毁操作进行了全程监控和记录。通过这些措施，该政府部门有效降低了数据泄露的风险，保护了公民隐私和国家安全。

小贴士

万豪酒店集团数据泄露案

万豪酒店集团数据泄露案是一起涉及大规模用户数据泄露的事件。万豪国际集团在收购喜达屋酒店集团后，未能妥善处理其客户数据，导致数据泄露长达数年之久。这是一起典型的数据存档和销毁中的风险事件。

此次数据泄露事件涉及的用户数量高达3.39亿人次，泄露的信息包括住客的个人信息和住宿记录等敏感数据。

万豪酒店集团在收购喜达屋后，未能及时对数据进行合规性审查和保护，导致数据泄露风险持续存在。这反映了企业在数据保护合规性方面的疏忽。在并购交易后，企业应对标的公司的数据保护状况应进行全面审查。

该事件泄露的数据中包括了一些旧有的、可能已不再需要的信息。这表明万豪在数据归档和销毁方面可能存在问题，未能及时、有效地处理不再需要的数据，从而增加了数据泄露的风险。

黑客能够长时间访问万豪的客户预订数据库，这表明万豪在网络安全和第三方访问控制方面存在漏洞。企业应加强对第三方访问的监控和管理，确保只有授权人员才能访问敏感数据。

数据泄露事件不仅可能导致万豪面临巨大的法律责任和罚款，还可能对其声誉造成严重损害。客户信任是酒店行业的核心资产之一，数据泄露事件可能引发客户对万豪的信任危机，进而影响其业务运营和市场份额。

数据泄露消息公布后，万豪国际的股价出现了大幅波动，反映了市场对这一事件的担忧和不安。

万豪因此事件面临了多起法律诉讼和监管处罚。据报道，万豪可能面临巨额罚款，并且其信息管理能力也受到了外界的广泛质疑。

在事件发生后，万豪加强了数据保护措施，包括加强网络安全监控、提高数据加密水平、完善数据归档和销毁流程等。同时，万豪还加强了员工培训，提高了员工对数据保护的认识和重视程度。

万豪积极与客户进行沟通，解释事件原因并承诺采取补救措施。对于受到影响的客户，万豪提供了相应的赔偿和补偿方案，以尽量减轻客户的损失和不满。

第七章

数据与产业数字化转型

▶▶▶

在当今数字技术迅猛发展的背景下，各行各业正经历着深刻的变革。本章聚焦于数据与产业的数字化转型，探讨了数字化转型的基本概念、核心原理及其对企业和社会的影响。本文旨在通过分析技术驱动、业务融合、数据管理、持续迭代等关键要素，揭示数字化转型过程中如何重塑产业格局，推动经济高质量发展，并为企业提供实用的转型策略和建议。

第一节　数据与产业数字化转型

一、数据与产业数字化转型概述

1. 数字化转型

数字化转型是指企业或组织利用数字技术（如云计算、大数据、人工智能、物联网等）来优化、创新和重塑其业务流程、文化和客户体验，以提高效率、增强竞争力和创造新的增长机会。它不仅将技术简单运用到了生产过程中，更是一个涉及对现有业务模式的彻底审视和重构的过程。

数字化转型包含了多个方面的转变和升级。首先，数字化转型强调技术驱动，利用新一代信息技术作为转型的驱动力，推动企业的创新和发展。其次，数字化转型注重业务与技术的深度融合，通过数字化手段实现业务流程的优化和重构，提高企业的运营效率和响应速度。此外，数字化转型还强调数据为核心，通过数据的采集、整合、分析和应用，推动企业决策的科学化和智能化，实现数据驱动的业务发展和运营优化。最后，数字化转型是一个持续不断的过程，需要不断跟踪最新技术趋势，保持数字化能力的领先性，以适应市场和技术的发展变化。

2. 产业数字化转型

产业数字化转型是指将数字技术广泛应用于传统产业领域，通过数字化手段对产业进行全方位的升级和改造，以实现产业优化升级、提高生产效率和质量的目标。这一过程涉及将信息技术、互联网技术、人工智能等现代技术与传统产业深度融合，推动传统产业向数字化、智能化、网络化方向发展。

产业数字化转型包含多个方面的转变升级。一是技术融合与创新。产业数字化转型强调数字技术与传统产业的深度融合，包括物联网、云计算、大数据、人工智能等技术的广泛应用。这种融合不仅提升了产业的技术水平，还催生了新的技术创新和业务模式，为产业发展注入了新的活力。二是构建数字化的生态系统和平台，以打通供应链、生产线、销售服务等各个环节。这有助于实现产业内的资源共享和协同，提高整体竞争力和创新能力。

二、数字化转型的原理

1. 技术驱动

数字化转型的核心在于利用新一代信息技术，如云计算、大数据、人工智能等，作为转型的驱动力。这些技术不仅为数字化转型提供了强大的技术支持，还推动了企业业务模式的创新和发展。

云计算为数字化转型提供了灵活、可扩展的计算和存储资源。通过云计算，企业可以快速部署和扩展应用，降低 IT 成本，提高业务敏捷性。例如，阿里云、腾讯云等国内领先的云计算服务商，为企业提供了丰富的云计算解决方案，助力企业数字化转型。

大数据技术的应用使企业能够收集、存储和分析海量数据，从而发现数据中的价值，优化业务流程，提高决策效率。通过大数据分析，企业可以深入了解客户需求，制定更精准的营销策略，提升客户满意度。

人工智能技术在数字化转型中发挥着重要作用。通过机器学习、深度学习等技术，企业可以实现业务流程的自动化和智能化，提高生产效率和产品质量。同时，人工智能还可以帮助企业进行客户画像构建、智能推荐等，提升客户体验。

2. 业务融合

数字化转型需要将数字技术与企业业务深度融合，实现业务流程的优化和重构。这要求企业打破传统业务部门的壁垒，推动跨部门协作，实现业务流程的无缝衔接。

数字化转型需要企业打破传统业务部门的壁垒，推动跨部门协作。通过建立跨部门协作机制，企业可以实现业务流程的协同和优化，提高整体运营效率。例如，营销部门可以与产品部门紧密合作，共同制定营销策略和产品规划，实现营销与产品的协同发展。

数字化转型需要对业务流程进行深入分析和优化。通过引入数字技术，企业可以实现业务流程的自动化和智能化，减少人工干预和错误率，提高业务效率和质量。例如，通过引入自动化生产线和智能仓储系统，企业可以实现生产流程的自动化和智能化，提高生产效率和产品质量。

数字化转型还需要企业对业务模式进行重构。通过引入数字技术，企业可以创造新的商业模式和收入来源。

例如，通过构建电商平台和移动支付系统，企业可以实现线上线下的融合发展，拓展新的销售渠道和收入来源。

3. 数据为核心

数据是数字化转型的核心资源。通过数据的采集、整合、分析和应用，企业可以推动决策的科学化和智能化，实现数据驱动的业务发展和运营优化。

数据采集是数字化转型的基础。企业需要建立完善的数据采集机制，确保数据的准确性和完整性。通过传感器、物联网等技术手段，企业可以实时采集生产过程中的各种数据，为后续的数据分析和应用提供基础。

数据整合是数字化转型的关键环节。企业需要将采集到的数据进行整合和处理，形成统一的数据格式和标准。通过数据整合，企业可以消除数据孤岛和信息壁垒，实现数据的共享和协同。

数据分析是数字化转型的重要手段。企业需要对整合后的数据进行深入分析和挖掘，发现数据中的价值和规律。通过数据分析，企业可以深入了解客户需求、市场趋势和业务运营情况，为决策提供支持。

数据应用是数字化转型的最终目的。企业需要将分析后的数据应用到业务运营和决策中，实现数据驱动的业务发展和运营优化。

例如，通过数据驱动的营销策略和产品规划，企业可以更加精准地满足客户需求，提高市场竞争力。

4. 持续迭代

数字化转型是一个持续不断的过程。企业需要不断跟踪最新技术趋势，保持数字化能力的领先性，以适应市场和技术的发展变化。

企业需要密切关注新技术的发展动态和应用趋势。通过参加行业会议、与科研机构合作等方式，企业可以及时了解新技术的发展趋势和应用前景，为数字化转型提供技术支持和创新思路。

在数字化转型过程中，企业需要保持数字化能力的领先性。通过不断引入新技术和优化现有技术架构，企业可以提高数字化转型的效率和效果。同时，企业还需要注重培养数字化人才和团队，为数字化转型提供持续的人才保障。

数字化转型需要企业具备快速适应市场变化的能力。通过灵活调整业务策略和技术架构，企业可以迅速响应市场变化和客户需求，保持竞争优势。

例如，在新冠疫情期间，许多企业通过数字化转型实现了线上业务的快速发展和线下业务的数字化转型，成功应对了市场变化带来的挑战。

三、数字化转型的效应

数字化转型在提高效率、增强客户体验、创新业务模式、应对竞争压力和实现可持续发展等方面都具有显著的优势和效益。

1. 提高效率

数字化工具如 RPA（机器人流程自动化）和 AI（人工智能）能够自动化处理大量重复性、低价值的任务，如数据录入、文件整理等，从而显著减少人力成本。

自动化流程减少了人为干预，从而降低了错误率和重复工作的可能性，提高了整体工作效率。数字化工具还能实时监控业务流程，及时发现并解决问题，确保流程的高效运行。

2. 增强客户体验

通过大数据分析，企业可以深入了解客户的消费习惯、偏好和需求，为提供个性化服务打下基础。

基于数据分析的结果，企业可以为客户提供个性化的产品推荐和服务，提高客户满意度和忠诚度。例如，电商平台可以根据用户的浏览历史和购买记录，推荐符合其兴趣的商品。

数字化工具还能帮助企业优化与客户之间的互动流程，如通过在线客服系统实时解答客户问题，提高服务效率。

3. 创新业务模式

数字化转型使企业能够突破传统业务模式的限制，探索新的业务领域和收入来源。例如，通过构建数字平台，企业可以整合多个业务生态系统，创造更广泛的商业价值。

企业可以利用数字技术开发新的产品和服务，如基于应用程序的增值服务、在线培训等，以满足数字化时代的需求。

企业还可以引入订阅服务，通过定期收费或会员制度，提供更稳定的收入流，同时激发客户忠诚度。

4. 应对竞争压力

在数字化时代，不进行转型的企业可能会面临被竞争对手超越的风险。通过数字化转型，企业可以保持与市场的同步，甚至领先于竞争对手。

数字化转型使企业能够更高效地配置资源，降低成本，提高运营效率，从而在竞争中占据优势地位。

数字化转型可以提高企业的敏捷性和灵活性，使企业能够快速响应市场变化和客户需求，抓住新的商业机会。

5. 实现可持续发展

数字化转型使企业能够更精确地管理资源，减少浪费，提高资源利用效率。例如，通过智能能源管理系统，企业可以实时监测和优化能源消耗。

数字化转型推动制造业向智能化生产转变，减少人为干预，降低生产过程中的能耗和排放。同时，智能化的能源管理系统还可以实现能源的梯级利用和余热回收，进一步提高能源利用效率。此外，数字化转型还可以推动制造业利用可再生能源，降低对传统能源的依赖，减少碳排放和环境污染。

通过数字化设计技术和智能制造技术，企业可以开发出更加环保、节能的产品，推动绿色产品创新和发展。

数字化转型还可以构建数字化的环境监管平台和信息公开机制，提高环境监管的效率和准确性，同时推动企业环境信息的公开和透明，增强企业的社会责任感。根据一些企业的实践，数字化转型在环境管理方面的应用已经取得了显著成效，有助于企业实现可持续发展目标。

四、数字化转型与产业数字化转型的对比

1. 内涵

数字化转型是一个更广泛的概念，涵盖了各个行业和领域的数字化变革。产业数字化转型更专注于传统产业领域的数字化升级和改造，是数字化转型在产业层面的具体体现。

2. 目标

数字化转型的目标是推动经济社会的全面数字化、网络化和智能化发展。而产业数字化转型的目标则是通过数字化手段提升传统产业的效率和质量，推动产业升级和转型，实现经济高质量发展。

3. 特点

数字化转型的内容涉及信息技术、互联网技术、人工智能等多个方面，强调技术的创新和应用。而产业数字化转型则更注重数字技术与传统产业的深度融合，以及由此带来的产业优化升级和效率提升。

五、产业数字化转型的效应

1. 推动产业升级

产业数字化转型通过引入先进的数字技术，如大数据、云计算、人工智能等，对传统产业进行深度改造和升级。这种转型不仅可以提升产业的技术水平，还能促进产业结构的优化和升级，推动产业向更高质量、更高效率、更高附加值的方向发展。

2. 构建产业生态

数字化转型有助于构建数字化的产业生态系统，实现产业内的资源共享、协同合作和优势互补。这有助于提升产业的整体竞争力和创新能力，推动产业的快速发展。

第二节　制造业数字化转型

一、制造业数字化转型概述

制造业数字化转型是指聚焦制造业企业以及产业链、供应链，运用工业互联网、大数据、云计算、人工智能、区块链等数字技术，以数据为驱动，对研发设计、生产制造、仓储物流、销售服务等业务环节，进行软硬结合的数字化改造。这一转型过程旨在推动制造业企业生产方式、企业形态、业务模式、就业方式的全方位变革，重构传统工业制造体系和服务体系，促进产业链、供应链高效协同和资源配置优化，催生新模式新业态。

制造业数字化转型能够帮助企业提升生产效率与降低成本、增强创新能力、优化供应链管理、拓展新的商业模式和提升全球竞争力。

二、制造业数字化转型的技术特点

制造业数字化转型其特点主要体现在以下几个方面。

1. 全面性与系统性

数字化转型涉及制造业的全链条，从设计、生产到销售、服务等各个环节都需要进行数字化改造。转型过程不仅局限于制造业内部流程的优化，还延伸至与外部合作伙伴和客户之间的深度协同。

2. 智能化与自动化

基于物联网技术的智能化管理是制造业数字化转型的重要特征。通过智能化生产，制造业可以实现更高效、更精准、更安全的生产过程。自动化生产线的广泛应用，使得生产效率显著提高，同时可以降低人力成本。

3. 数据驱动的决策模式

数字化转型的核心是对数据进行收集、管理与分析。通过全过程数据收集与管理，制造业可以实时掌握生产状况，优化生产流程。数据驱动的决策模式使得制造业的运营更加精准和高效。

4. 开放性与协作性

数字化转型推动了制造业的开放协作式生产模式。制造业之间可以通过数字平台实现信息和知识的共享与交流。这种开放性与协作性有助于制造业形成更加紧密的产业链和供应链合作关系。

5. 差异化与定制化

数字化转型使得制造业能够更好地满足客户的差异化需求。通过数字化技术，制造业可以实现柔性生产和个性化定制。

三、制造业数字化转型实施重点

1. 制定明确的数字化转型战略

制造业需要对自身现有的信息化基础设施、生产流程以及管理体系进行全面评估，明确数字化转型的短期和长期目标，这些目标应与制造业整体战略保持一致。根据评估结果，制造业应制定详细的数字化转型实施路线图，包括关键时间节点、所需资源、可能的风险以及应对措施。

2. 引入先进的数字化技术

根据实际需求和战略规划，制造业应选择合适的数字化技术进行应用。这包括云计算、大数据、人工智能、物联网等先进技术。制造业应将选定的数字化技术与企业现有的生产系统和业务流程进行集成，确保数据的实时采集、传输和分析。

3. 优化业务流程

制造业应对现有的业务流程进行全面梳理，识别出瓶颈和浪费环节；利用数字化技术对业务流程进行优化，提高生产效率和响应速度。例如，通过标准化业务流程，确保各个环节的操作一致性，减少人为错误。

4. 构建数字化生态系统

制造业应通过数字化技术实现供应链上下游企业的信息共享和业务协同，提高供应链的整体效率和响应速度；利用数字化技术提升客户关系管理水平，增强客户互动，提供个性化服务，提高客户满意度；构建开放的数字化平台，与合作伙伴共同开发和分享数字化成果，促进技术和业务的共同发展。

第三节 金融行业数字化转型

一、金融行业数字化转型的概念和意义

金融行业数字化转型是金融机构利用现代信息技术，如人工智能、区块链、云计算等，对传统金融业务和服务进行全面改造和升级的过程。

这一过程旨在提高效率、降低成本、增强风险管理能力，创新商业模式，并推动金融创新。

二、金融行业数字化转型的技术特点

金融行业数字化转型具有技术前沿性、客户体验优化、安全合规、跨界合作四个方面的特点，现分析如下。

1. 技术前沿性

金融行业数字化转型在技术层面表现出显著的前沿性，主要体现在以下几个方面：一是人工智能与机器学习。金融机构广泛应用人工智能和机器学习技术，以实现金融业务的智能化。这些技术能够自动处理和分析大量数据，提供精准的决策支持，如风险评估、信用评级、欺诈检测等。通过机器学习算法，金融机构能够不断优化业务模型，提高业务效率和准确性。二是区块链技术应用。区块链技术在金融行业的应用日益广泛，它提供了去中心化、可追溯、不可篡改的交易记录方式，增强了金融交易的透明度和安全性。金融机构利用区块链技术可以实现更高效的资产管理和交易结算，降低运营成本和风险。三是云计算与大数据应用。云计算和大数据技术的结合为金融机构提供了强大的数据处理和分析能力。金融机构可以利用云计算平台存储和处理海量数据，通过大数据分析挖掘潜在的业务机会和风险点，为决策提供有力支持。

2. 客户体验优化

金融行业数字化转型注重提升用户体验，通过数字化技术提供更加便捷、个性化的金融服务，具体表现如下：一是多渠道服务。金融机构通过数字化技术实现了多渠道服务，包括网上银行、手机银行、微信银行等，为客户提供更加便捷的服务方式。客户可以随时随地进行账户查询、转账汇款、投资理财等操作，提高了金融服务的可用性和便捷性。二是个性化定制。金融机构利用大数据和人工智能技术，对客户的需求和偏好进行深入分析，为客户提供个性化的金融产品和服务。例如，根据客户的交易历史和风险偏好，推荐适合的理财产品或贷款方案，提高客户的满意度和忠诚度。三是智能客服。金融机构引入智能客服系统，通过自然语言处理和机器学习技术，实现与客户的智能交互。智能客服能够解答客户的问题、提供业务咨询和办理服务，提高客户服务的效率和质量。

3. 安全与合规

在数字化转型过程中，金融行业对信息安全和数据隐私保护给予了高度重视，确保转型的合法合规，具体应用如下：一是加强信息安全建设，金融机构建立健全的信息安全管理体系，采用先进的加密技术和安全防护措施，保护客户数据和交易信息的安全。同时，金融机构定期进行信息安全审计和漏洞扫描，及时发现和修复潜在的安全隐患。二是遵守法律法规。金融机构在数字化转型过程中严格遵守相关法律法规和监管要求，确保业务的合法合规。例如，遵守《网络安全法》《数据保护法》等法律法规，保护客户的合法权益和数据隐私。三是建立风险防控机制，金融机构建立完善的风险防控机制，对数字化转型过程中的潜在风险进行识别和评估。通过制定风险应对策略和预案，金融机构能够及时应对和处置风险事件，确保业务的稳健运营。

4. 跨界合作

金融行业数字化转型注重与科技公司、创新企业等合作，共建数字化金融生态，实现资源共享和优势互补，具体合作方式如下：一是技术合作。金融机构与科技公司开展技术合作，共同研发和应用创新技术。例如，与人工智能公司合作开发智能客服系统，与区块链公司合作探索数字货币和智能合约的应用等。这种技术合作有助于金融机构快速掌握新技术，提升业务创新能力。二是业务合作。金融机构与创新企业开展业务合作，共同拓展新的业务领域和市场。例如，与互联网金融公司合作推出联合贷款产品，与电商平台合作提供供应链金融服务等。这种业务合作有助于金融机构拓展客户群体和业务范围，提高市场竞争力。三是生态合作。金融机构积极参与数字化金融生态建设，与各方合作伙伴共同构建开放、协同、共赢的金融生态系统。通过生态合作，金融机构能够共享资源、优化流程、降低成本，提高整体运营效率和服务质量。

三、金融行业数字化转型的技术重点

1. 数字化基础设施建设

金融机构数字化基础设施建设主要包括以下三个方面。一是技术平台搭建。金融机构需要建立云计算、大数据、人工智能等技术平台，实现数据的收集、存储、分析和应用。这些技术平台是数字化转型的基础，能够支持金融机构进行高效的数据处理和业务运营。二是网络与系统架构。建立安全、稳定、高效的网络和系统架构，保障业务的正常运行。这包括确保网络的安全性、可靠性和可扩展性，以及系统的稳定性和性能。三是数字化组织与管理。建立数字化的组织结构和管理流程，提高内部协作和决策效率。这要求金融机构对传统的组织架构和管理模式进行改革，以适应数字化转型的需求。

2. 数据驱动的业务决策

金融机构数据驱动的业务决策包含以下两个方面。一是数据收集与管理。金融机构需要全过程收集与管理数据，包括客户数据、交易数据、市场数据等。这些数据是金融机构进行业务决策的重要依据。二是数据分析与优化。通过数据分析，金融机构可以深入了解客户需求、市场趋势和业务运营情况，从而优化产品和服务，提高运营效率。

3. 客户体验与个性化服务

金融机构客户体验与个性化服务包括两个方面。一是提升客户体验。金融机构需要注重提升客户体验，通过数字化技术提供更加便捷、高效的金融服务。这包括优化用户界面、简化操作流程、提供多渠道服务等。二是提供个性化服务。利用大数据和人工智能技术，金融机构可以实现个性化服务，根据客户的需求和偏好提供定制化的金融产品和服务。

4. 风险管理与安全保障

金融机构风险管理与安全保障包括以下两个方面。一是加强风险管理。数字化转型过程中，金融机构需要加强风险管理，包括信用风险、市场风险、操作风险等。通过数字化技术，金融机构可以更加精准地评估风险，制定有效的风险管理策略。二是保障数据安全。数据安全是金融数字化转型中的重要议题。金融机构需要建立健全的安全体系，保护客户的敏感信息不被盗取或泄露。这包括加强数据加密、备份和恢复机制，以及遵守相关法律法规，确保客户数据的合法使用和保护。

5. 创新技术与跨界合作

金融机构创新技术与跨界合作包括以下两个方面。一是应用创新技术。金融机构需要积极应用创新技术，如区块链、物联网、人工智能等。这些技术能够为金融机构带来新的机遇与挑战，推动金融业务的创新和发展。二是跨界合作与共享。金融机构可以通过建立合作伙伴关系，共同研发和应用创新技术，实现互利共赢。同时，金融机构还可以与科技公司、创业企业等合作，加速数字化转型的进程。这种跨界合作有助于金融机构拓展新的业务领域，提升市场竞争力。

6. 员工培训与转型支持

金融机构员工培训与转型支持包括两个方面。一是员工培训。金融机构需要加强对员工的培训，提升员工的数字化技能和创新能力。这包括组织定期的培训课程、提供在线学习资源等，帮助员工掌握数字化转型所需的技能和知识。二是转型支持。金融机构需要为员工提供转型支持，包括提供必要的工具和设备、建立转型激励机制等。这有助于员工更好地适应数字化转型的需求，推动金融机构的顺利转型。

第四节　零售行业数字化转型

一、零售行业数字化转型概述

零售业数字化转型是指将传统零售行业与数字技术相结合，通过应用互联网、大数据、云计算、物联网、人工智能等现代信息技术手段，对零售企业的运营模式、业务流程、组织架构等方面进行全面改造和升级，以实现零售业的信息化、数据化和智能化。这一过程涵盖了商品采购、库存管理、销售数据统计、客户服务、营销推广等各个环节，旨在提高零售企业的运营效率、降低成本、提升客户体验和满意度，并开拓新的销售渠道和市场。

零售业数字化转型能够提升客户体验、增强市场竞争力、优化运营效率、提升数据分析能力、促进业务创新和增强抗风险能力。

二、零售行业数字化转型的技术特点

零售行业数字化转型的特点主要体现在以下几个方面。

1. 数据驱动决策

数字化转型使零售行业从依赖经验和直觉进行决策，转变为基于数据和分析进行决策。通过收集和分析大量顾客数据、销售数据、库存数据等，零售企业可以更加准确地了解市场需求、顾客偏好和运营效率，从而制定更加精准和有效的战略和策略。

2. 顾客体验为核心

数字化转型强调以顾客体验为核心，通过数字技术提升顾客购物体验的便捷性、个性化和互动性。例如，通过移动支付、在线购物、智能推荐等技术，零售企业可以为顾客提供更加便捷、快速和个性化的购物体验，增强顾客满意度和忠诚度。

3. 线上线下融合

数字化转型推动了线上线下融合的零售模式，即O2O（Online to Offline）模式。零售企业通过数字化技术将线上和线下的销售渠道、营销活动和顾客服务进行整合，实现线上线下的无缝衔接和互补，从而提供更加全面和便捷的购物体验。

4. 供应链优化

数字化转型使零售企业能够更加高效地管理供应链，包括采购、库存、物流等环节。通过数字化技术，零售企业可以实现供应链的透明化、自动化和智能化，提高供应链的响应速度和灵活性，降低库存成本和运营成本。

5. 创新驱动发展

数字化转型鼓励零售企业进行创新，包括产品创新、服务创新、商业模式创新等。通过不断尝试新技术和新模式，零售企业可以开发出全新的产品和服务，满足顾客不断变化的需求，并在竞争中保持领先地位。

6. 生态系统构建

数字化转型推动了零售企业构建生态系统，即与供应商、合作伙伴、顾客等各方建立紧密的合作关系，共同创造价值。通过数字化技术，零售企业可以实现与各方的高效协同和资源共享，提高整个生态系统的效率和竞争力。

三、零售行业数字化转型的重点

零售行业数字化转型的重点可以归纳为以下几个方面。

1. 消费洞察与个性化营销

消费洞察是在数字化转型过程中，零售企业需要更加关注消费者行为和需求的变化。通过大数据分析、人工智能等技术手段，深入挖掘消费者数据，了解消费者的购买习惯、偏好以及潜在需求，为精准营销和个性化服务提供数据支持。

个性化营销是基于消费洞察的结果，零售企业需要开展个性化营销活动。通过智能推荐系统、个性化广告推送等方式，将最适合的商品和服务推送给消费者，提高营销效率和转化率。

2. 线上线下融合与全渠道营销

线上线下融合是零售企业需要打破线上线下的界限，实现线上线下渠道的深度融合。通过构建统一的后台管理系统、优化库存管理和物流配送等方式，确保线上线下渠道的商品、价格、促销等信息一致，为消费者提供无缝的购物体验。

全渠道营销是除了传统的实体店面和线上商城外，零售企业还需要拓展社交媒体、直播、短视频等多渠道营销方式。通过全渠道营销，扩大品牌曝光度，吸引更多潜在消费者，提高销售额和市场份额。

3. 门店数字化与智能化运营

门店数字化是零售企业需要推动门店的数字化升级，通过引入智能货架、自助结账机、电子价签等数字化设备，提升门店的运营效率和顾客体验。

智能化运营是利用物联网、人工智能等技术手段，实现门店的智能化运营。通过智能库存管理系统、智能订单处理系统等方式，优化库存管理和物流配送，降低运营成本。

4. 供应链优化与协同

供应链可视化是通过物联网技术，零售企业可以实时跟踪商品的运输和库存情况，实现供应链的可视化管理。这有助于提高供应链的效率，减少缺货现象的发生。

供应链协同是加强供应链各环节的协同合作，通过信息共享、协同计划等方式，优化供应链流程，提高整体供应链的效率和响应速度。

5. 数据安全与隐私保护

数据安全是在数字化转型过程中，零售企业需要加强数据安全管理，防止数据泄露和滥用。通过建立完善的数据加密、访问控制等安全措施，确保消费者数据的安全和隐私。

隐私保护是在收集和使用消费者数据时，零售企业需要遵守相关法律法规和伦理规范，尊重消费者的隐私权，避免不当使用消费者数据引发的法律风险和信任危机。

6. 技术创新与应用

技术创新是零售企业需要紧跟科技发展的步伐，积极探索和应用新技术，如人工智能、物联网、虚拟现实、增强现实等，以适应市场的变化和消费者的需求。

技术应用是将新技术应用于零售业务的各个环节，如商品采购、库存管理、销售数据统计、客户服务等，提高业务运营效率和客户体验。

第五节　医疗保健行业数字化转型

一、医疗保健行业数字化转型概述

医疗保健行业数字化转型是指利用数字技术和信息化手段来提高医疗服务的质量和效率，以及改善患者体验。这包括数字医疗记录、远程医疗、电子处方、智慧医院和大数据分析等技术应用。数字化转型不仅意味着投资新的技术和设备，更意味着改变医疗服务的提供方式和医患关系的建立方式，以满足消费者对便捷、高质量和个性化医疗服务的需求。

医疗保健行业数字化转型是提高医疗服务质量、优化资源配置、改善医患关系、推动行业创新、提升患者体验和促进医学知识普及的重要途径。

二、医疗保健行业数字化转型的技术特点

医疗保健行业数字化转型的特点主要体现在技术融合、服务创新、数据管理、患者体验和行业生态等方面。以下对这些特点深入分析。

1. 技术融合与创新

云计算为医疗数据存储和访问提供了高效、安全的平台，支持医疗机构根据实际需求灵活调配资源。大数据技术则通过对海量医疗数据的深度挖掘和分析，为临床决策、疾病预防、健康管理等提供科学依据。AI 和机器学习技术在医疗诊断、治疗方案制定、药物研发等领域发挥重要作用，提高了医疗服务的精准度和效率。物联网技术使医疗设备互联互通，实现远程监测和智能管理。远程医疗技术打破了地域限制，使患者能够在家中接受专业医疗服务，提高了医疗服务的可及性和便利性。区块链为医疗数据的安全存储和共享提供了新的解决方案，有助于建立透明、可信的医疗数据共享平台。

2. 服务创新与模式变革

基于大数据和 AI 技术，医疗机构能够为患者提供更加个性化的医疗服务和健康管理方案。移动医疗应用程序和智能穿戴设备使者能够随时随地监测自身健康状况，并及时与医生进行沟通。通过数字化手段优化医院内部管理和服务流程，提升医院运营效率和服务质量等智慧医院建设。

3. 数据管理与安全

数字化转型要求医疗数据实现标准化和规范化，以利于数据交换和共享。互联互通技术如云计算、物联网和区块链有助于打破数据孤岛，促进医疗数据的整合。

医疗数据包含敏感个人信息，数字化转型过程中需要采用加密等技术保障数据在传输和存储过程中的安全性，同时建立完善的身份认证和授权机制，防止数据泄露和滥用。

4. 患者体验提升

数字化转型使患者能够更加方便地获取医疗服务，如在线预约挂号、远程医疗咨询等。通过数字化平台，患者能够与医生进行更加紧密的互动和沟通，提高就医满意度。基于患者数据的个性化医疗服务和健康管理方案，能够更好地满足患者的个性化需求。

5. 行业生态重构

数字化转型促进了医疗产业链上下游的协同合作，如医疗机构、制药企业、医疗器械制造商等之间的信息共享和资源整合。云计算平台等数字化工具为医疗行业提供了开放的应用程序接口（API），支持医疗机构和开发人员开发出各种医疗应用和服务，丰富了医疗行业数字生态系统。

三、医疗保健行业数字化转型的实施重点

医疗保健行业数字化转型的实施重点在技术基础设施、业务流程、数据管理、患者体验、行业生态以及监管与政策支持等多个方面，现将

上述重点方面进行分析。

1. 技术基础设施的构建与优化

构建稳定、高效的云计算环境，为医疗数据存储、处理和分析提供支撑。同时，建立大数据平台，实现医疗数据的整合、挖掘和分析，为临床决策、疾病预防等提供科学依据。推广物联网技术在医疗设备中的应用，实现医疗设备的互联互通和智能管理。同时，发展远程医疗技术，打破地域限制，提高医疗服务的可及性和便利性。引入 AI 和机器学习技术，提升医疗诊断的精准度和效率，优化治疗方案，推动个性化医疗的发展。

2. 业务流程的数字化与智能化

推广电子病历系统，实现医疗信息的数字化存储和共享。同时，优化医疗信息系统，提升医疗服务的协同性和效率。引入智能预约和排队系统，减少患者等待时间，提高就诊效率。通过自动化药房和物流系统，实现药品的快速分发和配送，提高医疗服务的响应速度。

3. 数据管理与安全

推动医疗数据的标准化和规范化，确保数据的可交换性和共享性。同时，提升医疗数据的互操作性，促进不同医疗机构之间的信息共享和协同合作。建立完善的数据安全管理体系，采用加密、认证等技术手段保障医疗数据在传输和存储过程中的安全性。同时，加强对患者隐私信息的保护，确保患者数据的合法合规使用。

4. 患者体验与服务创新

发展移动医疗应用程序和智能穿戴设备，为患者提供便捷的医疗服务和健康管理工具。通过实时监测患者健康状况，为患者提供个性化的健康管理方案。提供在线问诊和远程医疗咨询服务，使患者能够在家中接受专业医疗建议和治疗方案。这有助于缓解医疗资源紧张的问题，提高医疗服务的可及性。推动智慧医院建设，通过数字化手段优化医院内部管理和服务流程。引入智能机器人、自助服务终端等设备，提升医院服务质量和效率。

5. 行业生态与合作创新

加强医疗产业链上下游之间的协同合作，推动信息共享和资源整合。与制药企业、医疗器械制造商等建立合作关系，共同推动医疗服务的创新和升级。建立开放的应用程序接口和数据共享平台，鼓励开发者和企业基于医疗数据进行创新应用和服务开发。通过构建创新生态系统，促进医疗保健行业的数字化转型和升级。

6. 监管与政策支持

建立健全的医疗保健行业数字化转型监管体系，加强对医疗数据安全和隐私保护的监管力度。同时，规范医疗数字化服务的市场准入和退出机制，保障患者权益和医疗服务质量。政府应出台相关政策措施，支持医疗保健行业的数字化转型。通过提供资金补贴、税收优惠等激励措施，鼓励医疗机构和企业加大数字化转型投入。同时，建立示范项目和案例分享机制，推动行业数字化转型的深入发展。

第六节　物流与运输行业数字化转型

一、物流与运输行业数字化转型概述

物流与运输行业数字化转型是指利用现代信息技术，如云计算、大数据、物联网、人工智能、区块链等，对物流与运输行业内部流程、服务模式、客户体验以及供应链管理进行升级和优化的过程。

物流与运输行业数字化转型对于提高物流效率、降低成本、提升服务质量、增强企业竞争力以及推动行业规范与可持续发展具有重要意义。

二、物流与运输行业数字化转型的技术特点

物流与运输行业数字化转型的技术特点体现在以下几个方面。

1. 数据驱动决策

数字化转型的核心在于数据的应用。物流企业通过集成各种数据源，包括订单信息、运输路线、仓库库存、客户反馈等，进行深度分析，以获取洞察并优化决策。这种数据驱动的方式使得物流运作更加精准和高效，能够预测需求、优化路线规划、减少空载率，提高整体运营效率。例如，大数据分析可以帮助企业识别潜在的安全风险和运输延误等问题，及时采取应对措施，降低风险和损失。

2. 自动化与智能化升级

物流与运输行业在数字化转型过程中，广泛采用自动化设备和智能系统。自动化仓库、自动分拣系统、机器人等设备的应用，大大提高了物流作业的自动化程度，减少了人力成本，提高了作业效率和准确性。同时，人工智能技术在智能调度、路径规划、客户服务等领域的应用，进一步提升了物流运作的智能化水平。例如，通过AI算法，物流企业可以实现运输车辆的优化调度，动态调整运输计划，提高运输效率。

3. 数字平台整合与协同

数字化转型推动了数字平台的建设与整合。物流企业通过建立统一的数字平台，实现了订单管理、运输跟踪、库存管理、客户服务等功能的一体化。这些数字平台不仅提高了物流作业的透明化和可视化程度，还加强了供应链上下游合作伙伴间的协同作业。通过数字平台，物流企业可以实时共享货物信息、车辆信息和运输路线，实现快速响应和高效配送。此外，数字平台还为企业提供了丰富的数据资源和分析工具，支持企业进行数据驱动的业务创新和优化。

4. 供应链协同优化

数字化转型促进了供应链各环节之间的协同和信息共享。物流企业通过数字平台与供应商、客户、第三方服务提供商等建立紧密的合作关系，共同推动数字化转型。这种跨行业合作有助于实现资源共享、技术互补和市场拓展。例如，物流企业可以与电商平台合作，共同打造快速、便捷的物流服务；与制造业企业合作，实现供应链的优化和协同；

与金融机构合作，为物流企业提供更加便捷、灵活的金融服务。供应链协同优化提高了整体供应链的响应速度和灵活性，降低了库存和运输成本。

5. 客户体验与服务创新

数字化转型提升了物流企业的客户体验和服务创新能力。通过建立统一的数字平台和移动应用，物流企业为客户提供了在线下单、实时追踪、电子签收等便捷服务。同时，物流企业还可以利用大数据和 AI 技术对客户行为进行分析和预测，为客户提供个性化的服务方案。这种以客户为中心的服务模式提高了客户满意度和忠诚度，为物流企业赢得了更多的市场份额和商机。

6. 绿色化与可持续发展

数字化转型还推动了物流行业的绿色化和可持续发展。通过优化运输路线、减少空载率、采用清洁能源等措施，物流企业降低了碳排放和废弃物产生，实现了环境友好型运营。此外，数字化转型还促进了物流资源的优化配置和高效利用，提高了资源利用效率，降低了运营成本。这些努力有助于物流企业实现经济效益和社会效益的双赢。

综上所述，物流与运输行业数字化转型的技术特点主要体现在数据驱动决策、自动化与智能化升级、数字平台整合与协同、供应链协同优化、客户体验与服务创新以及绿色化与可持续发展等方面。数字化转型推动了物流行业的创新和发展，提升了行业整体的竞争力和服务水平。

三、物流与运输行业数字化转型的实施重点

物流与运输行业数字化转型的实施重点涉及数据整合与分析能力的构建、自动化与智能化技术的深度应用、数字平台的整合与协同、供应链协同优化与流程再造、客户体验与服务创新以及绿色物流与可持续发展等多个方面。

1. 数据整合与分析能力的构建

数据整合方面，物流企业需要集成各种数据源，包括但不限于订单

信息、运输路线、仓库库存、车辆状态、客户反馈等。这要求企业具备强大的数据集成能力，能够处理来自不同系统和渠道的数据。为确保数据的一致性和可比性，物流企业需要建立统一的数据标准，包括数据格式、数据编码、数据质量等方面的标准。

数据分析与洞察方面，利用大数据技术，对海量数据进行深度分析，揭示业务背后的规律和趋势。这有助于企业发现潜在的市场机会、优化运营策略、提高服务质量。通过机器学习、深度学习等 AI 技术，建立预测模型，对货物流向、运输需求、库存水平等进行精准预测。这有助于企业提前规划资源、降低运营风险。

2. 自动化与智能化技术的深度应用

自动化设备的应用方面，引入自动化仓库系统，实现货物的自动存取、分拣和包装，提高仓库作业效率和准确性。利用智能分拣系统，实现货物的快速、准确分拣，减少人工操作错误和劳动强度。探索无人驾驶车辆在运输和配送环节的应用，提高运输安全性和效率。同时，利用无人机、无人车等配送技术，实现最后一公里配送的智能化和无人化。

智能系统的建设方面，利用 AI 算法，建立智能调度系统，实现运输车辆的优化调度和路径规划。这有助于减少空驶率、降低运输成本、提高运输效率。建立智能监控系统，对运输过程中的货物、车辆和人员进行实时监控和预警。这有助于企业及时发现并处理异常情况，确保运输过程的安全性和可靠性。

3. 数字平台的整合与协同

统一数字平台的搭建方面，建立统一的数字平台，实现订单管理、运输跟踪、库存管理、客户服务等功能的一体化。这有助于企业提高运营效率、降低管理成本、提升客户体验。通过数据可视化技术，将物流数据以图表、地图等形式直观展示，帮助企业更好地理解和分析业务数据。

供应链协同平台的构建方面，与供应链上下游合作伙伴共同构建协同平台，实现订单、库存、运输等信息的实时共享。这有助于企业加强供应链协同、优化供应链流程、提高供应链响应速度。通过协同平台，实现物流企业、供应商、客户、第三方服务提供商等多方之间的协同作业。这有助于企业整合资源、降低成本、提升服务质量。

4. 供应链协同优化与流程再造

流程标准化与规范化方面，对物流运输过程中的各个环节进行梳理和分析，找出瓶颈和问题所在。建立统一的流程标准和操作规范，确保各个环节的顺畅衔接和高效运作。

供应链协同优化方面，探索多式联运的优化方案，通过铁路、公路、水路、航空等多种运输方式的组合，提高运输效率和降低成本。利用大数据分析技术，对库存进行精准预测和优化管理。这有助于企业降低库存成本、提高库存周转率。

5. 客户体验与服务创新

个性化服务方案方面，通过大数据和 AI 技术，对客户需求进行深入分析，了解客户的偏好和需求。基于客户需求分析，提供个性化的服务方案，包括运输方案、包装方案、配送方案等。这有助于企业提高客户满意度和忠诚度。

便捷服务渠道方面，开发移动应用和在线平台，为客户提供在线下单、实时追踪、电子签收等便捷服务。这有助于企业提高服务效率和客户体验。建立完善的客户服务体系，包括客户咨询、投诉处理、售后服务等。这有助于企业提高客户满意度和口碑。

6. 绿色物流与可持续发展

绿色运输与包装方面，优化运输路线、减少空驶率、采用清洁能源等措施，降低运输过程中的碳排放。推广使用可降解、可回收的环保包装材料，减少包装废弃物的产生。

可持续发展战略方面，通过数字化转型，实现物流资源的优化配置和高效利用，降低运营成本。

第七节　政府服务行业数字化转型

一、政府服务行业数字化转型概述

政府服务行业数字化转型，是指政府利用现代信息技术手段，如互联网、大数据、云计算、人工智能等，对传统的政务服务模式和流程进行改造和升级，以提高政府服务效率、增强服务能力、促进公民参与，并实现政府治理现代化的过程。这一转型不仅涉及技术层面的变革，更包括政府管理理念、服务模式、决策方式等多方面的深刻变革。

通过数字化转型，政府将能够更加高效、便捷地为公众提供服务，满足公众日益增长的多元化需求，同时促进经济社会的全面发展。

二、政府服务行业数字化转型的技术特点

政府服务行业数字化转型具有技术驱动性、服务协同化、模式创新化、决策科学化和治理现代化等特点。这些特点不仅提升了政府服务的效率和质量，还深刻影响了政府决策和治理的模式，推动了政府治理现代化的进程。

1. 技术驱动性

政府服务行业数字化转型的核心在于技术的驱动。这包括互联网、大数据、云计算、人工智能、区块链等新一代信息技术的应用。这些技术不仅改变了政府服务的方式和流程，还深刻影响了政府决策和治理的模式。例如，大数据技术使得政府能够更精准地把握公众需求，提供更个性化的服务；人工智能技术则能够实现服务的自动化和智能化，提高服务效率和质量。

2. 服务协同化

数字化转型促进了政府服务部门之间的协同合作。通过构建统一的数据治理架构，实现数据资源的整合、开放和共享，政府服务部门能够

打破信息孤岛，提高数据利用效率。这有助于解决跨地区、跨部门、跨层级政务服务中信息难以共享、业务难以协同的问题，提升政府服务的整体效能。

3. 模式创新化

政府服务行业数字化转型推动了服务模式的创新。传统的政府服务模式往往存在流程烦琐、效率低下等问题，而数字化转型则通过在线化、自动化等方式简化服务流程，提高服务效率。同时，政府还积极探索利用移动互联网、社交媒体等新技术手段提供移动化、智能化的服务，满足公众日益增长的多元化需求。

4. 决策科学化

数字化转型使得政府决策更加科学、精准。通过数据分析技术，政府能够更准确地把握社会经济发展趋势和公众需求变化，从而制定出更加符合实际情况的政策措施。此外，数字化转型还有助于提高政府决策的透明度和公众参与度，增强政府的公信力和执行力。

5. 治理现代化

政府服务行业数字化转型是推动政府治理现代化的重要手段。通过数字化转型，政府能够构建更加开放、透明、高效的治理体系，提高政府的服务能力和治理水平。同时，数字化转型还有助于推动政府治理理念的变革和创新，促进政府与社会、市场的良性互动和共同发展。

三、政府服务行业数字化转型的实施重点

政府服务行业数字化转型的实施重点是一个系统工程，需要从顶层设计、平台构建、服务创新、安全保障、用户体验以及持续迭代与优化等多个方面全面实施。

1. 强化顶层设计

政府应制定长远的数字化转型战略规划，明确转型的愿景、目标、阶段任务和实施路径。这需要综合考虑技术发展趋势、社会需求变化以及政府自身的资源和能力。政府应出台一系列政策措施，为数字化转型

提供有力的支持。这些政策可以包括资金投入、税收优惠、人才引进和培养等方面的激励措施。

2. 构建统一平台

政府应建立统一的数据整合平台，将各部门的数据资源进行集中管理和共享。这有助于消除信息孤岛，提高数据的利用效率和价值。构建统一平台需要强大的技术支撑，包括云计算、大数据、人工智能等先进技术的应用。政府应加强与科技企业的合作，共同推动平台的建设和运营。

3. 推动服务创新

政府应积极探索新的服务模式，如在线服务、移动服务、智能服务等，以满足公众日益增长的多元化需求。通过数字化手段优化政府服务流程，减少不必要的环节和手续，提高服务效率和质量。例如，利用人工智能技术实现自动化审批和办理。

4. 加强安全保障

政府应建立健全数据安全管理制度和技术防护体系，确保数据在采集、存储、处理、传输等过程中的安全性和合规性。加强网络安全防护，防范网络攻击和数据泄露等风险。政府应定期对网络系统进行安全检查和漏洞修复，确保网络系统的稳定运行。

5. 注重用户体验

政府服务平台的界面设计应简洁明了、易于操作，方便用户快速找到所需的服务和信息。建立有效的用户反馈机制，及时收集和处理用户的意见和建议，不断改进和优化服务体验。利用大数据和人工智能技术为用户提供个性化的服务推荐和定制化的解决方案，提高用户的满意度和忠诚度。

6. 持续迭代与优化

随着技术的不断发展，政府应持续跟进并引入新的技术手段，对数字化平台和服务进行迭代升级。根据用户反馈和实际需求的变化，不断优化服务流程和操作方式，提高服务效率和便捷性。定期对数字化转型的效果进行评估和分析，总结经验教训，为后续的数字化转型工作提供参考和借鉴。

第八节　教育行业数字化转型

一、教育行业数字化转型概述

教育行业数字化转型是指通过数字技术手段，如云计算、大数据、人工智能、物联网等，对教育系统的各个方面进行创新和变革，包括教育内容、教学模式、教育管理、教育评价等，以实现教育的现代化、个性化和智能化。

教育行业数字化转型的意义在于提升教育质量、促进教育公平、培养创新人才、推动教育创新以及提高教育管理水平等方面。

二、教育行业数字化转型的技术特点

教育行业数字化转型是教育领域的一场深刻变革，以下是对教育行业数字化转型特点的分析。

1. 技术深度融合

教育数字化转型的核心是信息技术的深度应用与融合。云计算、大数据、人工智能、物联网等先进技术与教育的深度融合，不仅推动了教育模式的创新，还促进了教育生态系统的重构。通过智能教学系统，教师可以利用大数据分析学生的学习行为，实现精准教学。这些系统通常基于机器学习算法，能够对学生的学习进度、掌握程度进行实时监测和反馈，从而帮助教师调整教学策略。

人工智能技术的应用，如智能辅导、虚拟实验室等，为学生提供了更加丰富、互动的学习体验。智能辅导系统可以根据学生的学习情况和

需求，为其提供个性化的学习建议和资源；而虚拟实验室则利用虚拟现实技术，让学生在虚拟环境中进行实验操作，提高实践能力和安全意识。

2. 个性化学习体验

教育数字化转型强调以学生为中心，注重个性化学习体验的打造。通过数字化手段，可以实现对每个学生的学习进度、兴趣、能力等方面的全面跟踪和分析，从而为他们提供个性化的学习资源和路径。

通过学习管理系统，学生可以根据自己的兴趣和需求选择课程和学习资源。这些系统通常提供了丰富的课程资源和学习工具，让学生可以根据自己的学习计划和目标进行自主学习。

数字化教育平台利用算法推荐适合学生的个性化学习路径。这些算法通常基于学生的学习历史和行为数据，能够分析出学生的学习偏好和能力水平，从而为他们推荐最适合的学习资源和路径。

个性化学习体验的实现需要依赖于先进的数据分析和机器学习技术。通过对学生的学习数据进行深度挖掘和分析，可以揭示出学生的学习规律和特点，从而为个性化学习提供科学依据。

3. 教育资源开放共享

教育数字化转型打破了传统教育资源的封闭性，实现了教育资源的开放共享。通过网络平台和数字化技术，优质教育资源可以跨越地域限制进行传播和共享，使得更多学生能够享受到高质量的教育服务。

通过网络平台，优质教育资源如电子教材、网络课程、数字博物馆等可以跨越地域限制进行传播和共享。这些资源通常采用了先进的数字化技术，确保了资源的可访问性和互操作性。

数字化教育平台汇聚了丰富的教学资源，为学生提供了多样化的学习选择。这些平台通常提供了搜索、筛选、评价等功能，让学生可以根据自己的需求和兴趣选择最适合的学习资源。

教育资源的开放共享需要依赖于先进的网络技术和标准化工作。通过采用统一的标准和协议，可以确保不同平台和系统之间的互操作性，从而实现教育资源的共享和重用。

4. 教学模式创新

教育数字化转型推动了教学模式的创新，从传统的课堂教学向线上线下混合式教学转变。这种转变不仅提高了教学的灵活性和互动性，还促进了学生自主学习和合作学习能力的发展。

线上教学打破了时间和空间的限制，学生可以随时随地进行学习。这种教学模式通常采用了直播、录播、在线互动等方式，让学生可以在家中或其他地点进行学习，提高了学习的便捷性和灵活性。

混合式教学模式结合了线上和线下的优势，提高了教学的互动性和效果。这种教学模式通常将线上学习和线下实践相结合，让学生在课堂上进行互动和讨论，同时在线上进行自主学习和巩固。

教学模式的创新需要依赖于先进的数字化教学工具和平台。这些工具和平台通常提供了丰富的教学资源和互动功能，让教师可以更加灵活地组织教学活动和评估学生的学习成果。

5. 教育管理智能化

教育数字化转型使得教育管理更加智能化和高效化。通过数字化手段，可以实现对学校、教师、学生等各方面的全面管理和监控，提高教育管理的科学性和有效性。

通过智能管理系统，学校可以实现对学生、教师、课程等资源的精细化管理。这些系统通常提供了学生信息管理、教师绩效管理、课程安排等功能，让学校可以更加高效地管理各方面的资源。

数据分析技术的应用，如学生学情分析、教学质量评估等，为教育管理提供了科学依据。通过对学生的学习数据和教学数据进行分析和挖掘，可以揭示出学生的学习规律和教师的教学特点，从而为教育管理提供决策支持。

教育管理的智能化需要依赖于先进的数据分析和决策支持系统。这些系统通常采用了大数据技术和机器学习算法，能够对海量的教育数据进行处理和分析，从而为教育管理提供精准和实时的决策支持。

6. 持续迭代与优化

教育数字化转型是一个持续迭代和优化的过程。随着技术的不断进步和应用场景的不断拓展，教育系统需要不断适应变化，进行持续优化和升级。

教育机构和技术公司不断推出新的数字化教育产品和服务，以满足学生和教师的不同需求。这些产品和服务通常基于最新的技术和理念，能够为学生提供更加优质和个性化的学习体验。

教育数字化转型需要教育工作者和技术人员密切合作，共同探索适应时代发展的新型教育模式。这种合作模式促进了教育和技术之间的深度融合和创新，为教育数字化转型提供了源源不断的动力和支持。

持续迭代与优化需要依赖于先进的软件开发和测试技术。通过采用敏捷开发、持续集成/持续部署（CI/CD）等方法，可以加快产品的迭代速度和提高产品质量，从而满足教育数字化转型的不断变化的需求。同时，还需要建立完善的用户反馈和评估机制，以便及时收集和处理用户意见和建议，为产品的优化和升级提供有力支持。

三、教育行业数字化转型的实施重点

教育行业数字化转型，推动教育模式的创新和教育质量的提升。以下是对教育行业数字化转型重点措施的分析。

1. 加强数字化基础设施建设

建设高速稳定的校园网络、配备先进的教育技术设备和软件、建立安全的数据存储和管理系统等。这些基础设施是数字化教育的基础，能够支持在线学习、教学资源的共享和管理等功能的实现。

学校应确保校园网络的全面覆盖和高速稳定，以满足在线教学、视频会议等需求；同时，配备足够的计算机、平板电脑、投影仪等硬件设备，以及智能化的教学管理系统和学习平台。

2. 推广数字化教育资源的应用

建设数字化教育资源库、开发优质的在线课程、提供多媒体素材和

案例库等。这些资源能够丰富教学内容和形式，满足学生个性化学习的需求。

学校可以与教育科技公司合作，引进或共同开发优质的在线课程和学习资源；同时，鼓励教师利用数字化教育资源进行教学，提高教学效果和学生的学习兴趣。

3. 提升教师和学生的数字化素养

开展数字化教育培训、组织数字化教学交流活动、建立数字化学习社区等。这些措施能够提升教师和学生的信息技术应用能力和信息素养，为数字化教育的实施提供有力的人才支持。

学校可以定期组织数字化教育培训活动，帮助教师掌握数字化教学工具和方法；同时，鼓励学生参与数字化学习社区的建设和交流活动，提高他们的自主学习和合作学习能力。

4. 创新数字化教学模式

推广混合式学习、个性化学习、项目式学习等新型教学模式。这些模式能够打破传统课堂教学的限制，提高教学的灵活性和互动性。

学校可以探索线上线下相结合的混合式学习模式，让学生在课堂外也能进行自主学习和协作学习；同时，利用大数据和人工智能技术为学生提供个性化的学习路径和资源推荐。

5. 加强数字化教育管理和服务

核心措施：包括建立数字化教育管理平台、优化教育资源配置、提供个性化的学习支持服务等。这些措施能够提高教育管理的效率和水平，为学生提供更加便捷和个性化的学习体验。

学校可以建立数字化教育管理平台，实现对学生信息、教学资源、课程安排等方面的全面管理和监控；同时，通过数据分析技术为学生提供个性化的学习建议和资源推荐服务。

6. 推动数字化教育评价和监测

建立数字化教育评价体系、利用数据分析技术监测教学效果和学生学习情况等。这些措施能够客观地评估数字化教育的效果和质量，为教育决策和改进提供依据。

学校可以利用大数据分析技术对学生的学习行为和成绩进行实时监测和分析，发现教学中存在的问题和不足；同时，建立数字化教育评价体系，对数字化教育的各个方面进行全面评估和改进。

7. 加强合作与交流

与国内外高校、科研机构、企业等的合作与交流，引进先进的数字化技术和理念。这些合作与交流能够推动教育数字化转型的深入发展，提升教育质量和国际竞争力。

学校可以与国外知名高校和科研机构建立合作关系，共同开展数字化教育研究和项目合作；同时，积极引进国外的先进数字化教育技术和理念，结合本土实际情况进行创新和应用。

✏️ 小贴士

美的集团因数字化转型而腾飞

美的集团的数字化转型是一个系统且深入的过程，涵盖了战略规划、系统整合、模式创新、智能化与全球化等多个方面。

1. 转型背景

随着互联网技术的迅猛发展和消费者对便捷、智能生活的需求日益增加，家电行业面临着产品同质化严重、利润率下降等挑战。为了应对这些挑战，美的集团决定进行数字化转型，以提升自身的竞争力和适应市场变化。

2. 转型历程

（1）起步与规划

美的集团的数字化转型始于2012年，当时家电行业正处于低迷状态，美的集团面临产品同质化、利润率走低的严峻形势。美的集团制定了明确的数字化转型战略，旨在通过全面数字化、智能化提升效率，紧抓用户，实现数值驱动。

（2）系统整合与优化

美的集团投入巨资构建了"632"战略，即六大系统（包括CRM、APS、SRM、MES、ERP、PLM）、三大管理平台（HRMS、FMS、BI）和两大技术平台（MIP、MDP）。通过IT系统的升级和整合，美的集团实现了内部数据的全面打通，提升了组织的柔性和自适应性。

（3）模式创新与推广

美的集团在全面推行"632"项目的基础上，积极拥抱"+互联网"战略，通过整合互联网技术和大数据，成功颠覆了传统的商业模式。美的集团内部全面实施了以消费者需求为核心的C2M模式，将生产制造从传统的"以产定销"模式转变为更加灵活的"以销定产"模式，即"T+3"模式。"T+3"模式在洗衣机事业部的试点中大获成功，供货周期大幅缩短，营业收入显著提升，随后在集团范围内得到全面推广。

（4）智能化与全球化

为了满足消费者对智能化产品的需求，美的集团在2015年制定了"智慧家居+智能制造"的"双智"战略，标志着其向全品类智能化的坚定迈进。美的集团通过并购库卡公司，成功拓展了机器人产业，实现了业务的多元化发展，并推动了生产线的智能化改造。美的集团在全球范围内构建了四级研发体系，广泛吸纳数字化人才，不断创新产品研发模式，并布局全球战略，通过搭建全球平台实现产品开发。

（5）持续迭代与升级

美的集团的数字化转型是一个持续的过程，企业不断对系统进行迭代和优化，以适应市场和技术的变化。美的集团推出了工业互联网1.0版本，并在2020年年底进一步升级至2.0版本，功能更为清晰。通过旗下美云智数公司，美的不仅内部实施了数字化转型，还对外提供数字化转型解决方案，助力其他企业实现全价值链管理的赋能。

3. 转型成果

（1）效率提升

通过数字化转型，美的集团的生产效率实现了显著提升。例如，在洗衣机事业部的试点中，供货周期压缩了将近一半。

（2）成本降低

数字化转型还帮助美的集团降低了成本。通过优化生产流程和供应链管理，美的集团减少了浪费和冗余，提高了资源利用效率。

（3）市场响应速度加快

数字化转型使美的集团能够更快地响应市场变化。通过实时数据分析和预测，美的集团能够及时调整生产计划和销售策略，满足消费者需求。

（4）全球竞争力增强

通过数字化转型和全球化布局，美的集团在全球市场的竞争力显著提升。目前，美的集团已在全球多个国家设立了子公司和研发中心，实现了业务的全球覆盖。

第八章
全球数据产业发展

自 19 世纪 80 年代以来,随着计算机和信息化产业发展,全球数字化开始萌芽。计算机产业的迅猛发展,极大地推动了信息化发展,同时在信息化巨大需求拉动下,催生了数字化产业兴起,并以此为基础快速形成了网络化、数据化和智能化的产业态势。因此,基于技术推动和社会需求拉动的双向作用,人类经历了数字化和数据化为主线的演变和发展。

第一节　全球数字化发展阶段划分依据

1. 依据技术革新状况

每个阶段的划分都基于重要的技术革新,如数字化阶段的个人电脑、网络化阶段的互联网、数据化阶段的大数据和云计算、智能化阶段的人工智能等。

2. 依据应用领域的拓展状况

随着技术的发展,应用领域也在不断拓展。从最初的办公自动化到电子商务,再到数据分析和智能制造,每个阶段都对应着不同的应用领域和商业模式。

3. 依据社会变革的影响情况

每个阶段的划分也考虑了社会变革的影响。如数字化阶段推动了信息的快速传播和共享,网络化阶段促进了全球化和电子商务的发展,数据化阶段催生了新的商业模式和决策方式,智能化阶段则正在改变我们的生活方式和工作方式。

第二节　全球数字化发展演变之一:数字化阶段

1. 数字化阶段的内涵

20 世纪 60 年代开始,随着计算机技术的发展和普及,人们开始意识到数字技术在信息存储和传输方面的巨大优势,从而推动了信息从模拟向数字的转变。数字化阶段主要指的是将模拟信号或非数字形式的信息转换为数字格式的过程。

2. 数字化阶段的核心技术

这一阶段的核心在于利用数字技术处理和存储信息，从而提高信息的传输效率、存储密度以及处理的准确性。

在数字化阶段，核心技术主要包括计算机硬件（如个人电脑、服务器等）、计算机软件（如操作系统、数据库管理系统等）以及数字信号处理技术。这些技术的发展为信息的数字化提供了基础支撑。

在计算机硬件方面，一是个人电脑。随着微处理器和集成电路技术的飞速发展，个人电脑开始逐渐普及。1981年，国际商业机器公司（IBM）推出了首款个人电脑IBM PC，标志着个人电脑时代的到来。随后，苹果公司（Apple）、康柏公司（Compaq）等公司也相继推出了自己的个人电脑产品。这一时期的个人电脑主要采用英特尔（Intel）的8086/8088微处理器，运行DOS操作系统，内存较小（通常为几百KB到几MB），硬盘空间有限（通常为几十MB到几百MB）。尽管性能有限，但这些个人电脑已经能够满足基本的文字处理、数据计算等需求。个人电脑的普及极大地推动了计算机技术的普及和应用，使得计算机从科研机构的专用品变为普通人的日常工具。二是服务器。随着网络技术的发展，数据处理和存储的需求量日益增长，服务器应运而生。这一时期的服务器通常采用更强大的处理器、更大的内存和硬盘空间，以支持多用户同时访问和大量数据处理。同时，服务器还需要具备高可靠性和稳定性，以确保网络服务的连续运行。服务器的出现为网络服务的提供奠定了基础，推动了互联网、电子邮件、文件共享等网络服务的发展。

在计算机软件方面，一是操作系统的成熟与多样化。着个人电脑的普及，对操作系统的需求日益增长，推动了操作系统的成熟与多样化。1983年，微软推出了Windows 1.0操作系统，虽然最初只是一个简单的图形用户界面（GUI）系统，但它为后来的Windows系列操作系统奠定了基础。同时，苹果公司的Mac OS也在这一时期得到了发展。这一时期的操作系统逐渐从命令行界面转向图形用户界面，提供了更加直观、易用的操作方式。同时，操作系统还开始支持多任务处理、虚拟内存等高级功能。操作系统的成熟与多样化推动了计算机应用的普及和深入发展，为用户提供了更加丰富和便捷的计算体验。二是数据库管理系统的广泛应用。随着数据量的增长和数据处理需求的复杂化，数据库管理系统逐渐成为重要的软件工具。20世纪70年代后期，关系型数据库管理系统（RDBMS）开始兴起，如Oracle、IBM的DB2等。这些数据库管理系统提供了强大的数据存储、检索和管理功能。关系型数据库管理系统采用结构化查询语言（SQL）进行数据操作，支持数据的完整性约束、事务处理等功能。同时，数据库管理系统还提供了数据备份、恢复等安全机制。数据库管理系统的广泛应用推动了企业信息化、电子商务等领域的发展，为企业提供了高效的数据处理和管理手段。

在数字信号处理技术方面，数字信号处理技术（DSP）是利用数字信号处理工具对数字信号进行分析、检测、变换、滤波、调制、解调、增强等处理的技术。它在通信、图像处理、音频处理等领域具有广泛应用。DSP技术的概念20世纪60年代到80年代首次被提起，在技术应用时必须借助于计算机。这一时期的研究主要集中在电路与滤波器设计方面的仿真研究。20世纪八九十年代第一台数字信号处理器诞生，且处理器能够编程，为DSP技术的广泛应用奠定了基础。DSP技术被应用到军工、医疗、通信、图像处理等领域中发挥了重要作用。20世纪90年代随着信息技术的迅猛发展，DSP技术也日新月异。数字信号处理器得到改善，信号处理速度加快、精度增高，应用广泛性更强DSP技术具有高速、高精度、高灵活性等特点。它能够通过算法对数字信号进行实时处理和分析，从而提取出有用的信息或实现特定的信号处理功能。DSP技术在通信、图像处理、音频处理等领域均有广泛应用。

3. 数字化阶段的发展特点

数字化阶段有以下特点：一是信息存储和传输的高效性。数字信息可以无损地复制和传输，并且不易受时间影响而退化，大大提高了信息的存储和传输效率。二是数字设备的普及。随着个人电脑、数字相机、CD播放器等数字设备的出现和普及，数字信息的产生、存储和使用变得更加方便。三是信息处理方式的变革。虽然此阶段的信息处理和使用方式尚未形成成熟的方法和工具，但数字化为后续的信息处理和分析奠定了基础。

4. 数字化阶段产业应用

在数字化阶段，数字化产业尚处于起步阶段。企业开始意识到数字化的重要性，并逐步将纸质信息转化为数字信息。然而，由于技术水平和应用场景的限制，数字化产业的整体规模相对较小，并且主要集中在信息存储和传输领域。

企业信息化方面企业开始将纸质文件扫描成电子文件，实现信息的数字化存储和管理。

媒体数字化方面，音频、视频等信息被转化为数字格式，便于存储和传输。例如，CD播放器的出现使得音乐可以以数字形式存储和播放。

个人娱乐数字化方面，数字相机、数字游戏机等设备的普及，使得个人娱乐方式也开始向数字化转变。

> **小贴士**
>
> #### 电脑的产生和操作系统发展
>
> 20世纪80年代，随着IBM PC等个人电脑的推出和普及，个人用户开始能够接触到数字技术，并逐渐将其应用于日常生活和工作中。这一事件标志着数字化阶段正式拉开序幕。
>
> 1981年，IBM公司推出了第一台真正意义上的个人电脑IBM PC，开启了PC浪潮。该电脑采用了Intel 8088处理器，并预装了微软公司开发的MS-DOS操作系统。这一事件标志着个人电脑开始进入消费市场。
>
> 1983年，苹果公司推出了Apple Lisa电脑，这是第一台具有图

形界面（GUI）的个人电脑。随后，1984年苹果又推出了Macintosh电脑，通过图形界面和鼠标进行操作，这一创新后来被其他PC厂商广泛采用。

1985年，微软公司发布了Windows 1.0操作系统，也采用了图形界面和多任务处理，随着IBM PC克隆机的迅速发展，Windows操作系统迅速占领了市场。

小贴士

CD的诞生和应用

1982年，CD（Compact Disc）音频格式的推出，标志着数字音频技术的重大突破。CD以其高保真音质和便捷的存储方式，迅速取代了传统的模拟音频格式。

在CD诞生之前，市场上主要的音频存储格式是模拟音频，如黑胶唱片和磁带。这些格式存在诸多局限性，如音质易受损、存储密度低等。

为了解决这些问题，飞利浦和索尼两大消费电子业巨头于20世纪70年代末开始合作研发一种新型的数字音频存储介质。激光技术和数字音频编码技术是其核心。激光技术是CD通过激光在光盘表面烧蚀出微小的凹坑和平面，来记录数字音频信息。这种技术具有高密度、高稳定性和长寿命的特点。数字音频编码是CD采用线性脉冲编码调制（PCM）技术，将模拟音频信号转换为数字音频信号。这一过程中，CD采用了16位采样精度和44.1kHz的采样率，确保了音质的卓越。

CD的主要有以下4个方面特点，一是高保真音质，CD采用了16位采样精度和44.1kHz的采样率，能够提供接近无损的音质表现，远胜于传统的模拟音频格式。二是大容量存储，CD的直径通常为 12 厘米，容量大约为 700MB，足以存储大约 80 分钟的音频数据，这使得 CD 成为音乐存储的理想选择。三是便携性，与黑胶唱片和磁带相比，CD 的体积更小、重量更轻，便于携带和存储。四是耐用性，CD 采用了激光技术记录信息，理论上不存在机械磨损问题，因此具有更长的使用寿命。

CD 应用主要在数据存储和音乐存储播放。CD 最初的应用领域是音乐存储与播放。由于其高保真音质和大容量存储的特点，CD 迅速取代了传统的模拟音频格式，成为音乐存储和传播的主流。随着技术的发展，CD 的应用范围逐渐扩展到数据存储领域。例如，CD-ROM 被广泛应用于计算机数据存储，能够存储大量的软件、游戏和多媒体内容。除了音乐和数据存储外，CD 还被应用于视频存储、教育、企业培训等多个领域。例如，VCD 和 SVCD 等视频 CD 格式的推出，使得 CD 技术在视频娱乐领域也占有一席之地。

CD 的标准化与商业化是推动 CD 迅猛发展的关键。1980 年，飞利浦和索尼共同向国际数字音频光盘协会（DAD）提出了 CD 的规格议案，并最终确定了 CD 的标准规格。1982 年，CD 正式商业化，第一张以商品形式发售的 CD 唱片是克劳迪奥·阿劳（Claudio Arrau）演绎的《肖邦华尔兹》。

第三节　全球数字化发展演变之二：网络化阶段

1. 网络化阶段的内涵

20 世纪 80 年代中后期开始，利用通信技术和计算机技术，将分布在不同地点的计算机及各类电子终端设备互联起来，按照一定的网络协议相互通信，以实现信息共享。这一阶段的发展使得全球的设备、系统和个人紧密相连，形成了一个高度互联的网络。

2. 网络化阶段的核心技术

网络化阶段的核心在于利用互联网技术、移动通信技术、物联网技术，这些技术使得设备之间能够实现高效、稳定的数据传输，为信息的全球化流通奠定了基础。

互联网技术包括 TCP/IP 协议、万维网（WWW）技术、浏览器技术等，这些技术使得信息能够在全球范围内快速传播和共享。

移动通信技术如 2G、3G 乃至 4G 技术的发展，使得移动设备能够随时随地接入网络，极大地促进了信息的流动。

物联网技术通过传感器、无线传输等技术，将各种物品连接到互联网上，实现物与物、物与人的智能互联。

3. 网络化阶段的发展特点

网络化阶段的发展特点有以下三个方面。一是连接性和互操作性。设备、系统和个人之间能够轻松实现连接和通信，信息的获取和共享变得更加便捷。二是移动化。随着移动通信技术的发展，人们可以随时随地访问互联网，进行信息交流和协作。三是平台化。各种互联网平台如社交媒体、电子商务、在线支付的兴起，为人们的生活和工作提供了极大的便利。

4. 网络化阶段产业应用

在网络化阶段，互联网产业经历了前所未有的蓬勃发展。搜索引擎、社交媒体、电子商务等互联网企业迅速崛起，成为推动经济发展的重要力量。同时，随着网络化阶段的深入，越来越多的传统行业开始意识到数字化转型的重要性，并积极寻求与互联网产业的融合。这促进了数字化产业与传统产业的深度融合，推动了经济的创新发展。

在线教育中通过网络平台，学生可以在家中接受来自世界各地的优质教育资源。远程办公方面，员工可以在家中或其他远程地点通过互联网进行工作，提高了工作效率和灵活性。电子商务方面，消费者可以在线购买商品和服务，商家则可以通过网络平台进行销售和营销。

在此阶段，一大批优秀的数字化产业公司迅速崛起，后续成为行业巨头。思科（Cisco）是全球领先的网络解决方案供应商，其产品和解决方案在全球范围内广泛应用于互联网和各类网络。谷歌作为搜索引擎的巨头，不仅改变了人们获取信息的方式，还通过其Android操作系统、云服务等业务，在数字化产业中占据了重要地位。甲骨文（Oracle）是一家提供数据库软件、中间件和云服务的公司，其数据库产品在全球范围内被广泛使用。易安信（EMC）是一家提供信息存储和管理解决方案的公司，其产品和服务在数据保护、备份和恢复、虚拟化等领域具有领先地位。赛富时（Salesforce）是一家提供客户关系管理（CRM）解决方案的云服务公司，其SaaS模式在业界具有广泛影响力。

中国数字化产业企业如百度、阿里巴巴、腾讯等互联网巨头在这一阶段迅速崛起，成为推动经济发展的重要力量。

> **小贴士**
>
> ### Web产生及演变
>
> Web 1.0阶段：以网页浏览为主的互联网初级阶段，主要特点是信息的单向传播。这一阶段的代表性事件包括雅虎等门户网站的兴起。
>
> Web 2.0阶段：以社交媒体为代表的互联网阶段，主要特点是用户生成内容和互动性。这一阶段的代表性事件包括脸书、推特等社交媒体的崛起。
>
> Web 3.0阶段：以智能网为代表的互联网阶段，主要特点是去中心化、智能化和语义网。这一阶段的代表性事件包括区块链技术的兴起和应用。

> **📝 小贴士**
>
> 社交革命——脸书、推特的兴起
>
> 　　21世纪初期以脸书、推特等为代表的社交媒体平台的崛起，对人们的社交方式和信息传播方式产生了深远影响。这些平台不仅改变了人们的社交习惯和行为方式，还推动了信息传播方式的变革和创新。
>
> 　　脸书由哈佛大学学生马克·扎克伯格于2004年创立，最初是一个为哈佛大学学生提供社交服务的平台。脸书迅速在哈佛校园内走红，随后扩展到其他常春藤盟校，最终于2006年向全球用户开放注册。这一举措标志脸书进入了国际市场，并开始了全球化的扩展。脸书在用户体验和设计上不断创新，如推出动态消息流、群组功能、市场功能等，吸引了大量用户。同时，脸书还在广告技术、数据分析和人工智能等领域进行了大量投资，提升了平台的吸引力和商业价值。
>
> 　　推特于2006年创立，最初是一个短信社交平台，允许用户通过发送短信来更新状态。推特迅速在全球范围内流行起来，成为一个重要的社交媒体平台。它以其简洁的信息发布方式和广泛的传播范围受到了用户的喜爱。推特的140字符限制使得信息更加简洁明了，易于传播。同时，推特的实时更新功能让用户能够随时随地获取最新信息。

第四节　全球数字化发展演变之三：数据化阶段

1. 数据化阶段的内涵

　　从21世纪初开始，随着信息技术的进一步发展，特别是云计算、大数据、物联网等技术的广泛应用，人类社会开始进入以数据为驱动的发展阶段。在这个阶段，数据成为新的生产要素和战略资源，对经济发展和社会进步产生了深远影响。数据化阶段强调数据的收集、处理、分析和应用，通过挖掘数据的价值来推动各个领域的创新和发展。

2. 数据化阶段的核心技术

数据化阶段的核心技术主要包括大数据、云计算、物联网等。这些技术为数据的收集、存储、处理和分析提供了强大的支持。

大数据是指规模巨大、类型多样、处理速度快的数据集合。大数据技术能够处理和分析海量数据，从中提取有价值的信息和洞见，为决策提供支持。

云计算是一种基于互联网的计算方式，通过按需分配计算资源和服务，降低了企业的 IT 成本，提高了系统的可靠性和安全性。云计算为大数据处理和人工智能应用提供了强大的算力支持。

物联网是指将各种信息传感设备与互联网结合起来而形成的一个巨大网络。通过物联网技术，可以实现物与物、物与人的连接和交互，从而收集更多的数据并进行分析和应用。

3. 数据化阶段的发展特点

数据化阶段的数字化发展特点在于数据驱动决策、跨界融合、数据安全与隐私保护等几个方面。

数据驱动决策是指在数据化阶段，数据成为决策的重要依据。通过对数据的收集、处理和分析，企业可以更加准确地了解市场需求和消费者行为，从而制定更加精准的营销策略和产品规划。

跨界融合是指数字信息资源不同行业的跨界融合。通过共享和开放数据资源，不同行业可以实现协同创新和发展。例如，金融、医疗、教育等领域都可以利用大数据技术进行创新和转型。

数据安全与隐私保护是指随着数据的广泛应用，数据安全和隐私保护问题也日益凸显。在数据化阶段，需要加强对数据的管理和保护措施，确保数据的合法合规使用。

4. 数据化阶段产业应用

数据化阶段的技术和应用已经渗透到各行各业。无论是金融、医疗、教育还是零售、制造等领域，都在积极探索数据化转型的路径和方法。

在数据化阶段，数字化产业呈现出蓬勃发展的态势。随着大数据技术的不断成熟和应用场景的日益丰富，数字化产业逐渐形成了以数据采集、存储、处理、分析和应用为核心的完整产业链。这一产业链涵盖了硬件设备制造、软件开发、数据服务等环节，为各行各业提供了强大的数据支持和技术保障。

在硬件设备制造方面，随着大数据技术的广泛应用，对硬件设备的需求也日益增长。这促进了硬件设备制造产业的快速发展，包括数据存储设备、服务器、网络设备等。

在软件开发方面，在数据化阶段，软件开发产业也迎来了新的发展机遇。大数据处理、分析、可视化等软件的研发和应用，为各行各业提供了强大的数据支持和技术保障。

在数据服务方面，数据服务产业逐渐兴起，包括数据咨询、数据挖掘、数据分析等。这些服务为企业提供了定制化的数据解决方案，帮助企业更好地利用数据资源，提升业务效率和竞争力。

> **小贴士**
>
> #### Hadoop 项目的诞生
>
> 在 Hadoop 项目诞生之前，随着互联网和信息技术的飞速发展，全球数据量呈现爆炸性增长。传统的数据处理和存储方式已经无法满足海量数据的处理需求，迫切需要一种高效、可靠的大数据处理技术。同时，谷歌等互联网巨头在大数据处理方面取得了显著成果，其发布的 GFS（Google File System）和 MapReduce 等论文为 Hadoop 项目的诞生提供了重要的理论和技术基础。
>
> Hadoop 项目的诞生对大数据技术的发展和应用产生了深远影

响。首先，Hadoop 提供了一个可靠的大数据存储和处理平台，能够支持 PB 级别的数据存储和高效的数据处理需求。其次，Hadoop 的开源特性促进了大数据技术的普及和发展，降低了大数据技术应用的门槛。最后，Hadoop 项目的成功也激发了更多企业和机构对大数据技术的投入和研发，推动了大数据技术的不断创新和进步。

Hadoop 作为一个大数据生态系统，具有以下显著的技术特点：首先是分布式存储。Hadoop 通过 HDFS（Hadoop Distributed File System）实现了数据的分布式存储，提高了数据的可靠性和可用性。HDFS 具有高容错性、高伸缩性等特点，能够支持大规模的数据存储需求。其次是并行处理。Hadoop 通过 MapReduce 编程模型实现了数据的并行处理，提高了数据处理的效率和速度。MapReduce 将复杂的数据处理任务分解成多个简单的子任务并行执行，从而充分利用集群的计算资源。再次是可扩展性。Hadoop 具有良好的可扩展性，能够轻松扩展集群规模和计算能力。这使 Hadoop 能够应对不断增长的数据处理需求。第四是开源特性。Hadoop 是一个开源项目，其源代码公开透明，任何人都可以免费使用和修改。这使 Hadoop 得到了广泛的关注和应用，也促进了大数据技术的普及和发展。

小贴士

"大数据"概念是如何产生的？

随着信息技术的飞速发展，全球数据量呈现出爆炸性增长。传统的数据处理和分析方法已经无法满足这种海量数据的处理需求，因此迫切需要一种新的技术和方法来应对这一挑战。

2008 年年末，"大数据"概念得到部分美国知名计算机科学研究人员的认可，这一认可标志着大数据时代的序幕正式拉开。业界组织计算社区联盟（Computing Community Consortium）在这一时期发表了一份具有深远影响的白皮书——《大数据计算：在商务、科学和社会领域创建革命性突破》。

该白皮书由计算社区联盟发表，作者包括卡耐基·梅隆大学的兰道尔·布赖恩特、加利福尼亚大学伯克利分校的兰迪·卡兹以及华盛顿大学的爱德华·拉佐斯加等知名计算机科学家。白皮书深入探讨了大数据的定义、特征、重要性以及潜在价值，并提出了大数据在商务、科学和社会领域可能带来的革命性突破。

白皮书明确指出，大数据是指那些规模庞大、类型繁多、处理速度快的数据集。它强调了大数据的"4V"特征，即体量大（Volume）、类型多（Variety）、价值密度低（Value）和处理速度快（Velocity）。

白皮书指出大数据不仅是信息技术的产物，更是推动社会进步和经济发展的重要力量。通过对大数据的挖掘和分析，可以发现隐藏在数据背后的规律和价值，从而为企业决策、科学研究和社会治理提供有力支持。

白皮书详细阐述了大数据在商务、科学和社会领域可能带来的革命性突破。例如，在商务领域，大数据可以帮助企业实现精准营销、优化运营决策、提高客户满意度等；在科学领域，大数据可以加速科学研究进程、推动学科交叉融合、发现新的科学规律等；在社会领域，大数据可以助力政府治理创新、提高公共服务水平、促进社会公平正义等。

该白皮书的发表对大数据技术的发展和应用产生了深远影响。它不仅提高了学术界和工业界对大数据的认识和重视程度，还推动了大数据技术的研发和应用进程。此外，白皮书还为大数据产业的发展指明了方向，促进了相关产业链的形成和完善。

从更广泛的角度来看，大数据已经成为当今时代的重要特征之一。它正在改变人们的生活方式、工作方式和思维方式，推动着全球经济的转型和升级。因此，深入理解和把握大数据的内涵和价值，对于推动社会进步和经济发展具有重要意义。

第五节　全球数字化发展演变之四：智能化阶段

1. 智能化阶段的内涵

从 21 世纪 10 年代中后期开始，在数字化、网络化、数据化阶段的基础上，通过应用人工智能技术，实现系统的自动化和智能化决策。智能化的发展使得机器能够模拟人类的思维和行为，从而提高生产效率和服务质量。在智能化时代，人们可以利用人工智能技术实现语音识别、图像识别、自然语言处理等功能，这为生活和工作带来极大的便利。

2. 智能化阶段的核心技术

智能化阶段的核心技术主要包括人工智能，以及大数据、云计算、物联网的深化等。这些技术共同推动了智能化的发展。

人工智能是智能化的核心驱动力。通过机器学习、深度学习等技术，人工智能能够模拟人类智能，实现自动化决策和优化。在制造业中，人工智能可以应用于质量控制、预测性维护、生产调度等多个环节，大幅提升生产效率和产品质量。同时，人工智能还在金融、医疗、教育等领域展现出巨大的应用潜力。

大数据技术的深化，通过高级分析算法和模型，从海量数据中提取有价值的信息和知识，为决策提供支持。

云计算的深化，提供强大的计算能力和存储资源，支持智能化应用的部署和运行。同时，通过云计算平台，可以实现数据的共享和协同处理。

物联网技术的深化，实现物理世界与数字世界的无缝连接，为智能化应用提供丰富的数据源。通过物联网技术，可以实时采集和传输各种设备的数据。

边缘计算深化，将数据处理和分析能力推向网络边缘，减少数据传输延迟和带宽消耗，提高智能化应用的实时性和响应速度。

区块链技术深化，提供安全、透明的数据共享和交易机制，为智能化应用提供可信的数据源和交易环境。

3. 智能化阶段的发展特点

智能化阶段的核心是 AI 技术的广泛应用。AI 技术通过深度学习、自然语言处理、计算机视觉等手段，使系统或设备具备自我学习、自适应、自决策等能力，从而实现更高效、更精准、更人性化的服务。智能化阶段的特点主要体现在智能化、响应速度、跨领域融合、数据安全等几个方面。

在高度自主化和智能化方面，智能化阶段的系统能够自主学习、推理和决策，无须或仅需少量人工干预即可完成任务。这与数据化阶段主要关注数据的收集、存储和处理形成鲜明对比。

在实时性和响应速度方面，通过边缘计算等技术，智能化阶段能够实现对数据的实时处理和分析，提高系统的响应速度和决策效率。

在跨领域融合和创新方面，智能化技术将不断渗透到各个行业和领域，推动传统产业的转型升级和创新发展。这种跨领域融合和创新是智能化阶段独有的特点。

在数据安全和隐私保护方面，随着智能化应用的深入发展，数据安全和隐私保护问题日益凸显。智能化阶段需要更加关注数据的安全存储、传输和处理，以及用户隐私的保护。

4. 智能化阶段产业应用

在智能化阶段，AI 技术、数字产业战略布局、新兴赛道等产业应用方面有了较大突破。

一是 AI 技术的爆发式发展。随着大模型（如 GPT 系列、BERT 等）的出现，AI 技术在语言理解、图像生成、音频处理等方面取得了显著进展。这些技术不仅提高了机器的智能水平，还催生了大量新的应用场景和商业模式。人工智能技术，推动了科技进步对算力的需求急剧增加，使算力成为科技竞争的核心。人工智能技术在生产、生活、治理等多个领域得到广泛应用，极大地推动了经济社会的高质量发展

二是数字产业战略布局升级。全球各国和企业都在加速布局 AI 产业，推动数字技术与实体经济的深度融合。美国政府发布了《美国人工

智能2024财年预算和计划信息》，旨在通过建设用于人工智能训练、测试、开发的共享公共数据集和环境，来确保自身在数据智能领域的全球领导地位。

三是大量AI新兴赛道的崛起。随着AI技术的成熟，一系列新兴赛道如自动驾驶、智能医疗、智慧金融等迅速崛起，成为数字化产业的重要组成部分。

在社会应用方面，智能制造、智慧城市、智能医疗和智能家居有了突出的应用。

智能制造方面，通过引入智能工厂、智能机器人等设备，实现生产过程的自动化、智能化，提高生产效率，降低运营成本。西门子安贝格电子工厂实现了多品种工控机的混线生产，通过智能化技术提高了生产效率和产品质量。FANUC公司实现了机器人和伺服电机生产过程的高度自动化和智能化，并利用自动化立体仓库在车间内的各个智能制造单元之间传递物料。

智慧城市方面，利用智能安防、智能交通、智慧能源等系统，提升城市管理效率，改善居民生活质量。特斯拉的自动驾驶汽车是智能出行领域的典型代表。特斯拉的Autopilot系统通过摄像头、雷达、超声波传感器等硬件设备，以及强大的AI算法，实现了车辆的自动驾驶。

智能医疗方面，利用AI辅助诊断、远程医疗等手段，提升医疗服务水平，缓解医疗资源紧张问题。IBM的Watson医疗助手是智能医疗领域的代表产品。Watson医疗助手通过分析大量的医学文献和病例数据，能够为医生提供精准的诊断建议和治疗方案。

智能家居方面，通过智能家电、智能安防等设备，实现家居生活的智能化，提高生活便捷性和舒适度。亚马逊的Echo智能音箱和谷歌的Nest智能温控系统是全球智能家居市场的代表产品。这些设备通过语音控制、自动化设置等功能，为用户提供了更加便捷、舒适的家居生活体验。

> ✏️ 小贴士

机器人战胜国际象棋冠军

1997年,"深蓝"与国际象棋世界冠军加里·卡斯帕罗夫进行了一场六盘制比赛。这是人工智能与人类顶尖棋手之间的一次巅峰对决。IBM的"深蓝"超级计算机在国际象棋领域的历史性胜利,是人工智能发展史上的一个重要里程碑。

"深蓝"是一台专门为国际象棋设计的超级计算机,采用了高度定制的硬件架构,包括多个专门处理国际象棋计算的处理器。它使用了先进的搜索算法,如Alpha-beta剪枝和自适应深度搜索,能够在极短的时间内计算出数百万乃至数十亿个棋局变化。

"深蓝"具备超过千万亿次的计算能力,并且针对象棋特别优化。它能够在标准国际象棋比赛中,为选手每步所分配的3分钟内计算出500亿到1000亿步。这种强大的计算能力使得"深蓝"能够在棋局中进行高效而深远的搜索,从而找到最优的走法。

"深蓝"拥有一个巨大的开局数据库,涵盖了几乎所有已知的开局变化,这帮助它在比赛伊始就占据优势。此外,它还利用了结束游戏数据库来知道在有限的棋子情况下如何取胜。

"深蓝"的计算能力、搜索算法和棋谱数据库使其能够在棋局中迅速预判并执行最优走法,这是它战胜卡斯帕罗夫的关键因素。

除了技术优势,IBM还通过一系列心理战术影响了卡斯帕罗夫的表现。例如,没有给卡斯帕罗夫提供深蓝的练习赛文档记录,以及在比赛中通过程序设计模拟人类棋手的思考过程等。

"深蓝"的胜利标志着人工智能在逻辑推理和策略制定方面的重大突破。它展示了人工智能在处理复杂决策问题上的巨大潜力。"深蓝"的胜利激发了人们对人工智能技术的兴趣和投资。它推动了AI技术的发展和应用,使得AI在更多领域得到广泛应用。

小贴士

美国开放人工智能研究中心（OpenAI）与人工智能

OpenAI 是一家在人工智能领域具有广泛影响力的公司，总部位于美国旧金山。OpenAI 成立于 2015 年 12 月，由埃隆·马斯克（Elon Musk）、萨姆·奥尔特曼（Sam Altman）等硅谷科技大亨创立。

OpenAI 在人工智能领域取得了多项技术突破，包括发布 GPT 系列语言模型、DALL·E 等图像处理技术。OpenAI 推出了 ChatGPT 等革命性产品，这些产品在自然语言处理、图像生成等领域具有广泛应用。

GPT 系列语言模型是 OpenAI 的标志性产品，包括 GPT、GPT-2、GPT-3 等。这些模型在自然语言处理领域取得了显著成果，能够生成高质量的自然语言文本。

DALL·E 是一种基于 GPT 的图像生成模型，能够根据文本输入生成逼真和创意的图像输出。

ChatGPT 是 OpenAI 最新推出的聊天机器人模型，以其强大的自然语言处理能力和理解上下文的能力而广受好评。

OpenAI 通过提供 API、开发订阅服务等方式实现商业化。其 API 接口允许开发者将 OpenAI 的技术集成到他们的应用程序中。

OpenAI 与微软、谷歌等科技巨头建立了紧密的合作关系。例如，微软是 OpenAI 的最大投资者之一，双方共同研发了多项人工智能技术。

OpenAI 开放源代码的一部分，与开源社区共享数据和研究成果，促进了知识的共享和创新的加速，推动了整个社会从人工智能技术中受益。

第九章
中国数据产业的发展

数据产业是在全球信息化和数字化发展的基础上发展起来的,中国抓住了人类生产要素变化的历史机遇,大力发展数据产业,从初始发展到全面深化发展、再到价值化深入发展的几个大阶段不断制定新政策和新的指导方向,引领了中国数据产业的发展。

第一节　中国数据产业发展的演变

一、初始起步阶段

2015年,《"十三五"规划》中首次提出了国家大数据战略,标志着中国数据政策的初步形成。这一战略的实施,不仅有助于推动数据资源的整合和共享,提高数据资源的利用效率和价值,还有助于促进大数据产业的创新发展和数字化转型。同时,加强数据安全保护和基础设施建设,能够为大数据产业的长期发展奠定了坚实基础。

这一阶段的主要内容包括四个方面。一是数据资源整合与共享,全面推进重点领域大数据高效采集、有效整合,深化政府数据和社会数据关联分析、融合利用。依托政府数据统一共享交换平台,加快推进跨部门数据资源共享共用,提高数据资源的利用效率和价值。加快建设国家政府数据统一开放平台,推动政府信息系统和公共数据互联开放共享,制定政府数据共享开放目录,依法推进数据资源向社会开放。二是数据应用与创新,深化大数据在各行业的创新应用,探索与传统产业协同发展新业态新模式,加快完善大数据产业链。加快海量数据采集、存储、清洗、分析发掘、可视化、安全与隐私保护等领域关键技术攻关,促进大数据软硬件产品发展。三是数据安全与保障,研究制定数据开放、保护等法律法规,制定政府信息资源管理办法,加强数据安全保护。实施大数据安全保障工程,加强数据资源在采集、存储、应用和开放等环节的安全保护,确保数据的安全性和可信度。四是基础设施与生态体系建设,统筹布局建设国家大数据平台、数据中心等基础设施,为大数据产业的发展提供有力支撑。完善大数据产业公共服务支撑体系和生态体系，加强标准体系和质量技术基础建设，推动大数据产业的健康发展。

二、快速成长阶段

2016 年 7 月中共中央办公厅、国务院办公厅联合发布《网络强国战略实施纲要》。该纲要是为了以信息化驱动现代化，建设网络强国而制定的法规，明确了网络强国建设的总体目标、战略任务和保障措施，是新时代网络强国建设的重要指导和行动纲领。纲要提出建设网络强国"三步走"计划。第一步，到 2020 年，我国固定宽带家庭普及率达到中等发达国家水平，3G/4G 网络覆盖城乡，5G 技术研发和标准取得突破性进展。同时，信息消费和电子商务交易规模大幅增长，核心关键技术部分领域达到国际先进水平。第二步，到 2025 年，建成国际领先的移动通信网络，实现宽带网络无缝覆盖。信息消费和电子商务交易规模进一步扩大，根本改变核心关键技术受制于人的局面，涌现一批具有强大国际竞争力的大型跨国网信企业。第三步，到 21 世纪中叶，信息化全面支撑富强民主文明和谐的社会主义现代化国家建设，网络强国地位日益巩固，在引领全球信息化发展方面有更大作为。

2019 年政府工作报告提出壮大数字经济，推动数字经济与实体经济深度融合。这表明数据产业已经成为推动经济发展的重要力量。壮大数字经济就是要深化大数据、人工智能等数字技术的研发应用，这些技术是数字经济发展的核心驱动力。通过培育新一代信息技术、高端装备、生物医药、新能源汽车、新材料等新兴产业集群，可以进一步壮大数字经济的规模。数字经济与实体经济深度融合就是要以数字技术赋能传统产业，提高生产效率和产品质量，促进经济结构的优化升级。报告还提出数字经济在就业、创新、税收等方面的重要作用，提出了一系列支持数字经济发展的政策措施。

2020 年政府工作报告提出全面推进"互联网+"，打造数字经济新优势。2020年政府工作报告中关于全面推进"互联网+"的内容，充分体现了国家对数字经济和数据经济的高度重视和战略部署。通过加强政策支持、深入推进"互联网+"行动计划以及加强数据资源的整合和共享，可以推动数字经济和数据经济的高质量发展，为经济社会发展注入新的动力和活力。政府工作报告中明确指出，数字经济是新兴技术和先进生产力的代表，已成为推动经济发展的新动能。报告提出要继续出台支持政策，全面推进"互联网+"，打造数字经济新优势。这一战略决策旨在把握数字经济发展大势，以信息化培育新动能，用新动能推动新发展。要深入推进"互联网+"行动计划，推动互联网与各行业深度融合。通过"互联网+"的广泛应用，可以优化资源配置，提高生产效率，促进产业升级和转型。同时，报告还提到电商网购、在线服务等新业态在抗疫中发挥了重要作用，这进一步凸显了数字经济在应对突发事件和保障经济社会稳定运行中的重要作用。报告首次提出在数字经济中，数据已成为关键的生产要素。政府工作报告提出要加强数据资源的整合和共享，推动数据经济的高质量发展。通过加强数据治理和安全保障，可以充分发挥数据在经济发展中的价值，推动数字经济的持续健康发展。

2020年4月由中共中央、国务院正式发布《关于构建更加完善的要素市场化配置体制机制的意见》，旨在构建更加完善的要素市场化配置体制机制，以深化要素市场化配置改革，促进要素自主有序流动，提高要素配置效率，进一步激发全社会创造力和市场活力。它提出了包括土地、劳动力、资本、技术、数据等在内的五大生产要素，要求由市场评价贡献、按贡献决定报酬，以实现要素价格市场决定、流动自主有序、配置高效公平。明确了构建更加完善的要素市场化配置体制机制的基本原则，包括市场决定、有序流动，健全制度、创新监管，问题导向、分类施策，以及稳中求进、循序渐进。这些原则为推进要素市场化配置改革提供了重要的指导和遵循。

三、深化发展阶段

2021年政府工作报告提出推动产业数字化智能化改造，协同推进数字产业化和产业数字化，加快数字经济发展，促进数字经济与实体经济深度融合。主题内容是要利用新一代数字科技，对产业链上下游进行全要素数字化升级、转型和再造，推动产业数字化进程。同时，要注重数字产业化发展，培育壮大数字经济核心产业，为产业数字化提供数字技术、产品、服务和基础设施支持。

2021年11月工业和信息化部发布《"十四五"大数据产业发展规划》，极大促进了中国数字经济发展所需要的底层技术的发展。规划首先明确了大数据产业的重要性，提出将其作为基础性战略资源，并全面实施促进大数据发展的行动。规划进一步强调了数据要素的价值，并围绕数据要素价值的衡量、交换和分配全过程，着力构建数据价值体系。规划提出了包括加快培育数据要素市场、发挥大数据特性优势、夯实产业发展基础、构建稳定高效产业链、打造繁荣有序产业生态以及筑牢数据安全保障防线等在内的6项重点任务。同时，规划还设定了到2025年底，大数据产业测算规模突破3万亿元的增长目标，并提出了创新力强、附加值高、自主可控的现代化大数据产业体系的建设目标。规划还强调了"新基建"、技术创新和标准引领在产业基础能力提升中的重要作用，以及产品链、服务链、价值链在产业链构建中的主要构成，旨在实现数字产业化和产业数字化的有机统一。

2022年政府工作报告提出加快发展人工智能等数字产业，推进公共文化数字化建设。要加快发展人工智能等数字产业，这是基于数字经济已成为我国经济高质量发展的关键核心力量和稳增长促转型的重要引擎的背景。根据权威机构发布的数据，2022年我国数字经济首次突破50万亿元大关，达到50.2万亿元，在GDP中的占比为41.5%。为此，政府将深化大数据、人工智能等研发应用，开展"人工智能+"行动，打造具有国际竞争力的数字产业集群。这一举措旨在推动数字技术和实体经济深度融合，促进产业数字化转型，提升我国在全球数字经济竞争中的地位。在推进公共文化数字化建设方面，加强数字文化内容创作和生产，推动优秀传统文化资源的数字化转化和开发，以及加强公共文化数字平台建设等方面。通过数字化手段，可以拓宽公共文化的传播渠道，提高公共文化的服务效率和覆盖面，满足人民群众日益增长的精神文化需求。

2022年12月中共中央、国务院发布《关于构建数据基础制度更好发挥数据要素作用的意见》初步搭建了中国数据基础制度体系，为数据产业的健康发展提供了制度保障。意见旨在加快构建数据基础制度，充分发挥我国海量数据规模和丰富应用场景优势，激活数据要素潜能，做强做优做大数字经济，增强经济发展新动能，构筑国家竞争新优势。一是建立保障权益、合规使用的数据产权制度。明确数据产权归属，保护各方合法权益，推动数据产权结构性分置，强化数据产权保护。二是建立合规高效、场内外结合的数据要素流通和交易制度。完善数据全流程合规与监管规则体系，构建规范高效的数据交易场所，培育数据要素流通和交易服务生态。三是建立体现效率、促进公平的数据要素收益分配制度。健全数据要素由市场评价贡献、按贡献决定报酬的机制，更好发挥政府在数据要素收益分配中的引导调节作用。四是建立安全可控、弹性包容的数据要素治理制度。创新政府数据治理机制，压实企业数据治理责任，充分发挥社会力量多方参与的协同治理作用。

四、价值提升阶段

2023年政府工作报告强调加快传统产业和中小企业数字化转型，着力提升高端化、智能化、绿色化水平。一是要深入推进数字经济创新发展，制定支持数字经济高质量发展的政策，并积极推进数字产业化、产业数字化。在这一过程中，数据要素的数字化成为关键一环，通过数字化手段提升数据价值，推动数据要素市场化配置改革，成为推动数字经济发展的重要动力。二是在数据要素的数字化方面，政府强调了健全数据基础制度的重要性。这包括完善数据产权、流通交易、收益分配、安全治理等制度规则，以保障数据要素的数字化过程合法、合规、安全。同时，政府还积极推动公共数据资源的开发利用，加快数据基础设施建设，为数据要素的数字化提供有力支撑。三是实施制造业数字化转型行动、开展中小企业数字化赋能专项行动等具体措施，以推动传统产业和中小企业加快数字化转型步伐。这些措施的实施，将有力促进数据要素的数字化进程，提升产业高端化、智能化、绿色化水平，为经济社会发展注入新的活力。

2023年8月财政部发布了《企业数据资源相关会计处理暂行规定》并自2024年1月1日起施行。这一规定的出台，意味着数据资产入表正式进入实操阶段，数据资源的价值得以衡量和体现，数据完成了从自然资源到经济资产的跨越。数据资产入表是一个将组织的各类数据资产进行登记、分类、评估和管理的流程。具体来说，它包括以下几个步骤。一是数据识别，找出公司有哪些数据，包括数据的名称、类型、来源、存储位置等"身份信息"。二是数据分类，对数据进行分类，如内部数据、外部数据、公开数据等，以便更好地管理和利用。三是数据评估，评估数据的价值，包括其对公司的贡献、潜在影响以及安全和合规风险。四是数据管理，确保数据的安全、质量和合规性，建立数据资产台账，将其纳入企业资产管理体系。

2023年12月由国家数据局会同中央网信办、科技部、工业和信息化部、交通运输部、农业农村部、商务部、文化和旅游部、国家卫生健康委、应急管理部、中国人民银行、金融监管总局、国家医保局、中国科学院、中国气象局、国家文物局、国家中医药局等17个部门发布的《"数据要素×"三年行动计划（2024—2026年）》，该行动计划的主要内容旨在充分发挥数据要素的乘数效应，赋能经济社会发展。一是推动科学数据有序开放共享，促进重大科技基础设施、科技重大项目等产生的各类科学数据互联互通，支持和培育具有国际影响力的科学数据库建设。二是以科学数据助力前沿研究和技术创新：提供高质量科学数据资源与知识服务，驱动科学创新发现；聚焦生物育种、新材料创制、药物研发等领域，以数智融合加速技术创新和产业升级。三是支持大模型开发和科研新范式：深入挖掘各类科学数据和科技文献，构建科学知识资源底座，支持开展人工智能大模型开发和训练；推进跨学科、跨领域协同创新，以数据驱动发现新规律，创造新知识。四是强化数据要素在商贸流通、金融、应急管理等领域的应用，在安全合规的前提下，推动数据融合应用，提升各领域的管理水平和效率。五是提升文物保护利用水平和生态环境治理精细化水平通过数据融合共享，支持文物保护修复、监测预警等功能；推进气象、水利、交通等数据融合应用，支撑气象和水文耦合预报、受灾分析等。

第二节　中国数据产业发展的现状

数据产业是中国少数在全球发展比较同步的产业，特别是中国数据产业在中国特有的创新精神和技术发展融合支持下，得到突飞猛进的发展。最近几年，无论产业规模还是主体成长，都能够快速发展并卓有成效。

一、中国数据产业发展规模

近年来，中国数据产业规模持续扩大。根据《数据产业图谱（2024）》显示，2023年数据产业规模达到2万亿元，2020年至2023年间年均增长率高达25%。预计未来几年，中国数据产业将保持快速增长势头，到2030年产业规模有望达到7.5万亿元。

在细分领域数据产业中，大数据产业是重要组成部分。根据《国家信息化发展报告（2023年）》，2023年我国大数据产业规模达1.74万亿元，同比增长10.45%。

根据数字中国建设峰会官网发布的信息，2023年中国数字经济核心产业增加值超过 12 万亿元，占 GDP 的比重为 10% 左右。

随着数据产业的快速发展，其在 GDP 中的比例有望进一步提升。预计未来几年，中国数据产业将保持快速增长势头，对经济的贡献也将持续增大。

中国数据领域相关企业数量众多。《数据产业图谱（2024）》显示，我国现有数据领域相关企业超 19 万家。这些企业涵盖了数据采集、数据存储、数据治理、数据分析、数据交易、数据应用、数据安全等多个领域。

在数据产业中，涌现出了一批具有影响力的典型企业。这些企业在数据技术创新、数据产品开发、数据服务提供等方面取得了显著成绩，推动了数据产业的快速发展。

二、中国数据技术发展状况

中国数据产业技术发展取得了突飞猛进的成果，主要是从技术创新、人工智能、服务业渗透、技术与产业、数据产业链五个方面进行分析。

1. 中国数据技术与创新活动显著增强

《国家信息化发展报告（2023年）》显示，2023 年全国数据生产总量达 32.85ZB，同比增长 22.44%，这反映了中国数据生成和处理的巨大能力。根据《国家信息化发展报告（2023年）》的数据，2023 年全国数据生产总量达到了 32.85ZB，同比增长 22.44%。这一数据不仅展示了中国数据生成能力的强大，也反映了数据驱动技术在数据生产方面的广泛应用和不断进步。随着数据量的激增，数据存储和管理的需求也日益增长。中国数据产业在数据存储方面取得了显著进步，累计数据存储总量已达到 1.73ZB，且存储空间利用率达到了 59%。这表明数据驱动技术在数据存储、管理和利用方面取得了重要突破，为数据的进一步分析和应用提供了坚实基础。

2. 人工智能与大模型的蓬勃发展

人工智能作为数据驱动技术的核心之一，在中国数据产业中发挥着越来越重要的作用。从智能推荐、语音识别到图像识别，人工智能技术已经渗透到各个行业和领域，为数据分析和决策提供了有力支持。

近年来，大模型在数据驱动技术中占据了重要地位。通过构建大规模的数据模型和算法，大模型能够更准确地挖掘数据中的规律和趋势，为数据分析和预测提供更为精准的结果。在中国，大模型的应用已经逐渐普及，并在金融、医疗、教育等多个领域取得显著成效。

3. 数据服务向各行业的广泛渗透

随着数据驱动技术的不断增强，数据服务已经渗透到各个行业和领域。这不仅推动了传统行业的转型升级，还催生了一系列新产品、新模式和新业态。例如，在金融行业，数据驱动技术已经应用于风险评估、智能投顾等方面；在医疗行业，数据驱动技术则助力于疾病诊断、个性化治疗方案等方面。

数据驱动技术的应用创新和产业创新不断深化，新的产业形态不断发展演进。这得益于数据驱动技术在数据处理、分析和应用方面的不断进步，使得数据能够更好地服务于各行各业，推动产业的升级和发展。

4. 技术创新与产业发展的良性循环

在中国数据产业中，技术创新是推动产业升级的关键因素。随着新技术的不断涌现和应用，数据产业的技术水平和创新能力得到了显著提升。例如，区块链、云计算等新技术在数据产业中的应用，不仅提高了数据处理的效率和安全性，还推动了数据产业的协同发展。

数据产业的发展也为技术创新提供了更广阔的空间和机遇。随着数据产业的不断壮大和升级，对技术创新的需求也日益增长。这促使企业不断加大研发投入，推动数据驱动技术的不断创新和发展。

5. 数据产业链初步形成

中国数据产业已经初步形成门类较为齐全的数据产业链，涉及数据采集、计算存储、开发利用、流通交易、安全治理等各个环节。这一产业链的形成，不仅促进了数据产业的协同发展，还提高了数据资源的利用效率和价值。

一是数据产业链的构成已经日益完善。从数据标准与规范、数据安全、数据采集、数据存储与管理、数据分析与挖掘，到数据运维及数据应用，各个环节都已经形成了相对成熟的技术体系和产业生态。这些环节紧密相连，共同构成了数据从产生到应用的完整生命周期。

二是数据产业链上的企业类型丰富多样。既有传统的数据库企业，如中兴、华为、用友等，它们在数据存储与管理方面发挥着重要作用；也有新兴的互联网企业，如阿里巴巴、百度、腾讯等，它们在数据采集、数据分析与挖掘以及数据应用方面展现出了强大的实力。此外，还有众多专门从事数据安全、数据运维等业务的企业，它们共同构成了数据产业链的多元化生态。

三是数据产业链的形成还得益于国家政策的支持和引导。近年来，我国先后出台了多项政策，鼓励数据产业的发展，推动数据技术的创新和应用。这些政策的实施，为数据产业链的形成和发展提供了有力的保障。

第三节　中国数据产业的发展与挑战

中国数据产业发展紧跟世界潮流，并在诸多领域达到世界领先的水平。中国是人口大国和经济大国，对数据的需求和拉动极大带动了数据产业发展。中国数据产业未来趋势就是在制度层面和技术层面的持续深度创新、技术不断深化的过程中，深度参与国际化的产业发展合作和竞争。同时我国也面临着数据伦理、数据安全、人才竞争等方面的挑战。

一、中国数据产业发展趋势

随着中国经济的发展和国际化水平提升,中国数据产业未来会有很大的发展,技术与创新不断深化,主要表现在以下方面。

1. 数据产业规模持续增长

根据央视新闻客户端报道,国家数据局提出,到 2029 年,我国数据产业规模年均复合增长率将超过 15%。这一增速显示了数据产业的强劲发展势头。

中国通信标准化协会发布的研究报告显示,2023 年中国数据库市场规模已超过 520 亿元,预计到 2028 年有望达到 930.29 亿元。同时,数据交易行业也在稳定增长,2022 年整体市场规模达到 876.8 亿元,预计到 2030 年总规模有望突破 5000 亿元。

2. 政策环境不断优化

政府正在逐步完善数据收益分配机制、数据权益保护机制等,以充分释放企业数据资源价值,提高数据治理能力。

国家数据局等政府部门相继出台了一系列政策文件,如《关于促进企业数据资源开发利用的意见》《"数据要素 ×"三年行动计划(2024—2026 年)(征求意见稿)》等,为数据产业的发展提供了政策保障和指导方向。

3. 技术创新与应用深化

随着新一代信息技术的高速发展,大数据技术日新月异。我国在大数据领域的布局较早,已取得了长足的进步。未来,将继续加强大数据技术创新,推动自主技术发展,打造高端产业链。

数据产业将更深入地渗透各行各业,推动传统产业转型升级。例如,在智能制造、智慧农业、商贸流通、交通运输、金融服务等领域,数据将发挥重要作用,提升行业效率和服务水平。

4. 数据安全与合规加强

随着数据价值的不断提升,数据安全也成为越来越重要的问题。政府和企业将加强数据安全保护，落实国家数据分类分级保护制度要求，采取差异化的数据安全与合规管理措施。

在数据流通利用方面，将加强合规管理，规范数据交易行为，保护数据主体的合法权益。

5. 国际化及其国际竞争

随着全球数字经济的不断发展，中国数据产业将积极参与国际合作与竞争。通过加强与国际组织的合作、参与国际标准制定等方式，提升中国数据产业在国际上的影响力和竞争力。

鼓励中国数据企业"走出去"，通过海外并购、参与国际开源项目等方式，拓展海外市场，推动中国数据产业的国际化进程。

二、中国数据产业发展与挑战

中国数据产业发展的未来挑战基于当前的市场环境、技术进步、政策导向以及国际形势的综合分析，可以归纳为以下几个方面。

1. 数据安全与隐私保护

数据安全与隐私保护是中国数据产业发展面临的首要挑战。随着数据规模的持续增长，数据泄露、黑客攻击等事件频发，给个人、企业和国家带来巨大风险。黑客攻击和数据窃取活动猖獗，对数据安全构成严重威胁。

政府需加强数据安全法律法规的制定和执行，提高数据安全保护水平。企业需加强数据安全技术研发和应用，确保数据的安全存储和传输。加强数据安全意识教育，提高个人和企业的数据安全防范能力。

2. 数据壁垒与资源垄断

部分头部企业掌握着大量的数据资源，可能会形成新的行业垄断，阻碍数据产业的健康发展。

数据壁垒和资源垄断逐步显现，导致数据流通不畅。部分企业因数据资源有限而难以开展业务或提升竞争力。

政府需加强数据流通与共享的政策引导，打破数据壁垒。鼓励企业加强合作，共同开发数据资源，实现互利共赢。

3. 数据人才短缺与培养

数据产业的快速发展导致对专业人才的需求激增，但当前数据人才供给远不及需求增长，成为制约数据产业发展的瓶颈。

《产业数字人才研究与发展报告（2023）》估算，我国数字人才总体缺口在 2500 万至 3000 万人。在算法研发、机器学习、计算机视觉等技术方向，人才紧缺度极高。

高校和培训机构需加强数据人才培养，优化课程设置，提高教学质量。鼓励企业加强内部培训，提升员工数据技能。政府可出台相关政策，支持数据人才的培养和引进。

4. 技术创新与自主可控

在数据产业的核心技术方面，我国仍面临一定的依赖和受制于人的风险。一是部分关键技术如数据库、大数据处理平台等仍依赖国外产品和技术。二是自主可控能力有待提升，以应对国际技术封锁和制裁的风险。

中国数据产业发展需要加强自主技术研发和创新，提高核心技术的自主可控能力。政府需加大对技术研发的支持力度，鼓励企业加强技术创新和产业升级。

5. 国际化竞争与合作

在全球数据产业竞争中，我国会面对来自国际市场的竞争压力和挑战。

国际数据治理体系尚不完善，数据跨境流动规则和数据伦理相关规定存在差异和冲突。我国数据企业在国际市场上面临激烈的市场竞争和合规压力。

中国未来需要积极参与全球数据治理体系的完善和发展过程，推动国际数据合作与交流。加强国内数据企业的国际竞争力，提高我国在全球数据产业中的地位和影响力。

第四节　数据应用典型案例：智慧审计贯通大监督体系

随着大数据时代的到来，社会各行各业都在应用大数据的过程中进行了较大的转型与提升。审计的数字化和智能化的实施，也为我国大监督体系提供了支撑和保障。

大监督体系是指国家建立的对于社会各项事务的监管机制。大监督体系是一个多元化、多层次、全方位的监督体系，旨在通过构建完善的监督机制和制度，加强对权力运行的制约和监督，促进廉政建设和反腐败斗争的深入开展。

智慧审计是运用大数据、云计算、空间地理信息等新一代信息技术，基于"总体分析、发现疑点、分散核实、系统研究"的数字化审计模式开展审计作业，促进形成审计业务、审计管理、分析核查、成果开发等全流程智慧化审计工作形态。

山东省审计厅应用大数据资源，结合审计工作的特点和日常积累，深入推进智慧审计建设，取得了明显的成效。特别是通过智慧审计贯通大监督体系，使全社会的监督体系得以高效运行。

一、构建智慧审计硬件基础

智慧审计是运用大数据、云计算、空间地理信息等新一代信息技术，基于"总体分析、发现疑点、分散核实、系统研究"的数字化审计模式，促进审计全流程智慧化。山东省审计厅加快完善了智慧审计基础设施，依托"金审工程"三期建设，构建了一体化智慧审计技术支撑体系。

1. 智慧审计大数据中心

山东省审计厅建立了集远程报送、智能入库、标准化管理、授权使用和综合查询等功能于一体的智慧审计大数据中心，构建起了完备好用的数据资源体系，实现了数据管理利用自动化。通过定期采集、联网采集等手段，建立了数据获取渠道，形成了数据资源池。该中心还构建了在线审计数据分析模型和预警模型，提升了大数据审计的时效性和安全性。自 2021 年起，实现了与政务资源信息库的联网查询，并推进了数据处理标准化，建立了六大领域数据库，确保了数据资源的安全高效利用。

2. 审计专网和审计数据分析网

山东省审计厅建立了覆盖省、市、县三级的网络通道。审计专网支持业务管理、日常办公、现场审计等功能，实现了项目实施、远程调度、研讨交流的即时线上操作。审计数据分析网则用于大数据集中分析，确保省、市、县三级数据贯通，便于审计人员上传、查询数据资料，并可进行高效的数据分析，实现了数据和指令的即时现场传输，保证了审计现场的高效沟通。

3. 三大应用系统

为提高审计工作的规范性和精细化，山东省审计厅建立了三大系统。审计数字化管理系统包括审计业务和行政办公管理子系统，前者管理审计项目全流程，提供人员管理、进度跟踪、事项管理、资料控制和归档服务；后者建立了电子化办公平台。审计综合作业系统为一线审计人员提供云计算和大数据支持，实现数据采集、分析、审计作业和项目管理功能，2023 年共有 2318 个项目使用了该系统。审计综合服务支撑系统包括安全浏览器、交换中心、日志管理、移动审计和软件管控平台，可确保审计系统安全、高效运行。

二、重塑审计工作链条

山东省审计厅将智慧审计深度嵌入立项论证、方案编制、项目实施、法规审理及成果开发等审计业务全过程各环节，实现审计业务全流程再造。其出台了《山东省智慧审计管理办法》等文件，为推进智慧审计技术与审计业务全过程深度融合提供了制度保障。

1. 优化审计组织方式

山东省审计厅采用"数据主审 + 业务主审"模式，结合非现场数据分析与现场核查，提升了审计质量和效果。业务和数据主审合作，通过跨领域数据分析揭示问题。在绿色低碳政策审计中，利用大数据揭示环境问题。在省级预算审计中，结合审计方案和大数据方案，建立查询分析平台，实现了数据可视化和高效分析。

2. 深化清单式管理

实施大数据审计，建立七类清单（包括政策法规、数据、分析模型、疑点、疑点落实、整改和成果清单），以清单管理优化审计流程，构建行业数据分析体系，实现了智慧审计的标准化和精细化。在项目启动时，分析数据结构和趋势，评估项目必要性和可行性；在审前调研阶段，收集相关清单，进行非现场数据分析，制定疑点和落实清单；在现场实施阶段，改进数据分析方法，根据落实清单进行取证；待项目完成后，更新整改和成果清单，并将数据和方法纳入大数据中心，完善审计方法体系。

3. 扁平化管理

山东省审计厅为应对智慧审计的复杂性，构建数字化审计指挥中心，将整合大数据分析、可视化和通信技术，以实时监控审计资源和进度。该中心将整合审计流程的各个环节，包括项目管理、证据处理、报告撰写等，以实现审计工作的全面数字化。此外，通过在线审理和整改督查系统，审计厅旨在提升审理效率和整改工作的精细化管理。

三、落实智慧审计，贯通大监督

为推动智慧审计各项目标任务的落实，山东省审计厅采取了多项措施，助力全省智慧审计更均衡、更优质、更活跃地发展。

1. 多措并举，齐头推进

推动大数据应用示范试点单位建设，统一基层探索与顶层设计，提升科技强审标准化建设。在10个县级审计机关创建示范试点单位，共享政策、技术、经验和资源，改善基础设施，增强单位示范能力。同时，鼓励示范单位进行差异化探索，建设百余个县级审计标准数据分析室，支持信息化基础薄弱的市县审计机关。

开展实战训练，如大数据审计技能竞赛，全方位评估审计人员在大数据环境下的能力，促进学习和实践。聚焦新技术应用，连续5年举办大数据审计攻关选题及展讲，推广技术方法和经验。通过这些措施，各单位有效弥补了大数据审计工作短板，培养锻炼了审计队伍，推进大数据审计的均衡和高质量发展。

2. 多方合作

山东省审计厅积极与多个部门和机构合作，加强沟通交流，推动审计工作创新和高质量发展。例如与省委巡视办合作推进信息化和大数据分析，与省税务局合作提升数据应用，与省工业和信息化厅共建审计大数据实验室，汇聚了一批高等院校、科研院所、信息技术产业高端人才，共同开发智慧审计新平台、新技术、新工具，并与省自然资源厅共建智慧审计时空大数据平台，建立了资源环境审计数据体系。此外，还与新疆生产建设兵团审计局等建立援助协作机制，共享资源，深化智慧审计成果。

3. 培养人才，夯实基础

山东省审计厅以大数据审计人才培养为核心，建立梯次培养体系，强化人才队伍建设。通过组建覆盖省、市、县三级的数据分析团队，优化人才配置，满足各级审计需求。目前，已建立了600余人的大数据审计人才队伍。同时，完善了人才考核和激励机制，注重在实战中培养和使用人才。例如，举办大数据审计技能竞赛，奖励优秀人才。此外，审计厅还通过开展多渠道培训，提升了人才信息化能力，与山东开放大学合作开展网络教学，提高审计人员技能。全省已有数千人通过相关考试，获得专业证书，为大数据审计工作奠定了坚实基础。

四、智慧审计和贯通大监督的成效

随着智慧审计工作格局的逐步形成，山东省各级审计机关运用智慧审计手段的能力持续提升，数据要素价值得以加速释放。

1. 拓展审计监督广度

山东省审计厅在财政审计中实施全面覆盖，对所有预算单位进行数据分析，将疑点线索分配给市县审计机关。通过系统性比对和跟踪，审计厅深入末端预算单位，掌握资金使用和绩效情况，并通过现场审计将工作扩展至非预算单位，确保了审计事项可"一竿子插到底"。

自然资源资产审计涵盖土地、矿产、森林、海洋等多领域数据，大数据技术可以助力实现审计工作全面覆盖。山东省审计人员利用地理信息平台，进行数据比对、分析和挖掘，以精准识别问题。在2023年度领导干部自然资源资产离任审计中，省审计厅通过统一的数据采集和分析，生成疑点记录，并由审计组核实，现场指导确保疑点落实率超过80%。

2. 挖掘审计监督深度

智慧审计通过创新应用，有效激活了数据潜能，实现了精准定位和挖掘。在2023年就业补助和失业保险基金审计中，审计人员利用数据分析快速发现并查实了企业骗取补贴问题，同时还发现了部分企业未获得应有补贴的情况。审计结果确保了政策红利的落实和对违规行为的处理。在2024年度的养老保险基金审计中，山东省审计厅结合数据分析和人员培训，提高了审计效率和质量，形成80多种有效的审计方法。

在海洋产业和生态保护、公立医院审计中，智能化审计及时、全面地揭示了管理漏洞和风险，推动了相关整顿措施的优化和完善。审计技术的创新为问题揭示提供了技术支持，并提高了系统的运行效率。智慧审计技术在社会审计中提高了审计质量和效率，推动了审计主体单位的制度建设和运行规范。

后　　记

数据资产管理是数字经济发展以及将数据作为生产要素的大背景和形势下的重要课题。

数据的宏观管理和微观管控是数字经济发展的必由之路。与数字在社会和经济发展中日新月异的变化相比，数据资产管理的研究相对落后。

本书拟形成我国数据及资产的管理框架和总体系统逻辑，参考了大量的文献和专著。对我国数字资产特性的系统性和基础性进行了探索，是一本抛砖引玉之作。

本书在大量的数字技术专家、信息化企业和企业信息化部门的专家领导的支持指导下编写形成，凝聚了编写团队的大量心血。

李倩玉参与了本书的第二章《数据的特性》的编写，进行了大量的技术资料和案例的收集整理工作。

周茂林参与了本书第三章《数据的价值》、第六章《数据全生命周期管理》的编写，进行了大量的技术资料和案例的收集整理工作。

王景莹参与了本书第五章《数据在行业中的应用》、第七章《数据与产业数字化转型》的编写，进行了大量的政策、技术资料和案例的收集整理工作。

蒋云菲参与了本书第八章《全球数据产业发展》、第九章《中国数据产业的发展》的编写，进行了大量的技术资料和案例的收集工作。

本书得到工业信息部委专家领导、电信企业专家领导、金融机构专家领导的支持和指导，在此一并致谢！

本书是在我国数字经济日新月异发展阶段的认知和总结,有一定的局限性;同时也由于时间仓促,对数据的认知和管理研究存在一定的疏漏甚至谬误。恳请广大读者和专家批评指正。